Jörg Klawitter — Charles Sanders Peirce

EPISTEMATA

WÜRZBURGER WISSENSCHAFTLICHE SCHRIFTEN

Reihe Philosophie

Band XIX — 1984

Jörg Klawitter

Charles Sanders Peirce: Realität, Wahrheit, Gott

Einblicke in Leben und Werk des
Begründers des Pragmatismus

Königshausen + Neumann
1984

CIP-Kurztitelaufnahme der Deutschen Bibliothek

Klawitter, Jörg:
Charles Sanders Peirce: Realität, Wahrheit, Gott:
Einblicke in Leben u. Werk d. Begr. d.
Pragmatismus / Jörg Klawitter. — Würzburg :
Königshausen und Neumann, 1984.
  (Epistemata : Reihe Philosophie ; Bd. 19)
  ISBN 3-88479-194-X

NE: Epistemata / Reihe Philosophie

© Verlag Dr. Johannes Königshausen + Dr. Thomas Neumann, Würzburg 1984
Druck und Bindung: difo-druck, Bamberg — Alle Rechte vorbehalten
Auch die fotomechanische Vervielfältigung des Werkes oder von Teilen daraus
(Fotokopie, Mikrokopie) bedarf der vorherigen Zustimmung des Verlags
Printed in Germany
ISBN 3-88479-194-X

Charles Sanders Peirce (1839—1914)

VORWORT

Mit dem Thema dieser Untersuchung erhielt ich von meinem akademischen Lehrer, Herrn Professor Dr. Franz Wiedmann, die Anregung, die philosophische Strömung des Pragmatismus bei Charles Sanders Peirce eingehender zu beleuchten. Bald erkannte ich, daß der Terminus "Pragmatismus", der in vielgestaltiger Verkleidung – nicht nur in der Philosophie – auftritt, bei Peirce selbst einen völlig anderen Inhalt umschließt, als ihm heute zumeist unterstellt wird. Teilweise hervorragende Abhandlungen in jüngster Zeit über das Gebiet des Pragmatismus belegen das, dürfen allerdings nicht darüber hinwegtäuschen: Der Pragmatismus als Philosophie ist immer noch viel zu wenig ins akademische Bewußtsein eingedrungen. Dies verwundert keinesfalls, denn sein Begründer, Charles Sanders Peirce, wurde selbst erst Jahre, ja Jahrzehnte, nach seinem Tod als der herausragende Denker erkannt, der er tatsächlich war, und gilt seitdem, wie ich meine zurecht, als Amerika's "berühmtester Philosoph". Die näheren Umstände sucht die Kurzbiographie in der vorliegenden Arbeit mitzubedenken. Des weiteren hoffe ich, mit meiner an das Vorwort anschließenden Vorbemerkung die verwirrende Vielfalt und die Widersprüchlichkeit mancher Interpretationen der letzten 70 Jahre eingefangen zu haben, die das Interesse des Lesers für diese Untersuchung zu wecken vermögen.

Die philosophische Relevanz der Argumente von Peirce ist freilich noch aus einem anderen Grund von Bedeutung: Durch seine Forschungsreisen, internationale Begegnungen und persönliche Bekanntschaft mit maßgeblichen Frauen und Männern seiner Zeit knüpfte er enge Kontakte zu Europa. Besonders London, Paris und Berlin, Stätten seines vor allem naturwissenschaftlichen Wirkens, förderten das Interesse an der genauen Kenntnis europäischen Denkens, speziell der griechischen und deutschen Philosophie sowie der Scholastik. Folglich sollte in der Untersuchung deutlich werden, daß er so etwas wie ein europäisch-amerikanischer Philosoph wurde. Zwar liegt es mir fern, Philosophie durch Kulturräume charakterisieren zu wollen, aber jener Hinweis richtet sich gegen die heute noch anzutreffende Tendenz, auch seine pragmatische Philosophie als "triviales" amerikanisches Philosophieren abqualifizieren zu wollen, wo wir doch alle wissen: Philosophisches Denken, ja Denken überhaupt, ist eine der wenigen Fähigkeiten des Menschen, die enge Ländergrenzen zur Fortentwicklung Aller relativ mühelos überwindet (oder überwinden sollte).

Die vorliegende Untersuchung ist weiterhin gekennzeichnet durch den bedauerlichen Umstand, daß keine Gesamtausgabe, geschweige denn eine kritische Edition des ganzen Werkes von Charles Sanders Peirce vorliegt. Es galt also – gleich einer Art "Puzzlespiel" –, seine Gedanken zu den Begriffen "Realität", "Wahrheit", "Gott" zusammenzutragen, zu gewichten, zu interpretieren, wobei die philologische Arbeit nur die Grundlage zum besseren Verständnis des "Ganzen" lieferte. Die eben genannten Termini bei Peirce, die trotzdem noch lange nicht sein gesamtes Denken umfassen, spiegeln im Laufe dieser Abhandlung die Intention des Pragmatismus Peirce'scher Prägung wider: Der Pragmatismus soll eine Methode des Denkens sein. Wie wir in der Arbeit sehen werden, verhilft ein solches Verständnis uns erst dazu, uns als Mitglieder der von Peirce postulierten "unendlichen Forschergemeinschaft" zu verstehen und mit deren Hilfe unsere Gedanken weiterzuentwickeln.

Gerade um die Peirce-Forschung selbst voranzutreiben, mußte bislang jede Untersuchung über ihn weiterführende, detaillierte und kritische Anmerkungen umfassen, soll das Fehlen einer kritischen Edition wenigstens teilweise ausgeglichen werden und ein beständig sich erweiternder Zugang zum Werk von Ch.S. Peirce für alle nachfolgenden Forscher eröffnen. Zur späteren Fortentwicklung meiner Abhandlung durch Andere versuchte ich deshalb, den Teil 7 dieser Arbeit so inhaltsreich wie mir irgend möglich zu gestalten.

Daß die Untersuchung überhaupt in dieser Form vorliegt, verdanke ich vielen.

Vor allem gilt mein herlicher Dank meinem Lehrer, Herrn Professor Franz Wiedmann, der durch Gespräche, Förderung, Interesse und menschliche Anteilnahme das kontinuierliche Fortschreiten der Arbeit ermöglichte.

Durch die Veranstaltungen und Diskussionen mit den Herren Professoren Ernst Hoier und Heinrich Bußhoff erhielt ich mancherlei nützliche kritische Hinweise bezüglich interdisziplinär-angelagerter Problembereiche meiner Arbeit; dafür sage ich ihnen Dank.

Der Graduiertenförderung des Bundes bin ich für ein über zweijähriges Stipendium zu Dank verpflichtet, das mir die vollständige Konzentration auf meine Untersuchung gestattete.

Meinem Münchner Freund Dr. Dr. habil. Arno Waschkuhn danke ich nicht nur für seine stetige ideelle Unterstützung, sondern auch für sein permanentes Mithelfen bei der Beschaffung neuester amerikanischer Literatur zu diesem Themenkreis aus der Bayerischen Staatsbibliothek.

Die umfassende Hilfe meiner Eltern vermag ich gar nicht hoch genug einzuschätzen.

Meine Partnerin Ruth Lechner opferte mir trotz großer eigener beruflicher Belastung die wenigen Stunden ihrer freien Zeit, um die Arbeit so schnell wie möglich fertigstellen zu können. Hierfür bin ich ihr sehr dankbar.

Ebenso gilt mein Dank Herrn Rainer Fischer für seine die Form betreffenden Korrekturen.

Dank schulde ich schließlich der Universitätsbibliothek Würzburg für die Beschaffung entlegener Literatur.

INHALTSVERZEICHNIS

Vorwort — VII

Inhaltsverzeichnis — IX

0. Vorbemerkung: Einführende Betrachtung in verschiedene Sichtweisen über "Pragmatismus" anhand von Beispielen — 1

1. Kapitel: Eine mögliche Erschließung des Bezugsrahmens Pragmatismus — 15

1.1. Charles (Santiago) Sanders PEIRCE: Leben und Werk — 15
1.2. Der Pragmatismus – Eigenständiges Amerikanisches Philosophieren — 27
1.2.1. Früh-Geschichte des amerikanischen Denkens — 28
1.2.2. "The Metaphysical Club": Geburtsort des Pragmatismus — 33
1.3. Der Begriff "Pragmatismus" im Kontext der philosophischen Reflexionen von Ch.S. Peirce — 38
1.4. Zwei amerikanische Pragmatisten in Abgrenzung zum Begründer ihrer philosophischen Lehre — 44
1.4.1. William James — 45
1.4.2. John Dewey — 48

2. Kapitel: Der Begriff "reality" und dessen philosophisch-wissenschaftliche Wirkkonnexe im Spannungsbogen zwischen Sein und Werden nach dem Verständnis von Ch.S. Peirce — 52

2.1. Die Ablehnung der Existenz von Intuition im menschlichen Erkenntnisvermögen infolge des Bedingungsgefüges Kontinuum-Kontinuität: Grundlage für Erkennbarkeit der "reality" — 54
2.2. Das zentrale Moment der Mediation – demonstrabel anhand der Semiotik — 67
2.3. Der Universalienstreit als Katalysator für die Überlegungen Peirce's zum Begriff "reality" — 77
2.4. Denklogik (Induktion, Deduktion, Abduktion) im unabdingbaren Zusammenhang mit dem Prinzip "Hoffnung": Resultat des evolutionären Werdens der Welt — 85

2.5. Das "belief-doubt-inquiry-belief"-Kontinuum als Plattform für die "Theorie der Forschung" — 105

2.6. Die Triade der fundamental-universalen Strukturkategorien als Bedingung für eine Erkennbarkeit der Realität in Zeit — 119

2.7. Resümée der Überlegungen von Ch.S. Peirce im Hinblick auf den Begriff "Realität" ("reality") — 136

3. Kapitel: Die dreigliedrige Einheit des Begriffs "truth" bei Ch.S. Peirce — 138

3.1. Die Unmöglichkeit einer allumfassenden "Definition" der Wahrheit sowie die Ablehnung einer "Theorie" der Wahrheit — 139

3.2. Betrachtung der Wahrheit unter dem Aspekt der "adaequatio" — 143

3.3. Behandlung der Wahrheit unter dem Gesichtspunkt des "effectus consequens" — 155

3.4. Die "fundamentale" Bestimmung der Wahrheit bei Peirce — 166

3.5. Fallen "Wahrheit" ("truth") und "Realität" ("reality") zusammen ? - Ein abschließender Ausblick — 169

4. Kapitel: Die Problematik der Frage nach der Realität eines "höchsten Wesens" und dessen philosophischer Begründbarkeit — 174

5. Nachbemerkung: Eine Philosophie in Bescheidenheit — 193

6. Abkürzungsverzeichnis — 197
7. Anmerkungen — 198
8. Literaturverzeichnis — 229

8.1. Primärliteratur — 229
8.2. Zitierte Sekundärliteratur — 230
8.3. Weitere benutzte Sekundärliteratur — 237

9. Bildquellennachweis — 239

0. VORBEMERKUNG: Einführende Betrachtung in verschiedene Sichtweisen über "Pragmatismus" anhand von Beispielen

Der schwerwiegendste und wohl auch irreführendste Vorwurf an die pragmatische Philosophie ist der des Imperialismusverdachts, wie ihn **Harry K. Wells**[1] unumwunden äußert. So hat er den bemerkenswerten Versuch unternommen, "sich nicht nur mit dem, was der Verfasser philosophisch am Pragmatismus für falsch hält, sondern auch mit seinem klassenbedingten Ursprung und seiner gesellschaftlichen Funktion - damit also, was Pragmatismus nun wirklich in der Praxis bedeutet"[2], zu befassen. "Gewissenhaft" analysiert er dieses "Symptom unserer Zeit"[3] und zeigt eindringlich auf, "daß diese Philosophie für die überwältigende Masse des Volkes, für die gesamte Zukunft der Menschheit schädlich ist, weil sie als Philosophie unwissenschaftlich, reaktionär, obskurantisch, antihuman ist"[4].

Vom Leser des Buches von H.K. Wells wird aufgrund der eben dargelegten Qualifizierungen jener philosophischen Richtung zumindest erwartet, den Pragmatismus "täglich als einen heimtückischen und in alles eindringenden Feind" zu erkennen, "der bekämpft werden muß", da er "nicht nur ein Feind des wissenschaftlichen Marxismus, sondern auch des Friedens und Fortschritts in den Vereinigten Staaten und in der ganzen Welt" ist.[5]

Nach Meinung von Wells - wobei er den Schwerpunkt seiner Analyse auf William James und John Dewey legt - ist der Pragmatismus "die ausgesprochene Philosophie des Imperialismus, die Philosophie des 'Big Stick'[6], die Philosophie des krassesten Nützlichkeitsprinzips, der Praxis ohne Theorie, der Bewegung ohne Richtung, der Improvisation, des Sich-geschickt-Durchwindens und der obersten Doktrin des amerikanischen Busineß: 'Nichts hilft so gut wie der Erfolg.'"[7]

Folgende Hauptzüge kennzeichnen laut obengenanntem Autor zusammenfassend den Pragmatismus:[8]

1. "Die Leugnung einer objektiven Realität, die unabhängig von jeder menschlichen Erfahrung existiert und sich über unsere

Sinne in unserem Bewußtsein widerspiegelt;"
2. "die daraus folgende Leugnung jeder objektiven Notwendigkeit, jeder Kausalität, jeder Lehre, daß gegebenen Ereignissen und Prozessen etwas anderes mit Notwendigkeit folgt;"
3. "die Leugnung jeder objektiven Erkenntnis oder Wahrheit und daher jeder realen Möglichkeit zur Voraussage oder Kontrolle natürlicher oder gesellschaftlicher Erscheinungen;"
4. "die Behauptung, daß in der erfolgreichen Erfüllung gegebener Ziele, Zwecke und Bestrebungen das alleinige Kriterium der Gültigkeit irgendwelcher Ideen oder Prinzipien liegt und diese die einzige Bedeutung ihrer 'Wahrheit' darstellt;"

Alle oben angeführten vier Grundzüge des Pragmatismus stehen allerdings im direkten Gegensatz zum marxistischen wissenschaftlichen Materialismus[9], denn die pragmatische Philosophie "leugnet die Existenz wissenschaftlicher Erkenntnis und objektiver Wahrheit"[10]. Des weiteren sieht Wells ihn als "eine opportunistische Methode (an), die jedes Mittel, das zum Erfolg führt, verteidigt"[11].

Am Ende seiner philosophiehistorischen und hermeneutischen Pragmatismusanalyse fällt er abschließend folgendes gravierende Urteil: "Der Pragmatismus ist die Philosophie einer Klasse, deren einzige Daseinsweise darin besteht, auszubeuten und zu unterdrücken, Profite und Kriege zu machen. Er ist die Philosophie einer Klasse, die keine Zukunft hat."[12] Seine Form haben hauptsächlich drei Philosophen maßgeblich bestimmt: "Charles S. Peirce, William James und John Dewey. Peirce war sein Begründer, James sein Propagandist und Dewey sein Hoherpriester."[13]

Ein ebenso schwerwiegender und genauso irreführender Vorwurf von **Wilhelm Seeberger** ist es, den Pragmatismus als den "Totengräber"[14] der westlichen Welt diskreditieren zu wollen.

Der Ausgangspunkt seiner Überlegungen besteht in der Behauptung, daß sich die dringliche Auseinandersetzung mit der Theorie des Marxismus-Leninismus und dem gegenwärtigen realen Kommunismus "keineswegs immer auf der Höhe ihrer Aufgabe"[15] befinde. Vielmehr scheinen alle Ansätze, Versuche und Theorien auf der Seite des demokratischen Westens eher einem "Treten-am-Ort"[16] zu gleichen, als ihrem eigentlich zu erreichen-

den Ziele zu dienen, bleibende Strukturen der Sowjetpolitik, mit der die westliche Hemisphäre aller Wahrscheinlichkeit nach auch zukünftig zu rechnen haben werde, exakt herauszuschälen.
W. Seeberger führt - für ihn ohne jeglichen Zweifel - diesen unbefriedigenden und für den Westen höchst gefährlichen Umstand auf die sich immer mehr ausbreitende pragmatische Geisteshaltung zurück. Die Bedeutung des Begriffs Pragmatismus, den er "geistesgeschichtlich unter den Begriff Utilitarismus"[17] subsumiert, umschließt zwei Sachverhalte, die untereinander in enger Wechselbeziehung stehen, die es gleichwohl aber klar zu unterscheiden gilt: "Zum einen ist der Pragmatismus eine Schuldoktrin, die ihre spezifische Ausprägung Ende des letzten und in den ersten Dezennien dieses Jahrhunderts durch William James und John Dewey erhalten hat und die zusammen mit ihren Sonderformen Instrumentalismus und Operationalismus das bildet, was mit einigem Recht als autochthone amerikanische Philosophie bezeichnet werden kann. Zum anderen wird unter dem Namen Pragmatismus eine zumeist völlig unbewußt und gerade deshalb sehr häufig praktizierte Geisteshaltung befaßt, die, als solche schon in der Antike verbreitet, in der Neuzeit insbesondere in der angelsächsischen Welt sich immer mehr herausbildete und in Wechselwirkung mit der aus ihr erwachsenen Schuldoktrin im Laufe dieses Jahrhunderts in der Neuen Welt schließlich in einer Weise bestimmend wurde, daß der Pragmatismus nicht ganz zu Unrecht als die eigentliche Ideologie der amerikanischen Gesellschaft bezeichnet wird."[18]
Durch die fatale Trennung von Theorie und Praxis in der pragmatisch orientierten Philosophie ergibt sich im Bereich des Politischen eine lebensgefährliche Verlagerung auf den Primat des Handelns. "... Das Praktische, das Nützliche, das Lebensfördernde und wie die Leitbegriffe des Pragmatismus sonst noch heißen"[19], bedingen als weitere bedenkliche Folgeerscheinung eine Reduktion des wesentlich Menschlichen auf "bloße Sachfragen"[20]. Eine Lehre, die weiterhin "allen Ernstes die Überzeugung vertritt, daß der äußere Erfolg der verläßliche Beweis für die Lebenstüchtigkeit eines Menschen und für die Richtigkeit des Begriffs sei, den dieser sich vom Leben mache, scheint gleichsam dazu prädestiniert zu sein"[21], nie in die Versuchung zu kommen, das Wesen des Geistes zu untersuchen. Der pragmatischen Denkweise darf konsequenterweise unbedenklich "eine

schlechterdings nicht mehr zu überbietende Verständnislosigkeit für den wesentlich metaphysischen Charakter des Seins"[22] attestiert werden. Beispielsweise ein Resultat sieht Seeberger in der Überbewertung der Technik und Naturwissenschaften, die zu einer "Deklassierung der geisteswissenschaftlich Tätigen"[23] führte. Das auffälligste Charakteristikum "der pragmatischen Doktrin ist die völlige Indifferenz der Wahrheit gegenüber, eine Indifferenz, die dort, wo Wahrheit mit dem Anspruch auf Autorität auftritt, zur eindeutigen Ablehnung wird. Wahrheit gibt es nach pragmatistischer Auffassung nicht; sie wird vielmehr gemacht, ..."[24]
Zwar gesteht Seeberger selbst zu, daß er nur einen summarischen Exkurs über diese Art von "geistige(m) Dilettantismus"[25], der als "Ideologie der industriellen Zivilisation bezeichnet werden kann"[26], darzulegen in der Lage war, sich jedoch nichts an der Tatsache ändert, daß jener der "Züchtung der Primitivformen des Verstandes Vorschub leistet"[27], zu einer vermeintlichen Intellektualisierung breiter Schichten führt und daraus resultierend "einen überaus günstigen Nährboden für den kulturellen und moralischen Nihilismus, der Staat und Gesellschaft gleichermaßen schwächt", hervorbringt und außerdem das Wirken der Weltgeschichte, die sich Zeit nehmen kann, übersieht. Sein zu erwartendes Fazit läßt den Pragmatismus letztlich nicht als die geistig scharfe Waffe gegen den Kommunismus erscheinen, die sie eigentlich sein sollte, denn "die Wahrheit aber ist und bleibt auch in der Politik das Unterpfand der tatsächlichen Macht".
Der Autor des Aufsatzes "Wahrheit in der Politik" schließt seine Überlegungen mit der Feststellung, allein die Wahrheit - nicht der Pragmatismus - sei die einzige Abwehrmöglichkeit gegen den Marxismus-Leninismus und dessen praktischer Konsequenzen für die westliche Welt. Die Vorstellung seiner Wahrheitskonzeption in und für Politik bleibt Seeberger allerdings dem Leser schuldig.

Das Buch "Philosophie nach der Aufklärung" von **Hermann Lübbe** berührt in Teilen - wie die beiden vorher resümierten Analysen von Wells und Seeberger - ebenfalls den weiten, wissenschaftlich nicht klar umrissenen Bereich politischer Theorie. Der Autor beleuchtet aus dem politischen, soziologischen und philosophischen Blickwinkel und dem praktisch-politischen Handlungskontext die Schwierigkeit, als Individuum - eingebettet mit unzähligen anderen in "Welt" - agierend und reagierend in einem stetig fortschreitenden Entwicklungsprozeß mit politischen Konfliktsituationen in situationsadäquater, demokratischer Weise fertig zu werden. Seine Absicht ist u.a., "den Sinn des Wortes 'Pragmatismus' in seiner vernünftigen gemeinsprachlichen Bedeutung zu rekonstruieren. Ein Anspruch, dabei in Übereinstimmung mit dem Pragmatismusbegriff philosophiegeschichtlicher Lehren und Schulen zu sein, wird explizit nicht erhoben."[28]

In Auseinandersetzung mit der Diskurstheorie von Jürgen Habermas unternimmt Lübbe den Versuch, die kompromittierte Theorie des Dezisionismus schärfer zu fassen und differenzierter für politische Theoriebildung einzusetzen, indem er eine Trennung von Geltung und Wahrheit im politischen Entscheidungsprozeß vornimmt. Genau dieses Faktum kennzeichnet "die entscheidungstheoretische Substanz liberaler politischer Ordnung"[29], d.h. die Verbindlichkeit politischer Entscheidungen ist eine andere, als die Verbindlichkeit von Wahrheitsansprüchen in den Begründungen, die materiell solchen Entscheidungen zugrunde liegen. Unschwer erkennt der Leser "eine liberale Tugend, Person und Sache zu trennen, und es gäbe nicht mehr viel, worauf wir uns stützen könnten, wenn nichts darunter sein dürfte, worauf auch solche sich berufen, von deren Praxis wir uns distanzieren"[30].

Da der sogenannte Dezisionismus eine Vorgeschichte in klassischen Traditionen, deren Erbe reich ist, so daß es sich lohnt, um es zu streiten, aufweist, analysiert Lübbe Th. Hobbes, R. Descartes, I. Kant, M. Weber und beantwortet mit deren Hilfe die Frage nach der methodischen Begründbarkeit von Normen, bevor er die Gründe für seine Theorie der "Diskursbegrenzungspragmatik"[31] darlegt: "Pragmatisch ist es ..., den im transzendentalen Prinzip gewiß möglichen Diskurs über die wechselseitigen, inhomogenen, konfliktträchtigen Basisorientierungen gar nicht erst anzufangen und lediglich über Lösungsmöglichkeiten solcher Konflikte zu diskutieren, die sich im Rahmen von Annahmen über die Wirklichkeit formulieren lassen, die die konfligierenden Subjekte teilen, so daß sie, insoweit, doch ein- und derselben Welt angehören und gemeinsam auf dem Boden analog interpretierter Realität stehen." Von Anfang an

zeigt sich die pragmatische Regel der Diskursbegrenzung als ein "indispensables Element der Diskurstheorie", deren pragmatischer Vorzug des Widerstands vor dem Widerspruch darauf beruht, "daß er den Kommunikationsaufwand minimalisiert, der erforderlich ist, um zwischen konfligierenden Subjekten eine Basis gemeinsamer Realität von maximaler Interpretationsunbedürftigkeit zu finden". Insbesondere die "Zeitmangelerfahrung" erfordert einen Übergang zur Intensivkommunikation, während dagegen "die Pragmatik der Begrenzung oder Vermeidung von Diskursen über historisch kontingente, identitätssichernde Orientierungssysteme, Grundwerte etc. über den Imperativ knapper Zeit hinaus" des Imperativs "der Minimalisierung von Universalisierbarkeitsanforderungen" bedarf. Er besagt: "Die Zumutung, mit anderen sich auf dem Boden übereinstimmend interpretierter Wirklichkeit zu versammeln, ist politisch nur insoweit sinnvoll und legitim, als lösungsbedürftige Konflikte herrschen, deren normative Regelung nur im Ausgang von homogenen Erfahrungen möglich ist."
Lübbe faßt zum allgemeinen Verständnis abschließend seine gemeinsprachliche Rekonstruktion der Bedeutung des Wortes "Pragmatismus" in bezug auf politische Handlungstheorie wie folgt: "Der Pragmatismus des Imperativs knapper Zeit sorgt für Effektivität. Der Pragmatismus des Imperativs der Minimalisierung dessen, worüber man zu reden gezwungen werden kann, sorgt für die Freiheit von Subjekten in ihrer historisch kontingenten Identität."[32]
Inwieweit - nach Lübbe - vorhandene Verhaltensgewohnheiten als Grundlage zur friedlichen Beilegung von Konfliktsituationen überhaupt ausreichen, um sich - unter Zuhilfenahme der "Diskursbegrenzungspragmatik" - als Individuum in und mit der Gemeinschaft aller Anderen bislang unbekannten Problemen, die zu dringenden Lösungen anstehen, stellen zu können, führt Lübbe nicht differenziert aus.

Constantin Gutberlet teilt dem Leser zu Beginn der Interpretation des Pragmatismus James'scher Prägung überdeutlich seine Bewertung dieser philosophischen Richtung mit: "Eine neue Modephilosophie tritt uns entgegen, diesmal von jenseits des Ozeans aus dem Land des Dollars, der als Ideal dieser Philosophie betrachtet werden muß. Dieselbe degradiert die Wahrheit zur

Nützlichkeit, wie schon ehedem in ähnlicher Geistesrichtung aus dem Lande der Krämer die Herabwürdigung der Sittlichkeit zur Utilität zu uns herüber importiert wurde."[33]
Für Gutberlet "muß die Wahrheit dem Nutzen vorausgehen, sie ist nicht nach ihren praktischen Folgen zu beurteilen, sondern, wie alle Menschen sie fassen, nach der Übereinstimmung der Gedanken mit der objektiven Wirklichkeit"[34]. Gerade, daß die Menschen ihre Vorstellungen häufig nicht nach objektiven Gründen, sondern nach praktischen Rücksichten, d.h. ihrem Vorteil oder Nachteil, bilden, schält der Pragmatismus tatsächlich evident heraus; "dieser Einfluß ist aber immer als ein großer Nachteil für die Erkenntnis der Wahrheit angesehen worden"[35]. Dem Nutzen - das bedeutet in Amerika "'die Philosophie des Dollars'"[36] zur Erreichung einer guten Lebensführung - wird sogar die Wahrheit unterworfen. "Ob der Nutzen ein rein materieller oder geistiger ist, macht im Prinzip keinen Unterschied."[37] Ein in derartiger Weise verstandener Begriff der Wahrheit wäre "identisch mit G U T, bezöge sich auf Willensakte, während doch ganz evident nur Verstandestätigkeit der Wahrheit wie des Irrtums fähig ist"[38].
Des weiteren hebt Gutberlet hervor, daß der Pragmatismus den Anspruch erhebt, als Methode zur Schlichtung philosophischer Streitigkeiten zu dienen, aber philosophiegeschichtlich nichts Neues darstellen will. Vielmehr stempelt sich die pragmatische Philosophie - die eher als verkappte Wahrheitstheorie, denn als Methode anzusehen ist - als "'ein abgeschlossenes System'"[39] ab, indem sie "die Vergänglichkeit jeder Wahrheit proklamiert"[40] und konsequenterweise, da nur sie die alleinige Wahrheit zu besitzen beansprucht, ebenfalls der Vergänglichkeit anheimfällt.

In der Schrift von **Günther Jacoby** liegt die Absicht begründet, "von dem Streite über den pragmatistischen Wahrheitsbegriff zu einer Erörterung über den pragmatistischen Wissenschaftsbegriff hinüberzulenken"[41], da es "Sinn des Pragmatismus (ist), Wissenschaftslehre zu sein"[42]. Außerdem wurde die pragmatische Philosophie zwar schon durch Jahrhunderte mehr oder minder beiläufig vertreten, ihre ganze Tragweite aber erst heute wie folgt gewürdigt: "Als selbständige Philosophie ist der Pragmatismus n e u."[43] Er unterscheidet sich von allen anderen philosophischen Lehrgebäuden, indem er selbst gar keines darzu-

stellen beabsichtigt. Seine Lehre beinhaltet lediglich die Aufforderung, "sich bei allen Denkhandlungen in einer ganz bestimmten Weise zu verhalten"[44].
Bei dem Begriff Wahrheit kommt es nach Jacoby nicht darauf an, wie er jeweils verstanden und interpretiert wird; im Gegenteil, das entscheidende Kriterium der Wahrheit liegt darin, "daß sie uns auf Verhaltensweisen führt"[45]. Sein Fazit: Wahrheit wird als der "Motor" des menschlichen Erkenntnisprozesses bewertet, die uns zu immer neuen Aussagen über bestimmte Aspekte der Wirklichkeit verhilft und gleichzeitig "die Beziehung auf die Verwendbarkeit der Aussage"[46] berücksichtigt. Die Wahrheit eröffnet den Menschen eine Zukunftsdimension für die Bewahrheitung ihrer - in der Vergangenheit getroffenen, für die zukünftige Verwendung bestimmten - Aussagen. Den Sinn der Wissenschaft sieht Jacoby als einen wesentlichen Einschub in diesen Verifikationsprozeß an, der hilft, "von einer vielleicht noch unvollkommenen Weise des Handelns zu der vollkommeneren Weise"[47] hinüberzuführen. Während des besagten Werdegangs "ist die wissenschaftliche Wahrheit gar keine Wahrheit. Es ist nur Halbwahrheit, vorläufige Wahrheit, von der wir erwarten, daß sie im Laufe der Zeit durch die Arbeit mit ihr allerlei Unbrauchbarkeiten aufweisen wird; von der wir hoffen, daß sie sich nach und nach zu einem größeren Maße von Wahrheit wird berichtigen lassen."[48] Die essentielle Bedingung des Pragmatismus - außer der steten Veränderlichkeit, im Sinne von Verbesserung, der Wissenschaftswahrheit - fordert: Der ganze wissenschaftliche Erkenntnisstrom muß "doch wieder in das menschliche Handeln hineinmünde(n)"[49].
Der Pragmatismus lehnt sowohl entschieden den Gedanken "der meisten Inhaber(n) von philosophischen Systemen, daß auf dem in Frage stehenden Gebiete nur i h r System das richtige sei"[50], ab, als auch eine Weltformelphilosophie, die das Mannigfaltige der Welt zwar einheitlich ausdrückt, mit der der Einzelne aber sonst nichts anzufangen weiß. "Der Pragmatismus enthält ... eine Kritik der Philosophie"[51], weil er unter Philosophie das versteht, "was etwa für den Physiker eine Theorie ist: ein Mittel, kein Selbstzweck. Ich besitze meine Philosophie; nicht sie besitzt mich. Sie ist mein Diener, und ich, der Mensch, bin ihr Herr."[52]
Jürgen v. Kempski schreibt über den Pragmatismus: "Man hat ihn

vielfach durch die goethischen Worte interpretiert: 'Was fruchtbar ist, allein ist wahr.'"[53] Die philosophischen Explikationen von Jacoby beweisen eindeutig eine weit darüber hinausreichende mögliche Interpretierbarkeit dieser philosophischen Lehre.

Nach fast dreihundertjähriger Beeinflussung der amerikanischen Philosophie durch die europäische Tradition sollte der Pragmatismus - so **Siegfried Marck** - "eine Art intellektuelle Unabhängigkeitserklärung"[54] Ende des 19. Jahrhunderts von Europa einleiten. Auf den ersten Blick trägt "der Pragmatismus gewisse Züge, die einem proletarischen Zeitalter der Massen entsprechen, die ein solches Zeitalter in seinem Selbstbewußtsein bestärken wollen"[55]. Sein Wirken steht aber heute nicht mehr im Vordergrunde der amerikanischen Philosophie.
Marck möchte jedoch den Sinn des Pragmatismus vor Mißverständnissen, auch vor solchen, die seine Schöpfer selbst verschuldet haben, geschützt wissen. Allein der Begriff "Pragmatismus" unterstreicht die Rolle der "Praxis" in dieser philosophischen Richtung, die jedoch nicht den "Primat der sozialen Praxis und des sozialen Erfolges über kontemplative Erkenntnis und ihren rein innerlichen Wert" verkünden will. Die hier in Frage kommende Praxis erweist sich nicht als ein einfaches Herausspringen aus der theoretischen Sphäre; vielmehr ist sie "Operation, wissenschaftliches Experiment und kein bloßes Herumprobieren".

Kritischer Idealismus und Pragmatismus erfassen - unter gewissen Einschränkungen - das Sein niemals als eine direkte Gegebenheit, die wir Menschen uns im Erkennen als einen einheitlichen Block einverleiben können, denn jedes Sein an sich bleibt uns unerschlossen. Allein der systematische Zusammenhang der Operationen des Geistes im Denken gebiert das Vertrauen, daß dort, "nicht anderswo, dasjenige zu suchen ist und zu finden ist, was wir als sogenannte Realität bezeichnen".

Nach Marck lehnen des weiteren alle 5 Typen der Existenzphilosophie eine Systemphilosophie, insbesondere ein geschlossenes System, ab. Dewey's Typ des amerikanischen, existentialistischen Pragmatismus wird als situationsgebundenes Denken interpretiert, da er "doch geradezu die Lösung theoretischer Probleme auf denselben Nenner mit dem Überwinden von Schwierigkeiten in einer Lebenssituation" bringt. Ob eine solche Form des Existentialismus zum Bereich der Existenzphilosophie zu zählen ist, bleibt zumindest fragwürdig. Heidegger's ontologische Existenzphilosophie, die als der Höhepunkt des Kampfes gegen den sogenannten modernen Subjektivismus betrachtet werden kann, "muß dagegen auf der ganzen Linie als ein Gegenpol des Pragmatismus angesehen werden". Freilich bleibt es der individuell-wertenden Überlegung des Lesers überlassen, ob nicht der humanistische "Hintergedanke" in der instrumentell-pragmatischen Ausprägung Dewey's, welcher den Menschen als souveränes und natürliches Wesen gedacht bzw. begriffen sehen möchte, der entpersonalisierenden Heidegger'schen Anthropologie vorzuziehen ist, die zwar den Menschen zum Hirten des Seins "erkürt" und ihn gerade wegen des Sich-bewußt-seins seiner Geworfenheit in Sein zum "bloßen" Diener eines impersonalen Dasein herabgewürdigt. Der Pragmatismus seinerseits verkörpert vice versa die geschliffen-weltgewandte Ausdrucksform jener betont-akzentuierten menschlichen Subjektivität.

Dieser stellt - für Marck - einen letzten Denkstil "jener europäischen Aktivität, jener Kraft des Subjekts, die sich von Sokrates über Descartes zu Kant ihren gedanklichen Ausdruck schaffte", dar. So will er seine Ausführungen als einen Beitrag "für die Schaffung dessen, was heute notwendig ist: die Schaffung von Eur-Amerika"[56] verstanden wissen.

Wie Marck gelangt auch **Hans Lipps** zu der gleichen Überzeugung: "Der Pragmatismus hat in d e r s e l b e n   W e i s e wie die Existenzphilosophie die Systemphilosophie zum Gegner. Denn auch ihm bedeutet diese Gegnerschaft kein diskutierend Sich-mit-dem-anderen-auseinander-setzen, um so das Recht eines Standpunkts bestimmen und begrenzen zu können."[57] Ein Vergleich zwischen Pragmatismus und Existenzphilosophie fördert schon allein deshalb fruchtbare Ergebnisse zutage, weil sich nicht nur keine der beiden philosophischen Richtungen gegenseitig beeinflußt haben, sondern gilt: "Beide ... suchen ein Verhältnis zur Wirklichkeit zurückzugewinnen."[58]

Der Erkennensprozeß des Pragmatismus führt über einen bestimmten Umgang des Erkennenden mit den Dingen, die immer im situativen Kontext des erkennen-wollenden Subjekts erfahren werden, zur Erkenntnis, die ihrerseits wieder eingelagert ist "in einen Horizont, der selbst nicht erkenntnismäßig ist, der aber

andererseits gerade das erkennende Subjekt hält, weiterträgt und insgeheim leitet"[59]. Wahrheit findet das erkenntnisgeleitete Interesse des Individuums in dem Spannungsgefüge zwischen dem sondierten Gegenstand der Erkenntnis und dessen Erfüllbarkeit durch die Nachfolge tatsächlicher Umgangsmöglichkeit. Im Pragmatismus zeigt sich Wahrheit als signifikanter Ausdruck "in dem, was entspringt, was ' w i r d ' durch vernünfiges Zutun. Und sie ist nichts Festes, sofern sie sich verschiebt in der Richtung der fortschreitenden Gesamtsituation", weswegen wir Menschen sie nur gemeinsam und in gegenseitiger Mit-teilung erfahren können, um ihre Beweglichkeit vor dem dogmatischen Eigensinn des Einzelnen zu schützen.
Zusammenfassend kennzeichnet Lipps die pragmatische Philosophie: "Hinter dem Pragmatismus steht ein bestimmtes Ethos. Dieses Ethos wendet sich an die 'Verständigkeit' des Menschen, kehrt dessen Lage dahin, daß sie danach verlangt, überall verläßliche Bedingungen zu schaffen und sich verfügbar zu erhalten. Es ist eine Haltung, die in Front steht gegen exklusiven Wissensbesitz. Darin, daß im Pragmatismus ein solches Ethos zum Vorschein kommt, liegt gerade das ' E c h t e ' dieses Philosophierens. Dies, daß der Pragmatismus kein ausgedachter Standpunkt ist."[60]
Existenzphilosophie jedoch will kein sachliches Zurechtrücken wie der Pragmatismus betreiben, sondern erhält ihr eigenes Gepräge durch "das Sich-Bemühen, sich in ' E i g e n t l i c h k e i t ' zu halten"[61]. Jedem Menschen soll sein - immer in Zeit angelegtes - Dasein, über das wir nicht nach Belieben verfügen können, näher gebracht werden, um uns in Konsequenz zu befähigen, Schritt für Schritt in der Auslegung unserer eigenen Existenz - sofern sie "geschieht als ein Sich-auseinandersetzen mit der Welt in Situationen"[62] - selbst als das Offene begreifen zu lernen. Wie der Pragmatismus betont die Existenzphilosophie "gerade die entscheidende Bedeutung d e r a n d e r e n in der Auslegung des Lebens"[63].

Genau drei philosophische Richtungen - Marxismus, Existentialismus und Pragmatismus - haben die Vermittlung von Theorie und Praxis, angesichts der ungewissen Zukunft einer auf sich allein gestellten Menschheit in dieser "unfertigen" Welt, zum zentralen Thema ihrer Reflexionen erhoben. Diese These vertritt

Karl-Otto Apel und führt explizierend aus: "Sie haben - jede auf ihre Art - erkannt, daß in einer Welt, die kein fertiger Kosmos ist, in einem Leben, das 'nach vorwärts gelebt werden muß' (Kierkegaard), in einer gesellschaftlichen Situation, die verändert werden kann, Philosophie nicht selbstgenügsam sein kann, daß sie, als Theorie, die Praxis des Lebens nicht außer sich haben kann, so, als könne man zuerst in reiner, interessenloser Kontemplation das Wesen der Dinge erkennen und dann erst die Praxis an der Theorie orientieren, oder so, als könne man die Gesetze der unfertigen Welt a priori bestimmen und die zukunftsoffene Geschichte in die selbst nicht mehr praktisch engagierte Reflexion 'aufheben'."[64]
Ergänzend zu Apel betrachtet **Stephan Körner** als ein gemeinsames Kennzeichen des Pragmatismus und Marxismus die Tatsache, "daß der Prüfstein des Theoretisierens die Praxis ist, eine Praxis, die nicht einen Aspekt eines völlig vorherbestimmten Naturablaufs darstellt, sondern echte Entscheidungen innerhalb der von der Natur gezogenen Grenzen erlaubt"[65].

Der skizzenhafte Abriß der stark generalisierenden und divergierenden Betrachtungsweisen vorgestellter Autoren beleuchtet dem Leser schlaglichtartig die kontrovers geführte Diskussion der letzten 70 Jahre über das Themengebiet des Pragmatismus in der Philosophie. Bereits eine dergestalt kurze Hinführung vermag dem Interessierten jede weitere Beschäftigung mit dieser - eine Unzahl von Interpretationsmöglichkeiten zulassenden - philosophischen Richtung verleiden; vielleicht mag aber auch die - sich gerade in jener Mannigfaltigkeit begründet zeigende - Fruchtbarkeit dazu veranlassen, ein wenig tiefer in die verwobenen Denkstrukturen des Pragmatismus einzudringen.

Wenn wir überhaupt von "dem Pragmatismus" in dem Sinne einer, als Einheit zu verstehenden, philosophischen Lehre sprechen dürfen, so gewichtete ich resümierend in meinen Ausführungen folgende Themenkomplexe:
a) Beurteilungen über Pragmatismus im Hinblick auf den politischen Nährboden für seine Entstehung und die gesellschaftspolitisch-theoretischen Konsequenzen der pragmatischen Lehre
b) Stellenwert des Begriffs Wahrheit in der pragmatischen Philosophie

c) Berührungspunkte des Pragmatismus mit der Existenzphilosophie und dem Marxismus
d) Die zentrale Bewertung des Theorie-Praxis-Verhältnis im pragmatischen Philosophieren

Inwieweit diese mehr oder minder als treffend anzusehenden Analysen uns allerdings zu einer Annäherung an die Kernpunkte des Pragmatismus heranführen, darf zurecht bezweifelt werden. Begründet auf dieser obigen Zusammenschau verfestigte sich bei mir zunehmend die Ansicht, der Philosophie des Pragmatismus nur durch eine detaillierte Betrachtung ihres Begründers, **Charles Sanders Peirce**, gerecht werden zu können und aus diesem Kontext heraus verstehen zu lernen.
Hilfreich erwies sich bei der Beschäftigung mit dem Pragmatismus Peirce'scher Prägung der, zu Beginn der sechziger Jahre in Österreich erschienene, Aufsatz des bekannten amerikanischen Philosophen **Roderick Chisholm**, der kurz und präzise eine klare Stellungnahme zu einem bedeutenden Bereich der Philosophie von Ch.S. Peirce abgab und der der Betrachtung des Pragmatismus eine im Laufe dieser Untersuchung bisher noch unberücksichtigt gebliebene Wende verleiht:
a) Die Lehre des Pragmatismus, wie sie Peirce formulierte, "geht auf Kant, Schelling und den deutschen Idealismus zurück"[66].
b) Peirce stellte die zentrale Frage: "Warum verhält sich die Natur gesetzmäßig? Warum gibt es überhaupt Gesetze - warum nicht das Chaos?"[67] und versucht das Phänomen des Zufalls, der Spontaneität, in der Welt zu erklären.
c) "Anstatt Erkenntnislehre haben wir im Peirceschen System eine Phänomenologie des Forschens vor uns."[68]

Im weiteren Zuge der Arbeit werden u.a. auch diese Schwerpunkte neu eingebracht und mitberücksichtigt. Zu einer Versachlichung der Diskussion über Pragmatismus haben aber ganz gewiß jüngere philosophische Untersuchungen, besonders in der Bundesrepublik Deutschland, beträchtlich beigetragen. Ob ihr immenser Arbeitsaufwand jedoch dem Pragmatismus - speziell Peirce'scher Prägung - eine lange verwehrte Geltung verschaffen konnte, bleibt aufgrund vielerorts herrschender universitär-philosophischer Strukturen und "Lehrmeinungen" leider fragwürdig.
Da schon in verschiedenen Zusammenhängen das scheinbar bipola-

re Verhältnis von Theorie und Praxis in einem Atemzug mit Pragmatismus erwähnt wurde, erlaube ich mir, auf ein vermeintlich unphilosophisches Gebiet der Praxis, die Lebenspraxis, zurückzugreifen, denn "es gibt Philosophen, deren Biographie kaum etwas oder nichts zum Verständnis ihrer Werke beiträgt. Von Kants Leben weiß man genug in zwei Sätzen, das Opus spricht für sich allein. Von Descartes oder Spinoza dagegen kann man gar nicht genug an Lebensumständen zusammentragen, jedes Detail beeinflußt die Interpretation manch schwer verständlicher These oder Formulierung."[69]
Welche Beziehungen zwischen Leben und Werk bei Ch.S. Peirce eruiert werden können, wird mich im folgenden beschäftigen.

1. KAPITEL: Eine mögliche Erschließung des Bezugsrahmens Pragmatismus

1.1. Charles (Santiago) Sanders PEIRCE: Leben und Werk

> "A certain maxim of Logic which I have called Pragmatism has recommended itself to me for divers reasons and on sundry considerations. Having taken it as my guide in most of my thought, I find that as the years of my knowledge of it lengthen, my sense of the importance of it presses upon me more and more. If it is only true, it is certainly a wonderful efficient instrument. It is not to philosophy only that it is applicable. I have found it of signal service in every branch of science that I have studied. My want of skill in practical affairs does not prevent me from perceiving the advantage of being well imbued with pragmatism in the conduct of live." (5.14)
> ...
> "Besides pragmatism and personality are more or less of the same kidney." (5.16) [1]

Charles (Santiago) Sanders PEIRCE (10. Sept. 1839 - 19. Apr. 1914), Philosoph, Logiker, Mathematiker, Naturwissenschaftler, Geodät und Begründer des Pragmatismus wurde in Cambridge, Massachusetts, "in einem steinfarbenen Holzhaus in der Manson Street"[2] als der zweite Sohn von Benjamin Peirce und Sarah Hunt (Mills) Peirce, Tochter von Elijah Hunt Mills, geboren. Charles Sanders war ein Bruder von James Mills Peirce.

Als besonders bezeichnend für die amerikanische Selbstdarstellung jener Tage und für den weiteren Lebensweg von Ch.S. Peirce darf die Tatsache angesehen werden, daß zwar eine große Anzahl von Geschichtsbüchern in Neu-England über die wirtschaftliche, kulturelle und akademische Blütezeit dieses Bundesstaates berichten, jedoch nie die Geburt ihres "berühmtesten Sohnes" Ch.S. Peirce verzeichneten.[3] Heute allerdings ist sich die amerikanische Philosophiegeschichte einig, ihn als einen der gößten - wenn nicht den größten - amerikanischen Philosophen zu betrachten.[4]

Vor der weiteren Darlegung seines Lebens und Werkes empfiehlt es sich, nachfolgende Fragen im Überblick zu beantworten: In

welches familiäre und gesellschaftliche Umfeld wurde Peirce
hineingeboren und welche Beeinflussungen prägten seine persönliche Entwicklung entscheidend mit?
Die Peirce-Familie waren die Nachfahren eines Webers mit Namen
John Pers of Norwich, England, der 1637 in die Vereinigten
Staaten emigrierte und sich in Watertown niederließ.
Der Großvater des Philosophen, Benjamin Peirce, wurde
1802 vom Harvard College graduiert, arbeitete im Senat von
Massachusetts und war bis zu seinem Tod 1831 Bibliothekar des
College. Seine Frau Lydia Nichols, Schwester eines angesehenen Ministers, stammte aus einer Familie, die für ihren Handel mit China berühmt war; jedoch scheiterte ihr Mann in dieser Geschäftsbranche. Ihr Sohn, ebenfalls auf den Vornamen
Benjamin (1809-1880) getauft, schloß genauso wie sein Vater
in Harvard 1829 sein Studium erfolgreich ab und lehrte dort
als Professor für Mathematik und Naturphilosophie, später umbenannt in Astronomie und Mathematik[5], sein ganzes Leben.
Schüler und Kollegen beschrieben ihn als einen geistvollen
und weltgewandten Mann, der es diplomatisch verstand, sein Umfeld zu einer phantasiereichen eigenen Forschungsarbeit anzuregen. Sein über sein eigenes Forschungsgebiet hinausreichendes Interesse für Philosophie und die Berührungspunkte zwischen Religion und Wissenschaft, die bei ihm der Beeinflussung
eines puritanisch gesinnten Weltbildes unterworfen waren, übertrug sich auf alle seine Kinder, drei Söhne und eine Tochter.
"Neben der Professur war er von 1852 bis 1874 für die United
States Coast Survey zuerst als Direktor für Längenbestimmungen,
ab 1867 als Superintendent tätig. Er war nach Bowditch der
zweite amerikanische Mathematiker, der in die Londoner Royal
Society gewählt wurde. Außerdem war er Präsident der 'American
Association for the Advancement of Science', Dekan der mathematisch-physikalischen Klasse der 'Academy of Science', Mitherausgeber des 'American Journal of Mathematics' und Mitglied
verschiedener europäischer Akademien. ... Sein Hauptwerk, eine
Erweiterung der Ideen von Hamilton, Linear Associative Algebra,
erschien 1870; 1882 wurde sie von Ch.S. Peirce mit Anmerkungen
neu herausgegeben."[6]
Es war die bewundernswert zielstrebige Entwicklung der Gesellschaft und Kultur von Neu-England, insbesondere von Boston,
die den dort Ansässigen einen raschen Anschluß an internatio-

nale Denkungsart erlaubte. Zwar kann man heute noch das Festhalten an den englischen Traditionen der ersten Einwanderer verspüren, aber eine reine Imitation der Sitten und Gebräuche Englands erwies sich in dieser rauhen, unerschlossenen Umgebung als unmöglich. Aufgrund der geographisch günstigen Meereslage ging ein beständig wachsender Seehandel zwischen 1780 und 1850 Hand in Hand mit kulturellem Wachstum. Boston etablierte sich als der wichtigste Handelshafen der Neuen Welt und die Bostoner Schriftsteller schufen eine kleine "Kulturinsel", die durch ihre Isolation vom übrigen Amerika fast wie ein Stück England wirkte. Boston beeinflußte auf jene Art und Weise die Weiterentwicklung des Restes der Vereinigten Staaten, verpaßte aber durch hochgradige Ignoranz der Möglichkeiten, die noch in den weithin unerforschten Gebieten des Westens lagen, die Chance, sich auch gegenüber neuen gesellschaftlichen und politischen Einwirkungen offen zu halten. Allmählich verlor durch jene Einstellung Boston seine wirtschaftliche und kulturelle Vormachtstellung an das aufstrebende New York. In diesen seit ungefähr 1797 nachfolgenden Dezennien eines langsamen, aber stetigen Umbruchs wurde Ch.S. Peirce geboren.

Die Erziehung von Charles Sanders vollzog sich unter der Obhut seines Vaters, und er urteilt später wie folgt darüber: "Er erzog mich, und wenn ich irgendetwas tue, wird es sein Werk sein."[7] Charles erlernte Lesen und Schreiben ohne die sonst üblichen Einführungskurse, hatte ungehinderten Zugang zu Enzyklopädien und anderen Informationsquellen, zeigte reges Interesse an Puzzlespielen und komplizierten Kartentricks, sowie Lösungsversuchen bei kniffligen Konfigurationen im Schachspiel.[8] Aus eigenem Antrieb begann er mit acht Jahren Chemie zu studieren und errichtete mit zwölf sein privates Chemielabor. Mit 13 beherrschte er mehr oder minder Whatley's Abhandlung über "Elements of Logic" (1826). Außerdem trainierte ihn sein Vater von Zeit zu Zeit in der Kunst der Konzentration, indem die beiden von zehn Uhr abends bis Sonnenaufgang die Nacht mit dem "double-dummy-bridge"-Spiel verbrachten. Jahre später äußert Peirce: "... Ich wurde in einer wissenschaftlichen Atmosphäre aufgezogen."[9] Die enge Beziehung zwischen Vater und Sohn erwies sich in den weiteren Lebensjahren von Charles Sanders nicht überall als vorteilhaft. Benjamin Peirce prophezeite beispielsweise häufig in Vorlesungen, sein Sohn würde ihn in seinen persönlichen wissenschaftlichen Leistungen überflügeln. Solche Ansprüche vermochten kaum die Popularität von Ch.S. Peirce unter den Universitätsdozenten anzuheben und prägten entscheidend seinen Charakter mit: Charles kam oft nur mit Menschen aus, die er bewunderte und die ihm im Gegenzug - als intellektuell Ebenbürtigen - große Anerkennung zollten.

Charles Sanders wurde auf verschiedene Privatschulen am Ort geschickt, wechselte anschließend in die Cambridge High School über; nach einem Jahr Vorbereitung auf der E.S. Dixwell Schule für das College, trat er 1855 in Harvard ein, über das sich Brooks äußert: "'Das College war nicht für Damen, auch nicht für geniale Menschen, oder irgendeine Sorte von verstiegenen Kreaturen bestimmt. Harvard hatte sich für einen gründlichen Bostoner Juristen, einen Händler, der sich einen gut ausgebildeten Geist wünschte, einen Minister, der nicht bloß entzückt einer Sache frönt, als ein hinreichender Schlupfwinkel bewährt. Man pflegte Höflichkeit, wenn schon nicht in schönen Briefen, dann darin, jemandem z.B. mit Worten Plutarch's zu begegnen; man legte den Grundstock, einen christlichen Glauben zu übernehmen, der immer wußte, wo die Grenze zu ziehen ist.'"[10] Peirce wurde als einer der Jüngsten seiner Klasse 1859 im selben College graduiert, aber sein schulischer Erfolg nahm sich recht bescheiden aus und zeigte nicht seine wirklichen Fähigkeiten: Er schloß seine Studien als einundsiebzigster unter den einundneunzig Kommilitonen ab.

Benjamin Peirce wollte ihn nun dazu bewegen, ein Wissenschaftler zu werden, aber Charles zögerte, weil er sich ebenso zur Philosophie hingezogen fühlte. Auf dem College hatte er Schiller's "Ästhetische Briefe" und Kant's "Kritik der reinen Vernunft" gelesen, über die er schrieb: "Ich widmete zwei Stunden am Tag, mehr als drei Jahre lang, dem Studium von Kant's Kritik der reinen Vernunft, bis ich das Buch fast auswendig kannte und jeden Abschnitt kritisch überprüft hatte."[11] Im Laufe seines Lebens wurde die Kenntnis philosophischer Schriften durch das intensive Studium - meist anhand der Originaltexte - von J. Locke, G. Berkeley, D. Hume, Aristoteles, Abälard, Th.v. Aquin, Duns Scotus und W.V. Ockham ergänzt.[12]

Am 1. Juli 1861 trat er in die Dienste des "United States Coast and Geodetic Survey" ein, für den er genau 30 Jahre (31. Dezember 1891) lang arbeiten wird. Da er in einer staatlichen Dienststelle tätig war, wurde er nicht zum Militärdienst abkommandiert. Jedoch findet sich in seinen Schriften kein einziger Hinweis über den zur damaligen Zeit gerade ausbrechenden Bürgerkrieg, obwohl er sich sehr wohl der sozialen und ökonomischen Ungerechtigkeiten[13] seiner Tage bewußt war. Sein Schweigen über diese ganz Amerika tiefgreifend verändernden, blutig-politischen Ereignisse darf immerhin als eine strikte Mißbilligung gedeutet werden. In diese Periode fällt auch seine sechs Monate lange Beschäftigung mit der Technik der Klassifikation bei dem Biologen Agassiz. 1862 verlieh ihm Harvard den Titel M.A. und im folgenden Jahr den ersten S.c.B. der Universität in Chemie, summa cum laude. Im "Privatleben" bildete ihn ein bekannter Kellermeister zu einem hervorragenden Weinkenner, besonders des roten Bordeaux[14], aus.
Eine seiner ersten Reisen für das geodätische Institut führte ihn an den Golf von Mexiko, worüber er später niederschreibt: "Ich war Landvermesser in der Wildnis von Lousiana, als Darwins großes Werk erschien, und obwohl ich aus Briefen von der ungeheueren Sensation, die es hervorgerufen hatte, erfuhr, kehrte ich nicht vor dem nächsten Frühsommer zurück ... ."[15] Das Werk Darwin's beeinflußte einen Teil der Schriften von Peirce, die unter der Bezeichnung "die Periode der Metaphysik der Evolution"[16] im Deutschen bekannt wurden, nachhaltig. Im August und September 1870 bereiste er die Türkei[17] und beobachtete am 22. Dezember des gleichen Jahres mit seinem Vater, dessen Expedition er begleitete, in Sizilien eine Sonnenfinsternis. Vom April 1875 bis zum August 1876 verbrachte Peirce seine Zeit im Auftrag des geodätischen Instituts in Europa. In London und Berlin verglich er die europäischen Meßinstrumente und Meßmethoden mit den amerikanischen und eröffnete dem ersten europäischen Geodätenkongreß im Sommer 1875 in Paris[18], zu dem er als erster amerikanischer Delegierter geladen war, daß er im europäischen Meßsystem einen Fehler entdeckt habe. Dieses Forschungsergebnis löste sofort hitzige Diskussionen aus und vermittelte u.a. dem zweiten Geodätenkongreß 1877 nutzbringende Impulse. Seine astronomische Betätigung in der Sternwarte Harvard's führte 1876 zu einer Entdeckung, die erst in unseren

Tagen genutzt werden konnte: "Seine Verwendung von elliptischen Funktionen und Jacobischen Integralen zu kartographischen Zwecken ergab eine Projektion, die neuerdings zur Darstellung internationaler Flugrouten seitens der amerikanischen Behörden verwendet wird."[19] Auf dem Schiff von Amerika wieder unterwegs zu jenem, oben erwähnten, europäischen Symposium, schrieb Peirce auf Französisch den Artikel "How to Make Our Ideas Clear", der die Geburtsstunde des Pragmatismus darstellt und der, von ihm selbst ins Englische übersetzt, in "Popular Science Monthly" im Januar 1878 veröffentlicht wurde. Er repräsentiert das Ergebnis seiner Diskussionen im "Metaphysical Club"[20] von 1872 bis 1874 in Cambridge; in dem Gesprächskreis trafen sich alle 14 Tage junge Akademiker - später sehr bekannte Wissenschaftler und Männer des öffentlichen Lebens -, wie z.B. der Psychologe und Philosoph William James. Die Geodätentagung 1877 in Stuttgart wurde für Ch.S. Peirce ein Triumph, da in den vergangenen zwei Jahren namhafte Kollegen seine Pendelexperimente überprüft und voll bestätigt hatten. Im gleichen Jahr wählte ihn die "American Academy of Arts and Sciences" und die "National Academy of Science" zu ihrem Mitglied. 1878 erschien sein einziges zu Lebzeiten publiziertes Buch "Photometric Researches", in dem er, unter Verwendung des photometrischen Instrumentariums des Harvard Observatoriums (1872-1875), die Gestalt der Milchstraße genauer bestimmte. Es gilt als Pionierarbeit auf diesem Gebiet und wird auch heute noch als gültig angesehen. "Weiterhin untersuchte er mathematisch die Beziehung zwischen Gravitation und Gestalt der Erde und konnte deren Abplattung genauer berechnen."[21] Außerdem war Peirce 1879 der erste, dem es gelang, die Länge des Meters durch Angabe einer bestimmten Lichtwellenlänge zu definieren. Bis 1891 hatte er noch verschiedene Sitze in nationalen und internationalen Kommissionen[22] im Zusammenhang mit dem "United States Coast and Geodetic Survey", dem er aber im gleichen Jahr das Arbeitsverhältnis aufkündigte, inne. Alle Hintergründe seines Verlassens des "Survey" sind bis heute nicht eindeutig geklärt, aber u.a. wollte er zu kostspielige Experimente durchführen. Mit diesem Datum endete Peirce's vielversprechende aktive "öffentliche" akademische Karriere.
Neben der bisher angeführten wissenschaftlichen Forschungsarbeit beschäftigte Ch.S. Peirce sich seit 1866 ohne Unterbre-

chung bis zum Ende seines Lebens mit formaler Logik und Mathematik. Seine Schriften von 1867 bis 1885 in Logik weisen ihn als den bedeutendsten formalen Logiker seiner Zeit und die wichtigste treibende Kraft in der Periode von G. Boole bis E. Schröder aus. J.J. Sylvester, ein sehr bekannter Mathematiker dieser Tage, berichtet ebenso über Charles: "... Er war 'ein weitaus großartigerer Mathemathiker als sein Vater'."[23] Viele von Peirce's unveröffentlichten Studienergebnissen wiederholten später andere, seine Arbeit nicht beachtende oder kennende, Forscher. Beispielsweise beinhaltet Whitehead's und Russel's "Principia Mathematica" einige seiner Ideen.

1898 benutzte W. James zum ersten Mal öffentlich den Terminus Pragmatismus und verwies auf den Begründer dieser philosophischen Lehre, Ch.S. Peirce. Jedoch deckt sich der Pragmatismus von James nicht mit dem Peirce'schen Anliegen, das er mit diesem Begriff verbindet. 1905 prägte deswegen Peirce den Ausdruck Pragmatizismus, über dessen Intention er schreibt: "So fühlt der Verfasser nur, nachdem sein Sprößling 'Pragmatismus' so befördert wurde, daß es Zeit ist, ihm den Abschiedskuß zu geben und ihn seinem höheren Schicksal zu überlassen. Gleichzeitig bittet er zu dem Zweck, die ursprüngliche Definition präzise auszudrücken, die Geburt des Wortes 'Pragmatizismus' ankündigen zu dürfen, das häßlich genug ist, um vor Kindsräubern sicher zu sein."[24]

Während seines ganzen Lebens wurde Peirce insgesamt nicht mehr als acht Jahre die Gelegenheit gegeben, zu lehren. Den längsten, zusammenhängenden Zeitabschnitt von 1879 bis 1884 füllte seine Lehrtätigkeit über Logik an der John Hopkins Universität aus. Abgesehen von Peirce's frühen Harvard Vorlesungen 1864, 1869 und 1870, las er auch dreimal im Lowell-Institut: 1866 über Logik, 1892 über Wissenschaftsgeschichte und 1903 wieder über Logik.[25] Die für die Erforschung des Pragmatismus Peirce'scher Prägung unerläßlichen Pragmatismusvorlesungen hielt Ch.S. Peirce "vom 26. März bis 14. Mai 1903, jeweils Donnerstag abends"[26]. Sieben Vorlesungen fanden im Raum der Philosophischen Fakultät der Harvard-Universität, Gebäude Sever Hall, Raum 11, statt, sowie eine achte Vorlesung am Freitag, den 15. Mai 1903, in Sever Hall, Raum 8, der Mathematischen Fakultät.

Für viele intime Kenner seines Werkes ist es heute noch unvor-

stellbar, daß "der Vater wissenschaftlicher Philosophie in den Vereinigten Staaten"[27] keinen Lehrstuhl an einer amerikanischen Universität erhielt. Lag es wirklich allein an seiner Eitelkeit, mangelnder Umgänglichkeit mit Kollegen, dem hitzigen Temperament, seinen unabhängigen, unorthodoxen Ideen, der Unverständlichkeit seiner Lehre, der oftmaligen Unpünktlichkeit und dem verschiedentlich unzivilisiert erscheinenden Äußeren?[28] Gewiß war ein Aspekt auch Peirce's Unfähigkeit, zwar als profunder Erfinder von Ideen, Theorien und Methoden zu gelten, jedoch nie seine Forschungsergebnisse ausreichend wirkungsvoll einer größeren Öffentlichkeit durch Publikationen oder Vorträge nahebringen zu können.[29] Auf der anderen Seite wurde Philosophie in Amerika damals von Priestern und Missionaren[30], die die Universitätsstellen besetzt hielten, verbreitet.
Als ein wichtiger Grund darf aber sicherlich der Tod seines Vaters 1880 betrachtet werden[31], denn er vermochte es kraft seiner Autorität und Position stets, Peirce Arbeitsmöglichkeiten zu verschaffen, die Charles genügend Spielraum für eigene Forschung ließen. Einen weiteren, zentralen Faktor für das langsame Ende seiner wissenschaftlichen, öffentlich-gewürdigten Karriere, stellt die Scheidung von der ersten Frau, am 24. April 1883 in Baltimore, dar. Im Alter von 23 Jahren, am 16. Oktober 1862, hatte er sie, die drei Jahre ältere Harriet Melusina Fay, Enkelin des Bischofs John Henry Hopkins, geheiratet. In den gesellschaftlichen Kreisen von Cambridge galt sie als eine beachtenswerte Frau mit wissenschaftlichen Fähigkeiten und half Charles Sanders bei seinen Unternehmungen in der Forschung.[32] 1869 liefert uns W. James eine Beurteilung der Situation von Peirce aus erster Hand: "Der arme Kerl sieht keine Möglichkeit, irgendwo eine Professur zu erhalten, und muß wahrscheinlich für immer ins Observatorium gehen. Es scheint eine große Schande zu sein, daß so ein origineller Mensch wie er, der willens und fähig ist, seine Lebenskraft der Logik und Metaphysik zu widmen, fernab von einer Karriere ausgehungert werden soll, da es eine Menge von Professuren der Art gibt, die in diesem Land an 'gefahrlose', orthodoxe Männer vergeben werden. Er hat, wie ich weiß, allen Grund, sich angesichts jener Aussicht entmutigt zu fühlen, nichtsdestoweniger sollte er daran festhalten ... ."[33] Kurz nach der

Scheidung von Harriet Fay vermählte er sich mit der Französin Juliette Froissy von Nancy; diese Ehe verlief bis zu seinem Tod harmonisch.

1887, im Alter von 47 Jahren, zog er sich nach Milford, Pennsylvania, zurück, nachdem er eine kleine Erbschaft gemacht hatte. Dort baute er ein großes Haus, das bezeichnenderweise nie ganz vollendet wurde, denn ihm fehlte dazu permanent das Geld. Die Mansarde des Hauses diente zur ungestörten Arbeit an seinen Forschungen, aber auch als Zufluchtsort vor seinen Geldgebern, die er bei Bedarf durch das Hochziehen einer Leiter von zu aufdringlichen Szenen in seinem Haus abhielt.[34]

Peirce's Zeitgenossen und Nachbarn in Milford beschrieben ihn - wie andere so oft zuvor in seinem Leben - als einen hoffnungslosen Exzentriker, Sonderling und Einzelgänger.[35] Geld verdiente er sich mehr schlecht als recht mit Artikeln für Zeitschriften und Dictionaries, wobei er nach eigenen Angaben über 2000 Wörter pro Tag schrieb.[36] 1906 hörte er auf, für "Nation" Rezensionen abzufassen, verlor fast alle anderen Einnahmequellen und stand im Jahr darauf ohne einen Pfennig da. William James gründete für Peirce einen kleinen Fond, in den frühere Freunde und Bewunderer gerade genug Geld einzahlten, daß seine Frau und er leben konnten. Möglicherweise als Danksagung an seinen, ihn nie vergessenden, Freund W. James nahm er den spanischen Beinamen "Santiago" (St. James)[37] an.

Ab 1909 war er ein vom Krebs schwer gezeichneter Mann mit 70 Jahren, der täglich eine kleine Menge Morphium benötigte, um die Schmerzen einigermaßen erträglich halten zu können. Dennoch arbeitete er trotz zitternder Hände geistig ungebrochen bis zu seinem Tod am 19. April 1914 weiter. Das _ganze_ Lebenswerk von Charles Sanders Peirce darf mit seinen von ihm hinterlassenen Worten von 1903 charakterisiert werden: "Alles, was sie in Druck von meinem Werk über Logik finden können, ist einfach hier und da aus einer reichen Ader zerstreut Hervortretendes, welche unveröffentlicht übrigbleibt. Das meiste davon, nehme ich an, ist niedergeschrieben worden; aber kein menschliches Wesen könnte jemals die Bruchstücke zusammenfügen. Ich könnte es selbst nicht. - 1903"[38]

Nach seinem Tode brachte seine Frau Hunderte von Manuskripte ohne Datum, ohne Seitenangabe, ungeordnet und mit verlorengegangenen Seiten zur Philosophischen Fakultät der Harvard Universität. Die Unordnung und der Umfang seines Lebenswerkes bewies augenscheinlich, daß es ihm tatsächlich unmöglich gewesen sein mußte, alle Konzepte in eine sinnvolle Reihenfolge zu bringen; zudem belegte die spätere Sichtung seines Opus auch Peirce's Beschäftigung mit Forschungsgebieten, wie z.B. Kriminologie, Ägyptologie, Psychologie und Übersetzungen aus dem Griechischen und Lateinischen.[39] Die Auseinandersetzung mit diesen Bereichen war seinen Zeitgenossen größtenteils verborgen geblieben.

Neun Jahre nach Ch.S. Peirce's Tod, 1923, publizierte Morris R. Cohen einen ersten Auswahlband von Aufsätzen unter dem Titel "Chance, Love and Logic", mit dem die Grundlage für die Erforschung des Peirce'schen Gesamtwerkes gelegt wurde. Im Jahre 1927 meinten Charles Hartshorne und Paul Weiss, einen systematischen Zusammenhang seiner Gedanken entdeckt zu haben und bereiteten eine zehnbändige Anthologie ausgewählter Schriften, die Collected Papers of Charles Sanders Peirce, zur Publikation vor. Fast alle Mitglieder der Philosophischen Sektion der Harvard Universität haben sich an dieser Durcharbeitung beteiligt. Die ersten sechs Bände erschienen 1931-1935, und zwar: Bd. I/II 1931-32, ^{2}1959; Bd. III/IV 1933, ^{2}1960; Bd. V/VI 1934-35, ^{2}1960. Band VII und VIII wurden erst 23 Jahre später, 1958, von Arthur W. Burks publiziert; die geplanten Bände IX und X sind leider bis dato auf dem internationalen Buchmarkt nicht veröffentlicht.

Trotz einiger hervorragender Übersetzungen von Teilen der Collected Papers (CP) ins Deutsche stützt sich die vorliegende Arbeit auf den englischen Originaltext und benutzt diesen auch ganz bewußt bei Zitaten, da bereits die Komplexität des Stils von Peirce zu einem weitgefächerten Spektrum der philosophischen Interpretationen, wie in der Vorbemerkung anhand des Begriffs Pragmatismus aufgezeigt, geführt hat. Bei Bedarf werden die deutschen Übersetzungen, mit Angabe des Übersetzers, angemerkt.

In den Jahren 1964 bis 1966 war die Erfassung der Manuskript-Kollektion der Houghton-Library der Harvard Universität auf Mikrofilm von großer Wichtigkeit für die zukünftige Peirce-Forschung. Richard S. Robin veröffentlichte dazu einen "Annoted Catalogue of the Papers of Charles S. Peirce" (1967) und einen "Supplementary Catalogue" (1971).[40] Eine Neuausgabe von Peirce's sämtlichen veröffentlichten und unveröffentlichten Arbeiten wird unter der Leitung von M.H. Fisch und E.C. Moore in Indianapolis, Indiana, vorbereitet. Als Ersatz dient solange eine Mikrofilm-Ausgabe, die beim "Photoduplication Department" der "Harvard University Library" erhältlich ist. Ebenso existiert eine nahezu vollständige Mikrofiche-Ausgabe der von Peirce publizierten Schriften, welche Kenneth L. Ketner u.a. 1977 (Greenwich, Conn.; Johnson Associates) veröffentlichten.

Des weiteren sei noch die vierbändige, in fünf Teile gegliederte, Textsammlung "The New Elements of Mathematics" (Paris; Mouton) von Carolyn Eisele, herausgegeben 1976, erwähnt. Zuletzt verdient noch die hervorragende dreibändige Ausgabe "Contributions to 'The Nation'" (Lubbock, Tex.; Texas Tech Press), die K.L. Ketner und James E. Cook 1975-1979 edierten, aufgeführt zu werden.

Der Leser, der sich in die philosophischen Fragmente von Peirce einarbeitet, wird nach kurzer Zeit die Erfahrung machen, "daß die zunächst verwirrende Vielfalt seiner Argumentation sich in Leitmotive oder Topoi zerlegen läßt, die in mehr oder weniger modifizierter Form wiederkehren"[41]. M.G. Murphey beschreibt die Entwicklung der Peirce'schen Philosophie sehr anschaulich: "Somit ist Peirce's Philosophie wie ein Haus, das fortwährend von innen her wieder aufgebaut wird. Peirce arbeitet einmal in einem Flügel, dann in einem anderen, dennoch steht das Haus durch und durch fest, und tatsächlich hängt die Reihenfolge der Arbeit vom Haus selbst ab, da Abänderung eines Teils die Veränderung eines anderen erfordert. Und obwohl ganze Räume verändert werden, Wände bewegt, Türen zugemauert oder zugestellt, trotzdem ist das Erscheinungsbild von außen immer das gleiche."[42]

In Anlehnung an die amerikanische Sekundärliteratur eruierte Karl-Otto Apel folgende "Entwicklungsstufen" der Philosophie von Peirce:[43]

I. Zur Entstehung des Pragmatismus

   1. Die Frühzeit: Von der Erkenntniskritik zur Sinnkritik (1868-1871)

2. Die klassische Periode der Entstehung des Pragmatismus
   (1877-1878)

II. Vom Pragmatismus zum Pragmatizismus
   1. Die Periode der Metaphysik der Evolution (1885-1892)
   2. Die Spätzeit: Vom Pragmatismus zum Pragmatizismus
      (1902-1907)

Zu guter Letzt verlangte Charles Sanders Peirce für das Gebäude einer philosophischen Theorie von sich und anderen: "Jene Systeme sollten architektonisch konstruiert werden, wie es seit Kant gepredigt worden ist, aber ich denke nicht, daß der vollständige Sinn eines solchen Grundsatzes auf irgendeine Weise begriffen worden ist."[44] Erinnern wir uns der von ihm angesprochenen Stelle bei I. Kant: "Ich verstehe unter einer A r c h i t e k t o n i k die Kunst der Systeme. Weil die systematische Einheit dasjenige ist, was gemeine Erkenntnis allererst zur Wissenschaft, d.i. aus einem bloßen Aggregat derselben ein System macht, so ist die Architektonik die Lehre des Szientifischen in unserer Erkenntnis überhaupt, und sie gehört also notwendig zur Methodenlehre. ... Ich verstehe aber unter einem Systeme die Einheit der mannigfaltigen Erkenntnis unter einer Idee. Diese ist der Vernunftbegriff von der Form eines Ganzen, sofern durch denselben der Umfang des Mannigfaltigen sowohl, als die Stelle der Teile untereinander, a priori bestimmt wird. Der szientifische Vernunftbegriff enthält also den Zweck und die Form des Ganzen, das mit demselben kongruiert. Die Einheit des Zwecks, worauf sich alle Teile und in der Idee desselben auch untereinander beziehen, macht, daß ein jeder Teil bei der Kenntnis der übrigen vermißt werden kann, und keine zufällige Hinzusetzung, oder unbestimmte Größe der Vollkommenheit, die nicht ihre a priori bestimmte Grenzen habe, stattfindet. Das Ganze ist also gegliedert (articulatio) und nicht gehäuft (coacervatio); es kann zwar innerlich (per intus susceptionem), aber nicht äußerlich (per appositionem) wachsen, wie ein tierischer Körper, dessen Wachstum kein Glied hinzusetzt, sondern ohne Veränderung der Proportion, ein jedes zu seinen Zwecken stärker und tüchtiger macht."[45]
Ob und in welcher Weise die Philosophie von Peirce dieses,

sein Postulat überhaupt erfüllt, wird das 2. Kapitel der vorliegenden Arbeit ebenfalls mitzubedenken suchen.

Bei all den folgenden Darlegungen, Bezügen und kritischen Anmerkungen meinerseits hinsichtlich des Ausstrahlungsfeldes von Ch.S. Peirce ist stets die nachstehende Kurzcharakteristik nachdrücklich zu beachten:
Er war Amerikas berühmtester wissenschaftlicher Philosoph und philosophischer Wissenschaftler.

1.2. Der Pragmatismus - Eigenständiges Amerikanisches Philosophieren

> "Spanische Franziskaner, französische Jesuiten, englische Puritaner, holländische Pietisten, schottische Calvinisten, kosmopolitische philosophes, deutsche Transzendentalisten, russische Revolutionäre und orientalische Theosophen - alle waren daran beteiligt, der sogenannten amerikanischen Philosophie ihre Kontinuität wie ihre Brüche zu geben." (1)

Alle Philosophen, als aus der geschichtlichen Entwickeltheit ihres Kulturkreises Sich-Begreifende, Reflektierende und in der situativen, aber selbst-bestimmbaren, Gegebenheit Stehende, vermitteln immer auch - in offener oder verborgener Form - die religiöse, philosophische, wissenschaftliche und künstlerische Verwobenheit und Problematik der Gesellschaft, der sie unausweichlich angehören. Amerikanische Philosophie begründet sich nicht wie in Europa zum guten Teil auf Kloster- oder Schreibtischarbeit, sondern weist einen den Möglichkeiten der Gründungsphase Amerikas angepaßten Grundzug auf: Philosophie "ist nie Alleinrecht der Colleges und Universitäten gewesen, sondern hat ebenso stark in außerakademischen Kreisen Boden und Pflege gefunden"[2]. Politische, ökonomische, theologische und metaphysische Grundsätze im amerikanischen Denken werden durch diese Bedingungen viel enger assoziiert, wobei der "homo philosophicus" als Vertreter und "Popularisator" einzelner Denkanstöße sicher nicht zu den großen amerikanischen Vorbildern gezählt werden darf. Trotzdem ist es erlaubt, von einer eigenständigen, amerikanischen Philosophie zu sprechen, gerade weil die europäische Philosophie sich lange Zeit bemüht hat, amerikanisches Philosophieren als negative "Ausgeburt" des Denkens, als Sündenbock zur Überdeckung eigener Unzulänglichkeiten hinzustellen; bedingt durch die bewußt polarisierend-versimplifizierende europäische Betrachtungsweise wird der amerikanischen Philosophie ein - wenn auch mit bitterem Beigeschmack versehener - Eigenständigkeitscharakter zugestanden.

1.2.1. Früh-Geschichte des amerikanischen Denkens

Die ersten seßhaften europäischen Siedler auf amerikanischem Boden brachten nur sehr bescheidene Erfahrungen und Mittel für die rauhen Lebensbedingungen des nordöstlichen Teiles der späteren Vereinigten Staaten von Amerika aus der "Alten Welt" mit. Bestehende Mängel an Gütern und Fähigkeiten versuchten die Einwanderer durch einen unbeirrbaren Glauben an den ausschließlichen Geltungscharakter ihrer religiösen Überzeugungen und eine bestimmte, für sie einzig denkbare, Vorstellungswelt von Gott auszugleichen. "Die Philosophie des puritanischen Neuengland muß Ausgangspunkt sein für jeden Versuch, das gedankliche Erbe zu entwirren, das in das Werden des amerikanischen Geistes eingegangen ist."[1]
Die Lehre vom absoluten Supremat Gottes, wie sie die Calvinisten predigten, schwächten die Puritaner, die ebenfalls eine der vielen Spielarten des Protestantismus vertraten, ab. Zwar glaubten sie an einen im Geiste Gottes vor jeder Materialisation der Schöpfung existierenden, wohlstrukturierten Plan, der bei der Genesis und aller daraus resultierenden Konsequenzen als Entwurf diente. Die Anfänge des Universums, wie überhaupt jedes in Zukunft möglich-werden-könnende Geschehen, dachten die Puritaner eingebettet in dieses Konstrukt Gottes. Gott als zentrale Personifikation des Dreh- und Angelpunkts von Geschichte wurde zum eigentlichen Regenten über die menschliche

Gesellschaft. Den Willkürcharakter und die Unerforschlichkeit Gottes milderte die "Covenant"-Theologie[2] der Puritaner, die in Gott einen das Universum zwar konstituierenden, aber mit dem Menschen qua beiderseitiger Übereinkunft handelnden Herrscher ansahen, der ihnen darüber hinaus Vernunft verlieh, um einen winzigen Einblick in die Schöpfungsgesetze zur Prognostizierbarkeit seiner Handlungen zu gewähren. Der kongregationalistische Standpunkt der Puritaner erforderte überdies einen quantitativ kleinen, völlig von anderen Gemeinden und irgendeiner übergordneten, kirchlichen Autorität unabhängigen Zusammenschluß von ihresgleichen und erkannte nur noch Kirchenmitglieder als freie Bürger dieser Gesellschaft an. Eine Theokratie konsolidierte sich als politischer Ausdruck dieses Gemeinwesens, das weltliche Führer, allein von "den Freien" gewählt, einsetzte, die die in Europa nicht unbekannte Mittlerrolle zwischen Gott und Volk wahrnahmen. Eine dergestalt geartete Beziehung von Kirche und Staat, die sich in einer "Herrschaft für das Volk, nicht d u r c h das Volk"[3] niederschlägt, führte direkt zu den verschiedenartigsten Akten geistiger Intoleranz und körperlicher Verfolgung.

Der Gehalt der in groben Umrissen beschriebenen puritanischen Geisteshaltung zwang bemerkenswerterweise nicht zu einer radikalen Abschottung von der sich in Europa anbahnenden grundlegenden Neukonzipierung der Wissenschaft und ihrer Methoden, kulminierend in den Werken der beiden Denker John Locke (1632-1702) und Isaac Newton (1643-1727). Die puritanischen Kolonialisten werden zwar aus heutiger Sicht eher als Absorbenten, denn als schöpferische Beeinflusser der Wissenschaft in der Geschichte der amerikanischen Philosophie beurteilt, studierten und lehrten Naturwissenschaften jedoch im Hinblick auf die Hoffnung eines stetig zunehmenden Wissens über den Kosmos. Viele von ihnen betrieben die Erforschung der Natur von der Newtonschen Erkenntnis ausgehend, daß das Universum - das Werk Gottes - durch und durch erkennbar ist, weil es von unveränderlichen Naturgesetzen regiert wird. Das zunächst bruchlos erscheinende Zusammenspiel der calvinistischen Doktrin der Prädestination und der Lehre von der Regelmäßigkeit der Natur bereitete in Verbindung mit der regen Anteilnahme an naturwissenschaftlicher Forschung den Boden für die entscheidende Frage: Wie kann der Mensch als sittlich verantwortliches Wesen betrachtet werden? Durch das Anwachsen des Vertrauens auf die Erkenntniskraft des Individuums und der, bislang ungeahnten, immensen Macht und Reichweite des menschlichen Geistes, wurde das jahrhundertelange Gefühl der Abhängigkeit vom Beistand Gottes herabgesetzt, was sich in einem weitverbreiteten Umschwenken des Interesses von jenseitigen zu diesseitigen Fragestellungen niederschlug. Dem Ziel der realisierbaren Utopie des irdischen Glücks, das sein Anregungspotential aus der Liebe zum Mitmenschen und nicht mehr allein zu Gott schöpfte, versuchten die Väter der amerikanischen Aufklärung mit einer, alle gesellschaftlichen Bereiche einschließenden, Wohltätigkeitsethik näherzukommen. Besondere Würdigung verdienen der hingebungsvolle Kampf von A. Benezet und J. Woolman gegen die Übel der vielerorts herrschenden Sklaverei. Zur Entwicklung der Staatsidee in Amerika trug der essentielle Gedankengehalt Jonathan Mayhews, der den Kern seiner berühmten Rede von 1750 bildete, bei: "Das Volk ermächtigte die Zivilregierung zu allen Maßnahmen, die zur Aufrechterhaltung von Frieden und Wohlstand notwendig sind. Wenn die Regierung dieser ihrer Bestimmung nicht nachkommt, so hat das Volk das Recht auf Widerstand und Umsturz."[4] Unter Bezugnahme auf ihn formulierten viele Männer, wie z.B. Samuel Adams, Thomas Jefferson, Alexander Hamilton und Thomas Paine, die spezifische Theorie der amerikanischen Revolution, die den "contrat social" J.J. Rousseau's als Ursprung der Gesellschaft voraussetzte, und auf dessen theoretisches Fundament sich die Argumentation für die Loslösung der Kolonie Amerika vom Königreich England stützte. Der Inhalt der "Declaration of Independence" vom 04. Juli 1776 spiegelt ein Gedankengebäude wieder, das sich - umfassend und lückenlos - auf alle Bereiche menschlichen Denkens und Handelns - Wissenschaft, Religion, Politik und Wirtschaft - bezieht und sie miteinander verflechtet. Die die Männer der amerikanischen Aufklärung voll beanspruchende Beschäftigung im Mitgestalten des Ablaufs der politischen Ereignisse hinterließ eine axiomatische Theorie, die einer explizierenden Darstellung der ihren Handlungszielen zugrundegelegten Ideen bedurft hätte, um die ziemlich abrupt eintretende Distanzierung von jenen Prinzipien - nach erreichter politischer Unabhängigkeit und Eigenständigkeit - zu vermeiden.

Nach der relativ kurzen Ära der amerikanischen Revolution,

die radikale Veränderungen in den menschlichen Anschauungen von Religion und Wissenschaft mit sich brachte, setzte eine Periode der Reaktion aus Furcht vor einem Überspringen der Anarchie der französischen Revolution auf Nordamerika ein. "Politisch gesehen bewegte sich die Reaktion fort von den 'selbstevidenten' Wahrheiten der Unabhängigkeitserklärung auf eine ebenso 'selbstevidente' Notwendigkeit einer Autorität zu."[5] Die postrevolutionäre philosophische Orthodoxie "bedeutet nur, daß die Philosophie ihr Interesse von den spekulativen Untersuchungen ab- und der systematischen Unterrichtung zugewandt hat"[6], das einem in-die-Ecke-der-Ideologie-des-Glaubens-an-die-Zukunft-Stellens der Prinzipien der "Declaration of Independece" gleichkam. Das an den Universitäten des Landes als Grundlage für die philosophische Lehrtätigkeit erwählte System der Schottischen Schule des "Common-Sense"-Realismus gewährleistete eine konfliktfreie Atmosphäre mit der protestantisch-calvinistischen Konfession. Die amerikanische Philosophie wandelte das dringliche Bedürfnis zur systematischen Ordnung des vorhandenen Wissens in eine auf rein lehrbare Formen reduzierte Betrachtung von Ereignissen ab. Verbunden mit der Publikation einer enormen Anzahl von Kompendien zerfiel die Philosophie in Elementarvorlesungen, die ihr nicht mehr gestatteten, methodisch an sie betreffende Probleme heranzugehen. Zum Beispiel erschien ein Leitfaden der Moralphilosophie "zum ausdrücklichen Gebrauch an der amerikanischen Militärakademie in West-Point"[7].
Als 1840 Alexis de Tocqueville's Buch "Demokratie in Amerika" veröffentlicht wurde, entsprachen seine Thesen[8] über die klägliche Beschaffenheit der Philosophie in den Vereinigten Staaten gerade nicht mehr der Realität, denn durch die jahrelange Resorption der nachkantischen deutschen Gedankenwelt, vor allem der F.W.J. Schelling's (1775-1854), riefen Frederick Henry Hedge, Ralph Waldo Emerson und George Ripley 1836 den "Transcendental Club" in Neuengland ins Leben. Von einer geschlossenen Bewegung des Transzendentalismus darf jedoch nicht gesprochen werden, da sich unter diesem Namen Anhänger einer bestimmten philosophischen Richtung vereinigten, die untereinander wesentliche Divergenzen, aber eine entscheidende Gemeinsamkeit, "daß das denkende Individuum intuitiv zu universaler Wahrheit aufsteigen kann"[9], aufwiesen. Der Transzendentalismus versi-

cherte demgemäß, eine Methode zur Erfassung letztgültiger Wahrheit durch die jedem Menschen gegebene, intuitive Fähigkeit, die ihm eine außerhalb der Reichweite der Sinneserfahrung liegende, übernatürliche Ordnung eröffnet, ans Licht gebracht zu haben. Die transzendental-religiöse amerikanische Sichtweise erhoffte, ein direktes Verbundensein zwischen der Seele und Gott nachweisen zu können und beeinflußte mit diesem Leitgedanken tiefgehend die Entwicklung demokratischer Vorstellungen: Über Intuition, die Gabe "unmittelbarer Schau göttlicher Realität"[10] und das Vermögen, mit Gott in Verbindung zu treten, verfügt jeder <u>einzelne</u> Mensch vom Augenblick seiner Geburt an, weshalb alle Menschen in Geist und Würde einander ebenbürtig sind. Vielen Transzendentalisten verlieh ihre philosophisch-religiöse Anschauung ein aktives, soziales und politisches Engagement in der Hoffnung auf unbegrenzten humanen Fortschritt, den sie sich aus der Schau göttlich-universaler Wahrheit erwarteten. Gesellschaftliche Reformprozesse für ganz Amerika sollten die, inselartig im Geiste von Thomas Morus angelegten, Zentren "Brook Farm" und "Fruitlands", verstanden als Paradigmen funktionstüchtiger transzendentalistischer Idealgemeinschaften, einleiten. Beiden Projekten war bedauerlicherweise kein jahrzehntelanger Erfolg beschieden.

Bei der obigen, knapp gehaltenen Einblendung der Früh-Geschichte des amerikanischen Denkens in den Gesamtrahmen dieser Arbeit wurde bewußt auf die Namensnennung vieler bedeutsamer Philosophen, Theologen und Politiker Amerikas weitgehend verzichtet, da kein Anspruch auf eine vollständige, abgerundete amerikanische Philosophiegeschichte erhoben werden soll; sondern es wird ausschließlich die Bodenständigkeit der Philosophie von Ch.S. Peirce in ihrem spezifisch historischen Kontext der Aufmerksamkeit des Lesers zum weiteren Mitbedenken empfohlen, dem, abgesehen von den Bezügen zu europäischen Denkern, die bisherige Literatur zu wenig Beachtung schenkte.

Der Ausgangspunkt der gesamten Philosophie von Peirce kreist um den Beweis einer Unmöglichkeit der Intuition, auch unter dem Aspekt wie sie die amerikanischen Transzendentalisten verstanden, um überhaupt menschliche Kognition aus einer von Gott durchwalteten Weltkonzeption herauszulösen. Der Anfang der Erkenntnis muß als ein Prozeß des Beginnens verstanden werden, der allein dem Menschen die Chance einräumt, Sein begreifen zu lernen und nicht als eine, immer schon jeweilig durch Intuition vermittelte, Ganzheit präsentiert zu erfahren, die ihm keine Möglichkeit mehr zu einer eigenverantwortlichen, eigenständigen und der Weiterentwicklung fähigen Umgestaltung von Welt bietet[11]. Konsequenterweise lehnte er in der Metaphysik der Evolution des Universums die Lehre des Nezessarismus entschieden ab[12], welche die Puritaner in Anlehnung an Newton nicht hinterfragt hatten, und stellte ihr seine Lehre vom Zufall ("tychism")[13] entgegen, die ihm eher prädestiniert erschien, das Agens in der Natur zu erklären, "durch dessen Wirksamkeit sich die Komplexität und Verschiedenheit der Dinge vermehren kann"[14]. U.a. die Notwendigkeit der Vorstellung eines gesetzmäßig durchbestimmten Kosmos stempelte Peirce als eine Methode der Autorität[15] ab, die hervorragend befähigt ist, zu allen Zeiten gültige theologische oder politische Ideen zur Aufrechterhaltung ihres universalen Charakters bewahren zu helfen. Jener Methode stellte er die der Wissenschaft[16] gegenüber, die, folgerichtig zu Ende gedacht, die Zergliederung der Wissenschaft in Einzeldisziplinen, begonnen in der Periode der amerikanischen Orthodoxie, bedeutete, deren Aufgabenbereiche bei ihm freilich parallel dazu abgegrenzt wurden und einem wechselseitig sich systematisch-ergänzenden Nexus unterlagen.[17]

1.2.2. "The Metaphysical Club": Geburtsort des Pragmatismus

Peirce's Beschreibung des "Metaphysical Club" in einem Manuskript[1] aus dem Jahre 1909 ("1909 Apr 6 2AM, MEANING; Pragmatism")[2], das den dritten Entwurf eines Vorwortes zu den beiden Essays "The Fixation of Belief" (5.358-387) und "How to Make Our Ideas Clear" (5.388-410) von 1878 darstellt, die er unter dem kollektiven Titel "Mein Pragmatismus" zu publizieren gedachte, berichtet von den Mitgliedern und dem philosophischen Hintergrund, aus dem heraus der Pragmatismus entstanden sein soll: "Der Hauptteil dieser Abhandlungen - die Charakteristiken von Überzeugung (Belief) und Zweifel (Doubt), das Argument hinsichtlich des effektiven Ziels des Forschens (inquiry), die Beschreibung der vier Methoden, die zu jenem Ziel führen und die Kritik an ihnen, die Diskussion der eigentlichen Funktion des Denkens und die daraus folgende Maxime, um klare Begriffe (concepts) zu erreichen - gibt fast wörtlich einen Artikel wieder, den ich - es muß um 1872 gewesen sein - vor einer Gruppe von jungen Leuten verlas, die sich zu jener Zeit einmal alle vierzehn Tage in Cambridge, Massachusetts, unter dem Namen Metaphysischer Klub (Metaphysical Club) zu treffen pflegten - ein Name, der all die abschrecken sollte, die sich abschrecken ließen. Seine Satzung war ebenso wirkungsvoll, denn sie bestand in einer einzigen[3] Klausel, die jede Aktion des Klubs als kollektiver Körperschaft untersagte. Dies rettete ihn davor, das einzig wirklich kostbare Gut in der Welt so zu verschwenden, wie viele Gesellschaften es verschwenden, nämlich mit der nichtigen Oberflächlichkeit, die sie 'Geschäftliches' nennen."[4]

Aufgrund welcher Ursachen wurde eine derart aufwendige, langwierige und mit äußerster Akribie betriebene Erforschung der Datierung und Beweggründe der Teilnehmer des frühen "Metaphysical Club" nötig? Max H. Fisch eruierte doch selbst die Existenz (1879-1885) eines "Metaphysical Club" an der John Hopkins Universität, dessen Begründer und geistig führender wie maßgeblich beeinflussender Kopf Ch.S. Peirce, anhand der Rundschreiben der Universität[5] nachgewiesen, war:

a) Warum finden sich in Peirce's schriftlichen Aufzeichnungen erst über 30 Jahre später, zwischen 1903 und 1905, solche hilfreichen historischen Anmerkungen zu Geburtsort und -zeit des Pragmatismus?

b) Als W. James im September 1898 den Text seines Vortrages, referiert im August desselben Jahres vor der Philosophischen Vereinigung der Universität von Kalifornien in Berkeley, über das Thema "Philosophical Conceptions and Practical Results" veröffentlichte, trat der Pragmatismus in das Rampenlicht der philosophisch-orientierten Weltöffentlichkeit.[6] Am 10. November 1900 schrieb Peirce in einem Brief an James: "Wer rief den Terminus Pragmatismus ins Leben, ich oder Du? Wo erschien er zum ersten Mal im Druck? Was verstehst Du unter ihm?"[7] James' Antwort vom 26. November 1900 lautete: "Du hast 'Pragmatismus' erfunden, was ich in einer Vorlesung mit dem Titel 'Philosophical conceptions and practical results' voll würdigte, von der ich Dir zwei (nicht bestätigte) Exemplare vor einer Reihe von Jahren zuschickte."[8] Bedurfte Peirce einer ausdrücklichen Bestätigung seiner Urheberschaft des Pragmatismus, um sich 1905 durch den gnadenlosen Mißbrauch des Wortes[9] eindeutig von den üppig sprießenden Variationen des eigenen "Zöglings" abzugrenzen und gleichzeitig die historischen Hintergründe, Anliegen und Entwicklungsgedanken seiner philosophischen Methode plastischer aufzuzeigen?

c) Ph. Wiener[10] vermutet, Peirce datierte die Entstehung des Klubs mit Bedacht auf den Anfang der siebziger Jahre des letzten Jahrhunderts, um zu beweisen, daß ein Kollektiv von Denkern die Genesis des Pragmatismus einleitete. Der sehnsüchtig herbeigewünschte Jugendtraum - "Metaphysical Club" - könnte damit nicht nur posthum gegenüber den Forschenden als eine real-vergangene Gegebenheit vertreten werden, sondern seine, nachträglich ins Leben gerufene, Existenz würde parallel dazu Peirce's Thesen der Methode der wissenschaftlichen Forschung und der unendlichen Forschergemeinschaft untermauern.

d) Der starke persönliche und philosophische Einfluß von Chauncy Wright (gestr. Sept. 1875), gegründet auf tiefschürfenden Diskussionen - wie Peirce behauptete[11] -, würde uns bei Nichtbestehen des Klubs in diesen Jahren einer inhaltsschweren Quelle für das Verstehen des Pragmatismus berauben.

Anhand der Korrespondenz der Mitglieder untereinander und mit Bekannten, sowie durch Peirce's eigene Hinterlassenschaft gelang M.H. Fisch eine detailliert abgesicherte Rekonstruktion des frühen "Metaphysical Club". Alle bisherigen Spekulationen über seine Nichtexistenz in jener Zeitspanne vermochten hinlänglich beiseite geräumt zu werden, und seine Forschungsergebnisse ermöglichten nunmehr eine fundierte Einsichtnahme in die historischen Zusammenhänge der Entstehungsphase des Pragmatismus.[12]

Laut Peirce's Erinnerungsvermögen nahmen an den Treffen mehr oder minder regelmäßig sechs Juristen, N.St. Green, J. Fiske, O.W. Homes, J.B. Warner, Montague und Putnam, teil; drei Wissenschaftler, Ch.S. Peirce, W. James, Ch. Wright, und zwei Theologen, F.E. Abbot und Peabody.[13]

M.H. Fisch zieht des weiteren u.a. folgende Schlüsse:

a) "Meine erste ... Schlußfolgerung, ..., ist, daß Peirce der Begründer des 'Metaphysical Club' war, ..."[14]

b) "Wir wissen, ..., daß der Vortrag, den Peirce im November 1872 im Klub hielt, den wesentlichsten Teil des Aufsatzes enthielt, den er im November 1877 unter dem Titel 'Die Festlegung einer Überzeugung' veröffentlichte; und, ..., wir glauben, daß er ebenso einige wesentliche Teile des Aufsatzes 'Über die Klarheit unserer Gedanken' enthielt."[15]

c) "Wir glauben, daß es anläßlich des Treffens des Klubs geschah, daß Holmes sich seine hohe Meinung von Wright und Green bildete, und von Wright lernte, daß er, 'hinsichtlich des Universums nicht (den Begriff) notwendig[16] gebrauchen muß'."[17]

In der Zwischenzeit wurde bei weiteren Recherchen das Protokollbuch des "Metaphysical Club" von 1879-1885, den Peirce ebenfalls mitbegründete, wieder aufgefunden. Es vermochte leider keine einwandfreien Hinweise auf die Existenz eines früheren Klubs selben Namens um das Jahr 1872 herum zu liefern. Erst ein Brief von Henry James an Charles Eliot Norton in Dresden, datiert auf den 04.02. 1872, führte M.H. Fisch auf die richtige Spur. Zwar wird in diesem Brief von einem Klub gesprochen, aber Peirce nicht namentlich genannt. Erst durch den Fingerzeig von Peter Winch auf einen früheren Brief von Henry James vom 24.01. 1872 an Elisabeth Boott gelang der endgültige Beweis, der die bisherigen Vermutungen und Rekonstruktionen von Fisch umfassend verifizierte. Endgültig ist damit 1981 die bislang nicht von der Hand gewiesene Annahme Ph. Wiener's widerlegt und die bekanntlich äußerst belangvolle Existenz eines "ersten" Metaphysischen Klubs mit der Teilnahme von Ch.S. Peirce schriftlich belegt. Hier das Beweisstück :

"I congratulate you on Mr. Gryzanowski and his metaphysical lessons. My brother has just helped to found a metaphysical Club in Cambridge, (consisting of Chauncy Wright, C. Peirce etc.), to which you may expect to be appointed corresponding member."[18]

Vornehmlich der Ansturm des Evolutionsgedankens in den diffe-

renten Ausprägungen von Charles Darwin, Herbert Spencer, Jean
Baptiste Pierre Antoine de Monet de Lamarck und Auguste Comte
beeinflußte wegweisend die Diskussion und den Charakter der
philosophischen Reflexionen der Teilnehmer am frühen "Metaphysical Club". Ch.S. Peirce, der sich in bestimmter Hinsicht
auch mit Friedrich Wilhelm Schelling verbunden fühlte[19], entwickelte 1891 die - seinem Darfürhalten nach - einzig plausible
Theorie des Univerums: "... is that of objective idealism,
that matter is a effet mind, inveterate habits becoming physical laws" ("... ist die des objektiven Idealismus, daß Materie erstarrter Geist ist, verfestigte Verhaltensgewohnheitten werden zu physikalischen Gesetzen").[20]
In Auseinandersetzung mit dem ältesten Mitglied, Chauncy Wright,
reifte die evolutionstheoretische Saat des Denkens von W. James
und Ch.S. Peirce heran. Wright, selbst ein sturer Nezessarist[21],
legte nichtsdestoweniger den Grundstein für die Peirce'sche
Lehre von "tychism, anancism and agapism"[22], die alle drei als
unveräußerliche Prämissen im Synechismus beinhaltet sind:
"Synechism is founded on the notion that the coalescence, the
becoming continous, the becoming governed by laws, the becoming
instinct with general ideas, are but phases of one and the
same process of the growth of reasonableness" ("Der Synechismus gründet in der Idee, daß das Zusammenschmelzen, das Kontinuierlichwerden, das zunehmende Beherrschtwerden von Gesetzen, das Erfülltwerden von allgemeinen Ideen nur Phasen ein
und desselben Prozesses sind, das Wachstum der Vernünftigkeit").[23]
Die Aktivität der wissenschaftlichen Denkweise, die zur Erforschung des Unbekannten treibt[24], den schrittweisen Fortgang der
Erkenntnis[25], gesichert durch Einzelbeobachtung und Experiment[26], die Weigerung, ein alleiniges Prinzip zur Erklärung
von allem und jedem zu verwenden[27], daß das philosophische
Denken mit einer den exakten Wissenschaften vergleichbaren
Präszision und Strenge zu verfahren hat[28] und nur der Mensch
seinen eigenen Gebrauch der "Zeichen" erkennt[29], alle diese
Grundvorstellungen griff Peirce modifizierend in Fortführung
von Ch. Wright auf[30].

1.3. Der Begriff "Pragmatismus" im Kontext der philosophischen Reflexionen von Ch.S. Peirce

> "Philosophy is that branch of positive science (i.e., an investigating theoretical science which inquires what is the fact, in contradistinction to pure mathematics which merely seeks to know what follows from certain hypotheses) which makes no observations but contents itself with so much of experience as pours in upon every man during every hour of his waking life. The study in philosophy consists, therefore, in reflexion, and <u>pragmatism</u> is that method of reflexion which is guided by constantly holding in view its purpose and the purpose of the ideas it analyzes, whether these ends be of the nature and uses of action or of thought."
> (5.13, Anm. 1; 1906) [1]

Die oben von Ch.S. Peirce betonte, generelle Deskription des Begriffs Pragmatismus bietet einen ersten einführenden Fingerzeig in die weitverzweigten Zusammenhänge, die seinem "Sprößling" philosophisches Leben einhauchen, und eröffnen das Gedankengeflecht Pragmatismus, das sich in der Vielschichtigkeit und Vielfältigkeit seiner Schriften widerspiegelt.

Zwei Funktionen sollte die Lehre vom Pragmatismus nach Peirce in allgemeiner Weise konstitutiv erfüllen: "... in the first place, to give us an expeditious riddance of all ideas essentially unclear. In the second place, it ought to lend support, and help to render distinct, ideas essentially clear, but more or less difficult of apprehension; ..." ("... erstens schnell von allen Ideen befreien, die wesentlich unklar sind. Zweitens sollte sie den Ideen, die wesentlich sind, aber mehr oder weniger schwer zu erfassen, eine Stütze sein und dabei helfen, sie deutlich zu machen; ...").[2]

Aufgrund dieses Postulats beschränkt sich der Pragmatismus keinesfalls ausschließlich auf den Bereich der Philosophie[3], beansprucht allerdings auch nicht, wirkliche Probleme zu lösen, sondern "er zeigt nur, daß angenommene Probleme keine realen Probleme sind"[4]. Der Pragmatismus bietet sich hiermit als e i n e Methode in der Philosophie dar[5], die "lediglich" eine Methode des Denkens zu sein beabsichtigt und kein philosophisches System verkörpern will[6]. "The most important con-

sequence of it, by far, on which I have always insisted, ...,
is that under that conception of reality we must abandon no-
minalism. That in my opinion is the great need of philosophy"
("Die bei weitem wichtigste Konsequenz aus ihm, auf der ich
immer bestanden habe, ..., besteht darin, daß wir aufgrund jenes Realitätsbegriffes den Nominalismus aufgeben müssen. Das
ist meiner Meinung nach das dringende Bedürfnis der Philosophie").[7]
Eine tiefgehendere Explikation der Ableitung des Begriffs Pragmatismus befördert an dieser Stelle gewiß den stringenten Fortgang der vorliegenden Untersuchung zur, sich gegen die viel-
schichtige Verwendung des Begriffs ab- und ausgrenzende, Erfassung seines Gehalts. Peirce erinnert in autobiographischer
Rückschau, daß es einige seiner Freunde gerne gesehen hätten,
wenn er anstatt des Namens Pragmatismus die Termini Praktizis-
mus oder Praktikalismus für die betreffende Lehre gewählt hätte.[8] "Aber für jemanden, der Philosophie durch Kant lernte
wie der Verfasser (und wie neunzehn von zwanzig Experimenta-
toren, die zur Philosophie kommen, ebenfalls) und der damals
noch gerne in Kantischen Termini dachte, waren praktisch (im
Orig. dt.) und pragmatisch (im Orig. dt.) so weit voneinander
entfernt wie Nord- und Südpol."[9] Rufen wir uns die inhaltliche
Determination der Kant'schen Differenzierung ins Gedächtnis:
"Praktisch ist alles, was durch Freiheit möglich ist. Wenn die
Bedingungen der Ausübung unserer freien Willkür aber empirisch
sind, so kann die Vernunft dabei keinen anderen als regulativen Gebrauch haben, und nur die Einheit empirischer Gesetze zu
bewirken dienen, wie z.B. in der Lehre der Klugheit die Vereinigung aller Zwecke, die uns von unseren Neigungen aufgegeben
sind, in den eigenen, die G l ü c k s e l i g k e i t, und die Zu-
sammenstimmung der Mittel, um dazu zu gelangen, das ganze Geschäft der Vernunft ausmacht, die um deswillen keine anderen
als p r a g m a t i s c h e Gesetze des freien Verhaltens, zu Erreichung der uns von den Sinnen empfohlenen Zwecke, und also
keinen reinen Gesetze, völlig a priori bestimmt, liefern
kann."[10] Peirce verstärkt im Verhältnis dazu die Kopplung der
Bezugsebenen von "praktisch" und "pragmatisch" durch seine
weiterführende Aussage: "Pragmatische Anthropologie ist nach
Kant[11] praktische Morallehre. Pragmatischer Horizont ist die
Anpassung unserer allgemeinen Erkenntnis im Hinblick auf den

Einfluß, den sie auf unsere Sittlichkeit hat.[12],[13] Der Betonung der Fähigkeit des Menschen als einem frei handelnden Wesen, das aus sich durch "pragmatische" Naturerkenntnis selber etwas machen kann bzw. sollte, mißt Peirce also eine ausschlaggebende Bedeutung bei. Daß der Pragmatismus sich mühelos auf Quellen jedes gewünschten Alters bis auf Sokrates zurückführen läßt[14], steuert als knappe Bemerkung seinerseits nichts mehr Klärendes zur Herleitung des Begriffs hinzu. Um freilich mit einer Methode des Denkens, wie sie der Pragmatismus repräsentiert, umgehen zu können, bemerkt Peirce, müsse der sie benutzen Wollende die Disposition mitbringen, "... über alles genau so zu denken, wie man im Laboratorium über alles denkt, nämlich als eine Frage des Experiments"[15]. Auf welche Hypothese gründet ein "philosophischer Experimentator" seiner geistigen Provenienz die ausdifferenzierenden Nachforschungen im Gebiet Pragmatismus?

Den Dreh- und Angelpunkt der Peirce'schen Lehre bildet die als klassisch angesehene Formulierung der Pragmatischen Maxime von 1878 im Aufsatz "How to Make Our Ideas Clear": **"Consider what effects, that might conceivably have practical bearings, we conceive the object of our conception to have. Then, our conception of these effects is the whole of our conception of the object"** ("Überlege, welche Wirkungen, die denkbarerweise praktische Bezüge haben könnten, wir dem Gegenstand unseres Begriffs in Gedanken zukommen lassen. Dann ist unser Begriff dieser Wirkungen das Ganze unseres Begriffs des Gegenstandes").[16]

Leider erwies sich in späteren Jahren die Benutzung der Worte "practical bearings" ("praktische Bezüge") als der Auslösungseffekt für wild wuchernde Analysen und Mißverständnisse um den Begriff "Pragmatismus". Die Anmerkung 3 zu jenem CP-Paragraphen beinhaltet jedoch, erst Jahre später als erläuternder Nachtrag abgefaßt, eine klärende Stellungnahme zu dem intendierten Zweck dieser Worte. Mit Absicht wurde der fünfmalige Gebrauch der abgeleiteten Formen von "concipere" ("conceivably", "conceive", "conception") verwendet: "In point of fact it had two. One was to show that it was speaking of meaning in no other sense than that of intellectual purport. The other was to avoid all danger of being understood as attempting to explain a concept by percepts, images, schemata, or by anything

but concepts" ("In der Tat hatte er zwei. Der eine war, es deutlich zu machen, daß ich von Bedeutung in keinem anderen Sinne als dem von <u>intellektuellem Bedeutungsgehalt</u> sprach. Der andere war, die Gefahr zu vermeiden, ich könnte so verstanden werden, als ob ich einen Begriff durch Wahrnehmungen, Bilder, Schemata oder irgendetwas anderes als Begriffe erklären wollte").[17] In analoger Weise findet sich in den nachfolgenden Schriften wiederholt der Hinweis auf die den intellektuellen Bedeutungshalt ansprechende Intention seiner Pragmatischen Maxime.[18] Die Transformation des Pragmatismus, der durch diverse Autoren seinen ursprünglichen Charakter verlor, in den Pragmatizismus vollzog Peirce 1905 mit der Zuspitzung der Pragmatischen Maxime von 1878: "Nach dem Pragmatizismus freilich ist Denken letzten Endes ausschließlich auf das Handeln <u>anzuwenden</u> (<u>apply</u>) - auf das <u>gedachte</u> Handeln (<u>conceived</u> action). Aber zwischen dieser Annahme und der Behauptung, daß das Denken im Sinne des Bedeutungsgehalts von Symbolen, in Handlungen bestehe oder der wahre und letzte Zweck des Denkens sei, besteht ebenso ein Unterschied wie zwischen der Aussage, daß die lebendige Kunst des Kunstmalers in dem Verstreichen von Farbe auf Leinwand zur Anwendung kommt, und der Behauptung, daß das Künstlerleben im Verstreichen von Farbe bestehe oder daß es sein letztes Ziel sei, Farbe zu verstreichen. Für den Pragmatizismus besteht das Denken in der lebendigen, in Schlußfolgerungen sich vollziehenden Umwandlung von Symbolen, deren Bedeutungsgehalt in <u>konditionalen</u> (conditional; Herv. v. mir) allgemeinen Entscheidungen zum Handeln liegt. Was den Endzweck des Denkens betrifft, welcher der Endzweck von allem sein muß, so liegt er jenseits der Grenzen des menschlichen Begriffsvermögens; ... ."[19]
Ein letzter Fingerzeig demonstriert, daß der Kernsatz der pragmatischen Lehre sich nicht ausschließlich auf die Philosophie, wie bereits oben angeführt, beschränkt, sondern auch jede andere positive theoretische Wissenschaft[20] mit einschließt: "The elements of every concept enter into logical thought at the gate of perception and make their exit at the gate of purposive action; and whatever cannot show its passports at both those two gates is to be arrested as unauthorized by reason" ("Die Elemente eines jeden Begriffs treten in das logische Denken durchs Tor der Wahrnehmung ein und gehen durchs Tor des

zweckvollen Handelns wieder hinaus; und alles, was sich an
diesen beiden Toren nicht ausweisen kann, ist als von der Vernunft
nicht autorisiert festzuhalten").[21]

Eine skizzenhafte Synopse des Aufbaus der Philosophie, die als
positive theoretische Wissenschaft den "sciences of discovery"[22]
zugeordnet ist und sich auf die praktischen Wissenschaften[23]
stützt bzw. sie beeinflußt, kommt der informationsverdichtenden
Abkürzung der weiteren explizierenden Darstellung des Pragmatismus
entgegen.

Peirce unterteilt die Philosophie in die drei Klassen[24] Phänomenologie,
Normative Wissenschaft und Metaphysik; Normative[25]
Wissenschaft zerfällt in die Unterklassen[26] Ästhetik, Ethik
und Logik. Phänomenologie, verstanden als "prima philosophia",
verkörpert die elementarste der positiven Wissenschaften, d.h.
sie gründet sich auf keine andere positive Wissenschaft und
muß allein "... von der Konditionalen oder Hypothetischen Wissenschaft
der Reinen Mathematik abhängig gemacht werden, deren
einziges Ziel es ist zu entdecken, nicht wie die Dinge tatsächlich
sind, sondern wie angenommen werden kann, daß sie sein
könnten, wenn nicht in unserem, so in einem anderen Universum"[27].
Aus besagtem Grund kommt der Phänomenologie, bei Peirce
auch als Phaneroskopie[28] bezeichnet, die herausragende Bedeutung
zu, die Kategorien[29] (Das Erste, Das Zweite, Das Dritte)
entdecken und weiterbestimmen zu helfen; der Pragmatismus kann
alleinig auf dem sicheren Boden aller drei stehend, die einen
relationalen Konnex bilden, verstanden werden, wobei der Kategorie
"Das Dritte", als Element der Repräsentation eines Phänomens,
exzeptionelle Bedeutung zukommt[30]; und insofern gehört
die pragmatische Lehre wesentlich der triadischen Klasse von
Lehren an[31].

Außerdem korrespondiert der Maxime des Pragmatismus die Denkform
der Abduktion, eine der beiden anderen Methoden der Logik
- Induktion und Deduktion -, die erklärende Hypothesen bildet
und als einzige logische Operation innovative Momente in den
Gang der Forschung einbringt.[32] Abschließend ermöglicht die
Lehre vom Synechismus, "der Eckstein des Gewölbes"[33], das Ziel
des Pragmatismus ins Auge zu fassen: Die Entwicklung der konkreten
Vernünftigkeit ("the development of concrete reasonableness")[34].
Wie ist dieses Postulat aber für ein Raum-Zeit-gebun-

denes, endliches und fallibles Wesen wie dem Menschen erfüllbar?
Der Schlüssel liegt in dem Ursprung des Begriffs der Realität als der Bedingung der Möglichkeit zur sukzessiven Approximation an konkrete Vernünftigkeit: "The real, then, is that which, sooner or later, information and reasoning would finally result in, and which is therefore independent of the vagaries of me and you. Thus, the very origin of the conception of reality shows that this conception essentially involves the notion of a COMMUNITY, without definite limits, and capable of a definite increase of knowledge" ("Das Reale ist also das, in dem schließlich früher oder später Information und schlußfolgerndes Denken resultieren würden und das daher unabhängig von meinen und deinen Einfällen ist. So zeigt eben der Ursprung des Begriffs der Realität, daß dieser Begriff wesentlich den Gedanken einer GEMEINSCHAFT einschließt, die ohne definite Grenzen ist und das Vermögen zu einem definiten Wachstum der Erkenntnis besitzt").[35] Die Idee einer Gemeinschaft begründet die Hypothese einer unendlichen "science community", der grundsätzlich jedes Individuum angehören kann[36], von der aber durch Peirce's realistische Annahme des zukünftigen Endes der Menschheit[37] nicht erwartet werden darf, daß sie imstande sein werde, alle Fragen jemals beantworten zu können. Dieses "Prinzip des logischen Sozialismus"[38] gilt für G. Wartenberg als der zentrale Leitgedanke einer modernen Peirce-Interpretation. Aufgrund einer derartigen Sichtweise tritt Peirce offensichtlich für keinen Absolutheitsanspruch seiner Methode Pragmatismus ein.
Infolgedessen verleiht uns Menschen das überaus wichtige Vermögen der Erkennbarkeit von So-Daseiendem erst die Befähigung, mittels Pragmatismus Fragen stellen und einer Beantwortung näher bringen zu können. Inwieweit diese mögliche Erkennbarkeit von Allem zu einer nicht präziser zu bestimmenden Zeit, versehen mit dem Kennzeichen Kontinuität und der konditionalmöglichen, schrittweisen Annäherung an das Begreifen des Seins, für Peirce einen synonymen Begriff zu SEIN[39] darstellt, sei an dieser Stelle nicht weiter untersucht.

Zum Abschluß sollte es für den Begriff des Pragmatismus im Verständnis von Peirce und für alle nachfolgenden Überlegungen meinerseits keine Rolle spielen, ob er als Naturalist und Transzendentalist, wie von Thomas A. Goudge, als logischer Empirist, wie von Justus Buchler, als transzendentaler Idealist, wie von James K. Feibleman oder durch abrupte Veränderungen seines Gedankengutes, wie von Murray G. Murphey, charakterisiert wird. Als entscheidend für den Ursprung des Pragmatismus Peirce'scher Ausprägung bleibt einzig generell festzuhalten: Er gründet sich auf und hängt ab von der Theorie des Wechselspiels zwischen Gedanken ("thought"), Bedeutung ("meaning") und Zeichen ("sign").[40]

1.4. Zwei amerikanische Pragmatisten in Abgrenzung zum Begründer ihrer philosophischen Lehre

Die naturgemäß immer unzureichende, von mir nach dem Kriterium des Beispielcharakters bestimmte Auswahl der beiden namhaften Pragmatisten **William James** und **John Dewey**, die neben F.C.S. Schiller, G.H. Mead, C.I. Lewis, G. Papini, W. Jerusalem, G. Vailati, M. Calderoni, H. Stuart, M. Blondel u.a. die maßgebenden Exponenten einer pragmatisch-orientierten Philosophie repräsentierten, fiel mit Bedacht auf die zwei Erstgenannten, da sie als autochthonische amerikanische Zeitgenossen von Ch.S. Peirce mit ihm - der eine aus der Phase des "Metaphysical Club", der andere durch sein Philosophiestudium - eng verbunden waren, und beide das Peirce'sche Gedankengebäude des Pragmatismus in inhaltlich-variierter und different-gewichteter Form unermüdlich einer philosophisch-psychologisch-pädagogisch-soziologisch wie politisch interessierten Weltöffentlichkeit zum Zwecke eingehender Diskussion wie Wandel des Zeitgeschehens unterbreiten.

1.4.1. William James

> "Was Sie brauchen, ist eine Philosophie, die nicht nur ihre Fähigkeiten zu verstandesmäßiger Abstraktion in Bewegung setzen, sondern auch einen positiven Zugang herstellen soll zu der wirklichen Welt menschlicher Lebendigkeit." (1)

Der Extravertiertheit und Weltgewandtheit eines William James (11.01. 1842 - 26.08. 1910), dessen Bruder Henry James d.J. zu den prominentesten Romanschriftstellern seiner Zeit gerechnet werden darf, verdankt der bis dahin in der Stille akademischer Abgeschiedenheit vor sich hin blühende Pragmatismus von Ch.S. Peirce seinen Zutritt auf die Bühne der philosophisch-orientierten Weltöffentlichkeit[2].
E. Baumgarten differenziert James' Lehre von der Wissenschaft in den Konnex von Wille zum Glauben, Pluralismus und pragmatischen Wahrheitsbegriff aus.[3] Mit Gewicht auf den Terminus Pragmatismus und dessen relationale Bezüge will ich angesichts des Bezugsrahmens zu dem Peirce'schen Gedankengebäude in abgrenzender Darstellung dasjenige von W. James eingehender skizzieren.

Für ihn repräsentiert der Pragmatismus "nichts absolut Neues"[4], vertritt in einer radikaleren und zugleich einwandfreieren Form "die empirische Richtung"[5] in der Philosophie, beabsichtigt, "philosophische Streitigkeiten zu schlichten"[6], und dient als eine Methode[7] zur orientierenden Stellungnahme[8] im jeweiligen Untersuchungsbereich. Die pragmatische Verfahrensweise stützt sich auf keine Dogmen[9] und "... hat, so sehr (sie) sich auch an Tatsachen hält, doch nicht die Hinneigung zum Materialismus, an der der gewöhnliche Empirismus krankt"[10].
Das Kernstück der James'schen Lehre bildet ebenfalls die von Peirce interpretiert übernommene Pragmatische Maxime: "Um also vollkommene Klarheit in unsere Gedanken zu bringen, müssen wir nun erwägen, welche praktischen Wirkungen dieser Gegenstand in sich enthält, was für Wahrnehmungen wir zu erwarten und was für Reaktionen wir vorzubereiten haben. Unsere Vorstellung von diesen Wirkungen, mögen sie unmittelbare oder mittelbare sein, macht dann für uns die ganze Vorstellung des Gegen-

stands aus, insofern diese Vorstellung überhaupt eine positive Bedeutung hat."[11] Ihre Anwendung auf "konkrete Fälle"[12] läßt unsere noch so subtilen gedanklichen Distinktionen in der situativ-praktischen Handlungskonsequenz durchscheinen. James' Pragmatismus rückt solchermaßen in die von Peirce strikt abgelehnte Nähe des Praktikalismus, wobei R.B. Perry nicht zu Unrecht urteilt: "Vielleicht würde es richtig sein, und allen Seiten gerecht werden, wenn man sagte, daß diese moderne Bewegung, bekannt als Pragmatismus, zum großen Teil das Resultat von James' Mißverständnis von Peirce ist."[13] Diese Kritik wirkt gerechtfertigt, denn die pragmatische Methode, in deren Händen sich Theorien zu Werkzeugen[14] entfalten, harmoniert "... mit vielen alten philosophischen Richtungen. So stimmt er (der Pragmatismus) mit dem Nominalismus darin überein, daß er sich überall an das Einzelne hält, mit dem Utilitarismus darin, daß er überall den praktischen Standort betont, mit dem Positivismus in der Verachtung, die er den bloß sprachlichen Problemlösungen, überflüssigen Fragestellungen und metaphysischen Abstraktionen entgegenbringt."[15]

Das Wesen des Pragmatismus involviert jedoch nicht nur eine Methode, sondern auch eine genetische Wahrheitstheorie[16]. Zwar wendet sich James ostentativ gegen die althergebrachte Definition, Wahrheit sei Übereinstimmung mit der Wirklichkeit, möchte allerdings die beiden Termini einer intensiveren Sinnklärung unterziehen. Seine Andeutung, Wahrheit als "eine Art des Guten"[17] zu definieren, weist dem erkennenden Einzelnen die inhaltsreiche Aufgabe zu, in einem Verifikationsprozeß wahre Vorstellungen[18], die einer kontinuierlichen Assimilation neuer Erfahrungen mit konventionellen Überzeugungen unterliegen, durch subjektive Bewertung gemäß dem Nützlichkeitsprinzip[19] in Kraft zu setzen. Die in diesem Nexus okkasionell angewendete und vielerorts scharf kritisierte Dollarsprache[20] versinnbildlicht lediglich die ablaufenden dynamischen Prozesse und demonstriert keineswegs den Grad der Befriedigung des Individuums in bezug auf eine Profitmaximierung. Subjekt und Objekt bewegen sich interdependent-meliorierend in einem permanentverändernden Prozeß, geführt durch unsere "Halb-Wahrheiten", hin auf die in zukünftiger Konvergenz zu erzeugende, absolute Wahrheit. "D i e Wahrheit, mit dem bestimmten Artikel und in der Einzahl, die verlangt natürlich unbedingte Anerkennung; ..."[21], wann sie aber erreicht sein könnte, und welche Kennzeichen für das Erkennen der Wahrheit bereitgestellt werden müssen, vermag James nicht anzugeben. Da Wissenschaft dem Menschen zwar vermitteln kann, was existiert[22], aber zugleich keine Wahrheitskriterien mitliefert, benötigt das Individuum seinen festen Willen zum Glauben, damit "unsere Versuche und Studien und Erörterungen unser Verhältnis zur Wahrheit immer mehr und mehr verbessern; ..."[23]. Denkregeln[24], die dem Einzelmenschen vorschrieben, gewisse Arten von Wahrheiten anzuerkennen und andere bewußt auszuklammern, kämen dem Postulat einer Liquidation des menschlichen Willens, der unseren Forschungsdrang richtungsweisend antreibt, gleich und schlösse Glauben als fundamentale Chance der possiblen Bedingung zur Extension des Wissens aus. Welt *ist*, resultierend aus der James'schen Philosophie, nicht schon, sondern *wird* in und durch die pluralen Erkenntnisse unendlich vieler Subjekte. Das Werden dieses zersplittert erscheinenden "'Multiversum(s)' macht noch immer ein Universum aus: denn jeder Teil ist, wenn auch nicht in tatsächlicher oder unmittelbarer Verbindung, so doch in einer möglichen oder mittelbaren Verbindung mit jedem anderen noch so entfernten Teile verbunden, und zwar dank der Tatsache, daß jeder Teil mit seinem nächsten Nachbarn in unauflöslicher gegenseitiger Vermischung zusammenhängt"[25].

Daß B. Mussolini in einem Presseinterview im April 1926 William James als einen seiner philosophischen Lehrer bezeichnete[26], belegt schlaglichtartig den Bekanntheitsgrad seines Denkens, beweist leider freilich auch stichhaltig die Fähigkeit diverser Zeitgenossen, jede philosophische Lehre in einen "gebrauchsfähigen", leblosen und naiv-gefährlichen Torso zu verwandeln.

1.4.2. John Dewey

> "Eine Philosophie, die sich der Bevormundung durch
> feststehende Realitäten, Werte und Ideale entledi-
> gen würde, stünde vor einer neuen Laufbahn. ...
> Unter solchen Bedingungen befindet sich die Philo-
> sophie nicht im Gegensatz zur Wissenschaft. Sie
> ist der Verbindungsoffizier zwischen den Schluß-
> folgerungen der Wissenschaft und den Formen des
> gesellschaftlichen und persönlichen Handelns,
> über das erreichbare Möglichkeiten ersonnen und
> erstrebt werden. Sie fände sich durch eine belie-
> bige Entdeckung der Wissenschaft ebensowenig ge-
> hemmt wie eine Religion, die sich der göttlichen
> Eingebung und der Pflege des Verständnisses für
> die idealen Möglichkeiten der wirklichen Welt
> widmet." (1)

Ein Vierteljahrhundert vor John Dewey's Tod (20.10. 1859 - 01. 06. 1952) umfaßte eine Bibliographie seiner Arbeiten - Bücher, Büchlein, Essays, Artikel - bereits zur damaligen Zeit 155 Druckseiten in Buchform. Dewey, der Philosophie u.a. bei Peirce studierte, promovierte 1884 mit der Dissertation "The Psychologie of Kant" und stand am Anfang seiner Karriere unter dem Einfluß des Hegel'schen Idealismus sowie des Neokantianismus. Im Laufe seiner wissenschaftlichen Tätigkeit übernahm er Lehraufträge in Peking, Nanking und Tokio; seine Reisen in der Funktion eines Beraters zur Reorganisation des Erziehungswesens führten ihn nach Rußland, in die Türkei und nach Mexiko, weswegen ein sehr großer Teil seiner Schriften nicht die "Jahrtausendfragen" thematisierte, sondern dem Leser eine pausenlose, in ihrer geistigen Schärfe ungebrochene, Serie von "Einmischungen" in soziale, politische, ökonomische und pädagogische Tagesereignisse dokumentiert. Den Vorwurf, ein Bolschewist zu sein, konterte Dewey mit der besonnenen Rechenschaft auf die von ihm an sich selbst gerichtete Frage : Weshalb bin ich kein Kommunist? Die Antwort[2] beschreibt beispielhaft einen Philosophen, Psychologen und Pädagogen, der weniger zur Societas Scientiae gehörte als zur alten - vielleicht aussterbenden - "Sekte" der Menschen-Befreier, die sich unermüdlich für demokratische Ideale, unabhängig von ihrer gegenwärtig existierenden Realisation, einsetzt.

In Anlehnung an die "doubt-belief-theory"[3] als gewohnheitsbildende und -ausformende Bedingung des Erkenntnisfundaments eines jeden Subjekts zur Ingangsetzung des kontinuierlichen, zielkonvergierenden Forschungsprozesses von Peirce, konstituiert John Dewey seine Form des Pragmatismus, die er vorzieht, als Instrumentalismus zu betiteln: "Instrumentalismus ist ein Versuch, eine genaue, logische Theorie aus Begriffen, Urteilen und Schlüssen in ihren verschiedenartigsten Formen zusammenzusetzen, indem man in erster Linie betrachtet, wie Denken in den experimentellen Bestimmungen zukünftiger Wirkungen arbeitet. ... Man versucht, allgemein anerkannte Unterscheidungen und Regeln der Logik durch ihre Ableitung von der rekonstruierten oder vermittelten Funktion (des Denkens), die kraft Vernunft ermittelt wurde, festzusetzen. Man beabsichtigt dadurch, eine Theorie allgemeiner Formen der Vorstellung und Beweisführung zu bilden."[4] Die Erkenntnis des in der jeweilig konkreten Situation stehenden und handelnden Individuums beschreibt Dewey als ein Instrument, das mit Hilfe von Beobachtung, Experiment und induktiver wie deduktiver Hypothesenbildung in der Abfolge des "trial and error"-Verfahrens Einzelprobleme im situationsspezifischen Konnex durch intersubjektive Konsensbildung löst. Demgemäß definiert er Forschung ("inquiry") in seiner Schrift Logik: "... die kontrollierte oder unmittelbare Umwandlung einer unbestimmten Situation in eine, die in ihren wesentlichen Unterschieden und Beziehungen derart bestimmt ist, daß sich die Bestandteile der ursprünglichen Situation in ein vereinigtes Ganzes umwandeln."[5] Die Intention der philosophischen Methode des Instrumentalismus besteht seiner Meinung nach in der aus dem Zeitgeschehen heraus dringend erforderlichen, praktikablen Anwendung, weniger auf das weite Gebiet der Logik, sondern vornehmlich auf wissenschaftliche, ethische, politische und soziale Sektoren der Gesellschaft. Philosophie erhält von Dewey in Konsequenz die essentielle Funktion der rationalisierten Erfassung der Möglichkeiten der Erfahrung, speziell der kollektiven menschlichen Erfahrung[6], um sich von ihrer vergangenen Orientierung auf letzte und absolute Realität[7] abzukehren: "Würde es Philosophie nicht ermutigen, den großen sozialen und moralischen Fehlern und Unruhen, an denen die Menschheit leidet, die Stirn zu bieten, um ihre Aufmerksamkeit auf die Erhellung der Ursachen und tatsächlicher Übel und auf die Entwicklung einer klaren Vorstellung besserer sozialer

Möglichkeiten zu richten; kurzum, anstatt die Idee von einer anderen Welt oder irgendeines weit entfernten Ziels zum Ausdruck zu bringen, würde es da nicht nützlich sein, einen Plan zu entwerfen, der als Methode der Verständigung und Verbesserung bestimmter sozialer Übel dient?"[8] In Abgrenzung zu James möchte Dewey den Instrumentalismus dagegen nicht als eine Reduktion auf die Frage nach dem Nutzen der Erkenntnis für das Individuum verstanden wissen.[9]
Anknüpfend an die instrumentalistische Basistheorie bildet der Terminus "warranted assertation" den Schlüssel zu Dewey's Version der Wahrheitstheorie, die einen praktischen und instrumentalen Begriff von Wahrheit ("truth") erwarten läßt: "Das, was uns wahrhaft leitet, ist wahr - das dargestellte Leistungsvermögen für solch eine Leitung ist genau das, was mittels Wahrheit bedeutet wird. Das Adverb 'wahrhaft' ist grundlegender als jedes von beiden, das Adjektiv wahr oder das Substantiv Wahrheit. Ein Adverb drückt eine Art und Weise, eine Erscheinungsform einer Handlung aus. ... Die Hypothese, die arbeitet, ist das einzig Wahre; und Wahrheit ist ein schwer verständliches Substantiv, das auf die Sammlung von Fällen, welche gegenwärtig, vorhersehbar und gewünscht sind, angewendet wird, um in ihren Werken und Wirkungen Bestätigung zu erhalten."[10]
Dieser, die Funktion des Adverbs betonende, pragmatische Wahrheitsbegriff[11] Dewey's steht im Widerspruch zu der traditionellen philosophischen Position, Wahrheit sei eine Eigenschaft des Seins und nicht des Werdens, und stürzt ergo die konventionelle Vorstellung um, daß eine fixierte Wahrheit vor aller menschlichen Erfahrung und Reflexion existiert. Aufgrund seines Gedankengebäudes gestattet die stets wachsende Gesamtheit gesicherter Aussagen, Wahrheit nie mehr als etwas dogmatisch Gelehrtes und gehorsam Empfangenes aufzufassen.[12]
Sein philosophisches Hauptquartier im ausgedehnten Feld der Erziehung - die Schule - betrachtet Dewey als ein multidimensionales Laboratorium, in dem unschwer inspirierende Experimente für die zukünftige Gestaltung umfassender Menschen-Organisationen durchgeführt werden können. Die Zielorientiertheit der Gesellschaftsentwicklung richtet sich auf die Überwindung der idealisierten amerikanischen Ellenbogengesellschaft, publik unter der Redefloskel "rugged individualism", und wendet sich hin zur <u>freiwilligen</u> <u>Zusammenarbeit</u> von <u>Individuen</u>, die

in einer Sphäre des Aufgehobenseins der fatal-dualistischen Separation von Theorie und Praxis das Lernen lernen, d.h. "nicht Dinge lernen, sondern die <u>Bedeutung</u> der Dinge, ..."[13]. Dewey's heute noch nach wie vor aktuellen und vielerorts uneingelösten Postulate wie "lebenslanges Lernen, Gruppenarbeit, Gesamtschule, Projektmethoden, Integration von Bildung und Ausbildung sowie von 'Kopf' und 'Hand', Erfahrungsbezug, soziales Lernen, Erziehung als Prozeß der Selbstverwirklichung"[14] zur Vervollkommnung einer schülerorientierten Erziehungspraxis besitzen spürbar zeitnahe Gültigkeit. Sein Versuch, das gesamte menschliche Leben als einen Erziehungs- und Lernprozeß zu begreifen - denn "ohne diesen Prozeß, durch den die Errungenschaften einer Generation zum Stimulus werden, um die Handlungen der nächsten Generation zu lenken, wäre die Geschichte der Zivilisation in Sand geschrieben, und jede Generation müßte mühselig und stets aufs neue einen Weg aus dem Zustand der Barberei suchen"[15] - weist Dewey's philosophische Pädagogik als leidenschaftliches Sprachrohr für die Zeitlichkeit, nicht für die Ewigkeit, aus.

In den Augen von Peirce indes findet der philosophisch-pädagogisch-soziologische Ansatz des Instrumentalismus von Dewey keine wohlwollende Anerkennung: "Sie schlagen vor, die 'normative Wissenschaft', deren meiner Meinung nach unser Jahrhundert am dringendsten bedarf, durch eine 'Naturgeschichte' des Denkens oder der Erfahrung zu ersetzen."[16] "Zu lehren, daß eine solche Naturgeschichte den Platz der normativen Wissenschaft einnehmen könne, muß zur Folge haben, daß die Regeln des Schlußfolgerns nachlässig gehandhabt werden; und in der Tat finde ich, daß Sie und Ihre Studenten völlig dem verfallen sind, was mir als eine Ausschweifung lockeren Denkens erscheint. Chicago hat nicht den Ruf, eine moralische Stadt zu sein; ... ."[17]

2. KAPITEL: Der Begriff "reality" und dessen philosophisch-wissenschaftliche Wirkkonnexe im Spannungsbogen zwischen Sein und Werden nach dem Verständnis von Ch.S. Peirce

Der Auffassung von Michael Schoenenberg - "da jeder Peirce-Forscher an der Kategorienlehre sein philosophisches Vermögen sofort offenbaren muß, ..."[1] - möchte ich zustimmen, wenn sie folgenden Gedankengang mit zum Ausdruck bringen will: Die Beschäftigung mit der Peirce'schen Kategorienlehre ist deshalb so schwierig, weil sie wie die "erdbebensichere" Außenhaut eines Hauses nicht nur sein ganzes philosophisch-wissenschaftliches Lebenswerk umspannt, sondern gleich einem feingesponnenen Faden durchzieht.

Aus welchem Grund eröffne ich den vorliegenden Abschnitt im Hinblick auf die Realitätsfrage nicht mit einer solch dringlichen Explikation der Kategorien?

Vielmehr vertrete ich in Rücksicht auf mein Vorhaben die Ansicht: Anhand des 1868 publizierten Artikels "Questiones Concerning Certain Faculties Claimed For Man" ("Fragen hinsichtlich gewisser Vermögen, die man für den Menschen in Anspruch nimmt") wird ein entscheidendes, den Philosophen Peirce stimulierendes, Moment aufgedeckt, das die wesentlichen Elemente seiner Ausgangsposition enthält und die daraus erwachsenden, verschiedenartigen Gewichtungen seines Gesamtwerkes verdeutlichen hilft. Zwar leiten sich invariante Strukturen ebenfalls von der ein Jahr früher geschriebenen, ersten größeren Kategorienkonzeption "On a New List of Categories" (1867) ab; ein derartiges Vorgehen würde jedoch, speziell für das Verständnis von Realität, die weitverzweigten Gedankengänge Peirce's nicht zur Sprache bringen, die allein im Zusammenhang mit den Kategorien, aber nicht ausschließlich durch sie, erhellt werden können. Einzig eine transparente Darstellung jenes verwirkten Gewebes läßt die Frage nach "reality", die in seinen Schriften eher fragmentarisch aufgegriffen wird, ans Licht kommen, obwohl sie sie nichtsdestotrotz kontinuierlich "unterschwellig" durchzieht. Hierdurch wird sich erst mein "philo-

sophisches Vermögen" ausweisen, - ein Vermögen, das durch die Gesamtheit aller Peirce-Forscher vergangener und gegenwärtiger Zeiten - gänzlich im Sinne seiner "science community" - ermöglicht wird.
Erinnern wir uns des weiteren, daß Ch.S. Peirce - dargestellt in Abschnitt 1.1. - nie der philosophischen Erkenntnis- und Lebensweise eines R. Descartes beigepflichtet hätte: "Endlich genügt es nicht, das Haus, in dem man wohnt, nur abzureißen, bevor man mit dem Wiederaufbau beginnt, und für Baumaterial und Architekten zu sorgen oder sich selbst in der Architektur zu üben und außerdem den Grundriß dazu sorgfältig entworfen zu haben, **sondern man muß auch für ein anderes Haus vorgesorgt haben, in dem man während der Bauzeit bequem untergebracht ist**"[2] (Herv. v. mir). Die Peirce'sche Gesamtkonzeption entspricht gerade nicht der eben zitierten "philosophischen Schizophrenie" des R. Descartes, zumal Peirce das Fundament seines Hauses von Anbeginn seiner wissenschaftlichen Untersuchungen kritisch-hinterfragend legt, den Um- und Ausbau dieses "geistigen Gebäudes" allerdings in steter Bemühung um Fortentwicklung seiner Gedankenansätze bis zum Lebensende ohne definiten Schlußstein vornimmt. Gleichzeitig in zwei philosophischen Welten leben zu können, wie dies Descartes befürwortet, ist also nicht im Sinne von Peirce, da man in der steten Hoffnung um den endlich abzuschließenden Neubau leicht vergißt, die positiven wie negativen Erfahrungen des "zwischenzeitlichen" philosophischen Lebens in den Wiederaufbau des Hauses mit einfließen zu lassen. Zudem wird ja eines Tages, beim Umzug in das neue Heim, kein völlig anderer Philosoph als der, der er vorher war, dort einziehen, ob jener es selbst wahrhaben will oder nicht. Aus besagtem Grund rechtfertigt sich der Auftakt zur eingehenden Analyse der Realitätsfrage anhand des vorher erwähnten Artikels von 1868, der als "Frühwerk" - im Spiegel "des Gesamten" - Peirce's "Argumentationsstufen", auch unter dem Blickwinkel des "geschichtlichen" Werdegangs von ihm selbst, berücksichtigt. Dem Leser wird somit eine zeitlich-gegliederte, obgleich von mir als nicht ausschließlich solcherart angelegt wissen wollende, Ent-wicklung der Gedanken von Peirce zum geistigen Mitvollzug dargeboten und fordert ihn auf, sich durch das Kapitel zur kritischen Auseinandersetzung mit dem Sujet bewegen zu lassen.

2.1. Die Ablehnung der Existenz von Intuition im menschlichen Erkenntnisvermögen infolge des Bedingungsgefüges Kontinuum-Kontinuität: Grundlage für Erkennbarkeit der "reality"

> "Man muß nun nach meiner Meinung zuerst folgendes unterscheiden und feststellen: wie haben wir uns das immer S e i e n d e , welches kein Werden zuläßt, und wie das immer W e r d e n d e zu denken, welches niemals zum Sein gelangt? Nun, das eine als dem Denken vermöge des vernünftigen Bewußtseins erfaßbar, eben weil als ein solches, welches immer dasselbe bleibt, das andere dagegen als der bloßen Vorstellung vermöge der bewußtlosen Sinneswahrnehmung zugänglich, eben weil als ein solches, welches dem Entstehen und Vergehen ausgesetzt und nie wahrhaft seiend ist." (1)

Nach der vorstehenden Hinführung beginne ich, den Aufsatz "Questions Concerning Certain Faculties Claimed For Man" mittels des Beweisverfahrens von Peirce zu erschließen, das seine Ablehnung der Existenz von Intuition im menschlichen Erkenntnisvermögen begründet.

"'Επιβολή als der philosophische Ausdruck für das intuitive Erkennen stammt aus der epikureischen Philosophie und bezeichnet das schlagartige Erfassen (ἀθρόα ἐπιβολή) des ganzen Erkenntnisgegenstandes im Unterschied zur nur 'partiellen Erkenntnis' (κατὰ μέρος)"[2] oder mit anderem inhaltlichen Bezug formuliert: "Unter Intuition versteht man das unvermittelt unmittelbare Gewahrwerden eines Wesens, eines Wertes oder das unvermittelt unmittelbare Innesein eines Handlungszieles."[3]

Überdies gilt es vorab, einige Charakteristika festzuhalten, die Peirce explizite nicht erwähnt; sie müßten ihm aber - wie sich bei tiefgehenderer Analyse der zu erörternden Schrift zeigt - meines Erachtens im "Hinterkopf" mitschwingen, ja bereits vor der schriftlichen Fixierung seiner Gedanken strukturell-geordnet als Argumentationsbasis vorliegen.

1. Intuition wird <u>nicht</u> durch das <u>je-meine</u> Erschauen und/oder Erkennen einer - wie auch immer gearteten - Sphäre der Dinge-an-sich, vielmehr durch unvermittelt unmittelbares Offenbarsein, <u>von vornerein für jedermann</u>, gekennzeichnet.
2. Dies deutet in Konsequenz auf das notwendig-vorgängige Vor-

handensein einer "natürlichen Begriffsordnung" als Conditio-
sine-qua-non für die Vermittelbarkeit intuitiver Inhalte der
Intuition hin.
3. Einzig Vollständigkeit des Mediierten garantiert das Erfassen des allgemein-jeweiligen, je-meinig werdenden, Erkenntnisgegenstandes in Totalität.
4. Aus dem bisher Gesagten folgt, daß Intuition, wesensgemäß
infallibel, den intuitiv Erkennenden unter keinen Umständen
täuschen kann.
5. Intuition wäre demgemäß unabdingbares Prinzip aller Prinzipien für menschliche Erkenntnis überhaupt.
6. Das Tätigsein von Intuition eröffnet S E I N der Vernunft als
Unmittelbares, als Anfang und Erstes.

Ch.S. Peirce richtet sich mit seiner Kritik über die Vermutung
der Existenz einer intuitiven Erkenntnis mehr oder minder ver-
steckt gegen die kantische Denkmöglichkeit einer Seperation
des Verstandes. Kant unterscheidet bekanntlich zwischen einem
rein diskursiven, wie sich der unsrige uns selbst präsentiert,
und einem rein intuitiven, dessen Wirkmöglichkeiten wir nicht
innehaben, zumal dieser intuitive Verstand "vom S y n t h e -
t i s c h - A l l g e m e i n e n (der Anschauung eines Ganzen als eines solchen) zum Besonderen"[4] gehen müßte und nicht, wie unser
diskursiver, "vom A n a l y t i s c h - A l l g e m e i n e n (von Begriffen) zum Besonderen (der gegebenen empirischen Anschauung)
..."[5]. Infolge der Nachweisbarkeit des diskursiven Verstandes
"muß die Idee von einem anderen möglichen Verstande als dem
menschlichen zum Grunde liegen ..."[6].
In CP 5.213 bestimmt Peirce somit den Ausgangspunkt seiner Untersuchung: "Wir werden in dieser Abhandlung den Terminus Intuition durchgehend als Bezeichnung für eine Erkenntnis verstehen, die nicht durch eine vorhergehende Erkenntnis desselben Gegenstandes bestimmt ist und daher durch etwas außerhalb
des Bewußtseins so bestimmt wurde. Ich bitte den Leser, dies
zu beachten. Intuition wird hier beinahe dasselbe sein wie
'eine Prämisse, die selbst keine Konklusion ist'; der einzige
Unterschied besteht darin, daß Prämissen und Konklusionen Urteile sind, während eine Intuition gemäß ihrer Definition jede
beliebige Art von Erkenntnis sein kann. Aber ebenso wie eine
Konklusion (sie sei gut oder nicht gut) im Verstand des Den-

kenden von ihrer Prämisse bestimmt wird, so können Erkenntnisse, die keine Urteile sind, durch vorhergehende Erkenntnisse bestimmt sein; und eine Erkenntnis, die nicht so bestimmt ist und infolgedessen unmittelbar durch das transzendentale Objekt bestimmt ist, soll eine <u>Intuition</u> genannt werden."[7] Es ist wichtig festzuhalten, daß er von Intuition im Sinne von intuitiver Erkenntnis[8] spricht, d.h. nicht die Nicht-Existenz der Intuition-an-sich zu beweisen sich vornimmt, sondern vielmehr wegen der Unmöglichkeit der Begründbarkeit intuitiven Erkennens Intuition als Bedingungsgrund für intuitive Erkenntnis ad absurdum geführt sieht.

Mit der Anmerkung 1[9] bezüglich Duns Scotus und Immanuel Kant teilt Peirce in Ergänzung zum oben zitierten Paragraphen dem Leser im Ansatz seine Intention mit: Er will die Voraussetzung für eine philosophische Erneuerung der menschlichen Erkenntnisweise schaffen, welche die hypothetische Fiktion intuitiver Erkenntnis unwiderruflich ablösen soll; eine Intuition, die aufgrund der Präexistenz der Dinge-an-sich in einer kausalgesetzlich-stabilisierten Harmoniewelt dem Einzelmenschen den je-seinigen Erkenntnisgegenstand, der desungeachtet ubiquitäre Gültigkeit beansprucht, mediert. Oder anders formuliert: Die kantische Distinktion von "Noumena" und "Phainomena" impliziert die notwendige Annahme einer menschlichen Erkenntnisart, die sich kraft ihres eigenen, eingeschränkten "Funktionsmechanismus" gegen die eigentlich zu erkennenden Dinge, die Sphäre der Dinge-an-sich, welche sind, was sie sind, unbekümmert darum, was wir Menschen über sie jemals denken mögen, absperrt. Diese solchergestalt skizzierte Erkenntnisart hat "es primär mit den Wirkungen der Dinge im 'Receptakulum' des Bewußtseins zu tun, während die Dinge draußen als 'Dinge-an-sich' unerkennbar zurückbleiben"[10]. Kant's Denkmöglichkeit eines intuitiven Verstandes gesteht allerdings die etwaige Existenz von für uns nicht vorstellbaren Wesen zu. Deren synthetisch-allgemeine, intellektuelle Anschauung ermöglicht es ihnen, das Ding-an-sich, das nur infolge unserer an Sinnlichkeit gebundenen Erkenntnisart ein Ding-an-sich ist, zu erkennen, da es für jene Wesen gar keines wäre, zumal es ihnen immer schon als in seiner Fülle Erkanntes vorläge. Abgesehen davon, daß das Wissen um ein Ding-an-sich einen Reflexionsschritt über sich selbst darstellt, wird von Peirce die philosophische

Anschauungsweise einer getrennt-zu-denkenden "Welt" - mundus intellegibilis und sensibilis - rücksichtslos kritisiert[11], da es keine Realität gibt, die so beschaffen wäre, um nicht von uns prinzipiell erkannt werden zu können. Er stimmt andererseits "mit Kant in der Auffassung überein, daß es ein Element in der Erfahrung gibt, das uns aufgezwungen wird, lehnt aber radikal dessen Ansicht ab, daß dies die Postulierung eines Dings-an-sich erforderlich mache"[12]. Peirce's Beurteilung trifft ihn freilich ausschließlich über den Umweg einer separierenden "Zwei-Welten-Theorie", der phainomenalen und noumenalen, und nicht im zuerst attackierten Kernpunkt, der Intuitionsfrage, selbst. Hier ist es Peirce, der mit seinem "Bild" von intuitiver Erkenntnis die, bis dahin existente, mögliche "Brücke" der Vermittlung zwischen beiden angenommenen Sphären zerstört - mit einer Anschauung von Intuition, wie sie Kant in der ihr unterstellten Weise erst gar nicht ansetzt, d.h. für den Menschen nicht in Betracht zieht.

Analog dem Peirce'schen Verständnis von Intuition ist diese als alleiniger Bedingungsgrund für intuitives Erkennen aufzufassen, jedoch knüpft er an die vorgenannte Überlegung die Differenzierung an: "eine Intuition zu haben oder intuitiv zu erkennen, daß es eine Intuition ist"[13], setzt nicht unter allen Umständen voraus, eine Intuition intuitiv, oder überhaupt, erkennen können zu müssen. Anhand einer Reihe von Beispielen[14] versucht Peirce zu zeigen, inwieweit die durch rein gedankliche Distinktion vorgenommene Trennung in "eine Intuition haben" und "intuitiv eine Intuition erkennen" einen Regressus ad infinitum nach sich zöge; d.h., reine Intuition intuitiv als "abgeleitete" Intuition von der "ersten" erkennen, deren wir als "erster" auch nicht als Intuition einer nochmals vorgängigen Intuition intuitiv gewiß wären, u.s.w.. Die Behebung dieses Regresses zwänge zur Annahme, ein intuitives Vermögen zu besitzen, das ermöglicht, <u>intuitive</u> von <u>mittelbaren</u> Erkenntnissen ("mediative cognition")[15] scharf auseinanderzuhalten. Peirce sieht sich nicht imstande, eine derart geforderte Befähigung zu ermitteln.[16]

Mit Absicht erörtert er im Anschluß daran die Frage, "ob wir ein intuitives Selbstbewußtsein haben"[17]. Von dem Adjektiv "intuitiv" möchte ich im folgenden absehen, da ich die Überzeugung vertrete, daß in dem Aufsatz Peirce's spätestens in dieser Passage offenkundig ein weitergehendes Interesse hervortritt. Peirce sucht nunmehr - beleuchtet aus der Perspektive der noch zu behandelnden "theory of inquiry" - seine, von einer erstarkten Position des einzelnen Subjekts ausgehende, Erkenntnistheorie dauerhaft zu fundieren: "Selbstbewußtsein ist, so wie der Ausdruck hier gebraucht wird, vom Bewußtsein im allgemeinen, vom inneren Sinn und von der reinen Apperzeption zu unterscheiden"[18], und mit ihm "ist eine Erkenntnis unserer selbst gemeint"[19], wobei unter dem hier angesprochenen Begriff des Selbstbewußtseins "die Erkenntnis meines privaten Selbst"[20] verstanden werden soll. Der einer Lösung bedürftige Problemkomplex schlägt sich zugespitzt in der Aussage nieder: "I know that I (not merely the I) exist. The question is, how do I know it; ..." ["Ich weiß, daß ich (nicht nur das Ich) existiere. Die Frage ist, wie weiß ich das; ..."].[21] Peirce rückt also das Zeugnis der anderen Ichs ins Blickfeld, die das Ego des privaten Selbst (immerfort begleitet durch das "ich denke"[22]) unaufhörlich auf ein Non-Ego stoßen. Das Selbst lernt sich in jener Grenzsituation nicht nur als privates Selbst begreifen, sondern ihm werden auch Unwissenheit und Irrtum[23] - als ausschließlich in ihm als Selbst innewohnend - durch seine "private" Fehlbarkeit gegenwärtig. Das Selbstbewußtsein - im Verständnis von Peirce - hebt sich als die letzte und unbedingte Gegebenheit im Sein des Menschen hervor und rückt das fallible, "private" Ich in den erkenntnistheoretisch-anthropologischen Brennpunkt, von dem aus erst das Philosophieren, wie auch das Betreiben jeder Wissenschaft beginnen kann.

Mit Frage 7, "Ob es eine Erkenntnis gibt, die nicht durch eine vorhergehende Erkenntnis bestimmt ist"[24], nimmt Peirce zur Abrundung den eingangs aufgeworfenen Problemkomplex der Intuition, die ein von zahlenmäßig nicht wenigen Philosophen behauptetes Erkenntnisvermögen für Menschen darstellt, erneut mit der festen Absicht in Angriff: Besagte Befähigung ist aufgrund unser aller Erkenntnisweise, als zumindest nicht erkenntnismäßig erfaßbar, dem genus hominum abzusprechen. Bezüglich der obigen Fragestellung führt er aus: "Wie es scheint, gibt es sie oder hat es sie gegeben, denn, da wir im Besitz von Erkenntnissen sind, die alle durch vorhergehende bestimmt werden, und diese noch von früheren Erkenntnissen, muß es eine erste in dieser Reihe gegeben haben. Sonst würde gelten: Unser Stand der Erkenntnis zu jeder beliebigen Zeit wird nach logischen Gesetzen völlig durch unseren Erkenntnisgegenstand zu irgendeiner vorhergegangenen Zeit bestimmt."[25] Dementgegen muß die berechtigte Einwendung erhoben werden: "For, as the cognition is beginning, and therefore in a state of change, at only the first instant would it be intuition. And, therefore, the apprehension of it must take place in no time and be an event occupying no time" ("Da nämlich die Erkenntnis beginnt und sich daher in einem Zustand der Veränderung befindet, würde sie nur im ersten Moment eine Intuition sein. Und daher könnte deren Erfassung nicht in der Zeit stattfinden und müßte ein Ereignis sein, das keine Zeit einnimmt")[26]; Herv. v. mir. Eingedenk der Hegel'schen Aussage "es wird das Jetzt gezeigt, dieses Jetzt. Jetzt, es hat schon aufgehört zu sein, indem es gezeigt wird; ..."[27], verweist Peirce auf den kontinuierlichen Verlauf des ego-cogito-cogitatum, der als Erkanntes des Gedachten "neue" Erkenntnis bedingt. Jene ist freilich im privaten Ego als privates Jetzt bereits immer gewesenes Jetzt, da schon zeitlich verändert. So gibt es keine einzige Erkenntnis, die nicht von einer vorhergehenden Erkenntnis[28] bestimmt wird; eine hypothetisch angenommene, erste Erkenntnis wäre demgemäß absolut unerkennbar, weil ihr, um erkannt werden zu können, die Voraussetzung der temporalen Relation zu der mit ihr wesensgemäß verknüpften gewesenen Erkenntnis fehlt. Aufgrund des menschlichen Erkennens in Zeit erweist sich das Wissen um intuitive Erkenntnis, die uns eventuell eine erste Erkenntnis ermöglichen würde, nicht einmal mehr als eine bloße Vermutung, da diese, als Intuition, nicht in der Zeit erfolgt; dies bedeutet: eine Intuition kann nicht im Rahmen des menschlichen Erkenntnisvermögens liegen!

Ob zeitlicher Wandel zwangsläufig eine inhaltliche Veränderung der Kognition nach sich zieht, bleibt im Sinne einer offenen Frage stehen; das, an den Argumentationsgang von Peirce selbst - zur metaphorischen Explikation des Zielpunkts seines Artikels - hinzugefügte, folgende Beispiel[29] vermag keine befriedigende Antwort, allenfalls einen Fingerzeig, zu geben. Nehmen wir an, die Spitze eines über einer Wasseroberfläche schwebenden Dreiecks illustriere den Anfang eines Objekts, der sich außerhalb unseres Bewußtseins befindet, das durch die Wasseroberfläche sowie durch das darunter liegende gleiche Element verkörpert wird. Wird dieses Triangulum allmählich ins Wasser getaucht, bilden sich unendlich viele, immer länger werdende, Schnittlinien mit der Wasseroberfläche, die sowohl die Erkenntnis mit sich selbst veranschaulichen sollen als auch, mittels ihrer Länge, das Maß für die Lebhaftigkeit des Bewußtseins bei dieser jeweilig betrachteten Erkenntnis. Die über der Schnittlinie des Dreiecks mit der Wasseroberfläche verbleibende Restfläche repräsentiert den Teil des Objekts, der noch außerhalb des Verstandes liegt und alle "vorgängigen" Erkenntnisse bestimmt. Es kommt Peirce darauf an, daß zwischen einer beliebig zu denkenden Schnittlinie und der Spitze des Dreiecks unendlich viele Linien gezogen werden könnten, die freilich, bei langsamem Herausziehen des Dreiecks aus dem Wasser, nie auf die Spitze, d.h. den Punkt, zu reduzieren sind, da ein Punkt keine Länge und somit auch keine Erkenntnis darstellt. Demzufolge darf nicht von einer ersten Erkenntnis gesprochen werden.

Zunächst erfährt die Frage nach der möglichen Veränderung der Erkenntnis eine unangebrachte Komplizierung, wenn nicht sogar eine Konfusion. Peirce spricht im Zusammenhang mit den Schnittlinien im Dreieck von verschiedenen ("different") Erkenntnissen, was jedoch wohl lediglich als eine sprachliche Inexaktheit anzusehen ist. Sein philosophisches Denken zielt vielmehr auf eine Erkenntnis von demselben Objekt, bestimmt durch die vorhergehenden Erkenntnisse, welche allein wegen ihres qualitativen Erkenntnisumfanges einen Erkenntnisprogreß vorstellen sollen.
Ist nun das Transintellegible (nicht zu verwechseln mit dem Irrationalen) der Bereich, in dem Ansichsein (wie z.B. Realität) und Fürsichsein miteinander vernetzt gedacht werden könnten? Ist dies ein Bereich, welcher den Erkenntnisfortschritt nicht zur Ruhe kommen läßt, ohne freilich dessen Resultate als Vorausbestimmte mitzuliefern? Oder wer bzw. was sonst "veranlassen" das Dreieck überhaupt, das menschliche Bewußtsein zu affizieren, um es in Kenntnis der Realität zu setzen; vielleicht eine prima causa, ein erster "unbewegter Beweger"?

Alles in allem genommen dreht es sich für Peirce um die Erkenntnis der Data einer, wie auch immer gearteten, "Außenwelt"[30], bei der das Bewußtsein seinen beträchtlichen Anteil beisteuern muß. Das unmittelbare Bewußtsein ("direct consciousness")[31], das, eingebunden in die a-priorischen Anschauungsformen von Raum und Zeit, in jede Erkenntnis eingeht, dient dazu, "diese etwas meinen zu lassen"[32]. Eine Klarheit über den Begriff "Bewußtsein" bei Peirce erlange ich keinesfalls, da er zudem das Bewußtsein-für-sich als völlig unvermögend ("perfectly impotent")[33] ansieht. Die vorab geäußerte Vermutung, das Selbstbewußtsein - laut dem Peirce'schen Verständnis - sei "Wille zur Forschung" und "Antrieb" derselben, betrachte ich als die einzige - ihm möglich scheinende - Klärungshilfe für den Begriffskomplex "Bewußtsein". Peirce dürfte infolgedessen mit J.Ch. Horn in jenem Punkt übereinstimmen: "Im individuellen Bewußtsein des Menschen allein ist die Einheit von 'Grund' und 'Existenz', von 'Finsternis' und 'Licht' so vermittelt, daß ihre realen und idealen Unterschiede gewußt werden können. Der Mensch ist mit dem Absoluten dadurch verbunden, daß beide Prinzipien in ihm sind, er ist aber vom Absoluten dadurch geschieden, daß er als existierendes Bewußtsein die Möglichkeit der endlichen Trennung nicht nur ist, sondern diese auch allen Ernstes hat."[34]

Nach vorherigem Exkurs darf die Quintessenz der Reflexionen von Peirce präsentiert werden: "The point here insisted on is not this or that logical solution of the difficulty, but merely that cognition arises by a process of beginning, as any other change comes to pass" ("Der Punkt, auf den ich hier bestehe, ist nicht diese oder jene logische Lösung der Schwierigkeit, sondern allein der, daß der Anfang der Erkenntnis ein Prozeß des Beginnens ist, der wie jede andere Veränderung zustande kommt").[35]

Der, nie eruierbare, Anfang der menschlichen Erkenntnis rückt mit seiner Auflösung in einen Prozeß des Beginnens die latenthineininterpretierte, uralte, wiewohl immerfort neu gestellte, Frage der griechischen Philosophie in Form des Heraklit'schen Ausspruchs - "alle Dinge fließen" - in das horizontlose Blickfeld universal-kosmischen Seins und Werdens. Er läßt sowohl die vergeblich-mühevolle und/oder -lose Suche nach Beständigem, Bleibendem, Substanz, kurz S E I N, verhalten durchschimmern, als auch das permanente Fließen der Welt, die jeweils als einzig im Werden von in ihr Gewordenem zu begreifen ist. Eine derartig künstlich-dualistische Trennung vereinigt sich in dem Trost eines, aus interdependenten Wechselspielen zusammengesetzt zu denkenden, wenngleich freilich niemals in seiner Totalität erkennbaren, Komplexes, der gerade durch seine von uns mitzudenkenden Brüche wie Nahtstellen fortgesetzt die Erinnerung an und zugleich das Bewußtsein um Unvollkommenheit eindrucksvoll-unauslöschbar wachhält. Der implizierte Prozeß des Werdens in der Welt gewährt uns Menschen eine "Art von Freiheit", die i s t und die wir nicht schon h a b e n , um Realität in unbedeutenden Bruchteilen mitzuverwirklichen. Gerade jene scheinbare Unbedeutendheit hat für uns alle eine nicht hoch genug einzuschätzende Bedeutung, denn kraft unserer Kreativität[36], die von keinem Einzelwesen losgelöst gedacht werden kann, vermag die bis dahin bloße Möglichkeit der Existenz einer Realität in tatsächliche Realität für das jeweilige Individuum umgewandelt zu werden. Diesbezüglich deutet Peirce selbst in künftigen Lebensjahren mit seinem intellektuellen Zeigefinger auf ein derartiges Verständnis der Realität unter bewußtem Einbezug des Evolutionsgedankens: "... Realität ist ganz und gar dynamisch, ... Sie besteht in Eindringlichkeit (<u>forcefullness</u>)."[37] Und: "Es gibt eine Reihenfolge von Realitäten höherer und höherer Ordung, jede eine Verallgemeinerung der letzteren, und jede die Grenze einer Realität nächst höherer Ordnung, ..."[38] Die Möglichkeit des Werdens in der Welt bedeutet e i n e Chance zur permanenten Konkretisierung des Vielen und eröffnet im gleichen Zug den, für uns endlosen, allerdings fruchtbringenden, Weg zur Erschließung des Mannigfaltigen, - eine Virtualität, die basiert auf dem Da-sein unserer Erkenntnis als einem Prozeß des Beginnens.

Leider nur indirekt beantwortet Peirce in der behandelten Phase seines Werkes das Verhältnis zwischen intuitiver Erkenntnis und dem damit verbundenen Problem des Gewißheitsanspruchs ebendieser Kognition.[39] Besehen aus dem Lichte der "theory of inquiry" würde er ihr vermutlich den Rang einer Methode der Autorität[40] zuerkennen und die Gewißheitsfrage als noch nicht stellbar auf später verschieben.

Aus dem Dreiecksbeispiel folgt freilich implizite eine zentrale Schwierigkeit, die eine eingehende Beleuchtung verlangt: Wie vereinbart sich die Annahme einer zeitlich-regressiv-unendlichen Vermitteltheit jeder Erkenntnis durch Schlüsse, aufgrund vorheriger Erkenntnisse, mit der Schlußfolgerung, die Erkenntnis sei Prozeß des Beginnens in Zeit?[41] Deutet dieser vermeintliche Widerspruch nicht unumgänglich auf einen Zeitpunkt des Erkennens hin, der jenseits menschlicher Überlieferung sowie Erinnerung liegt? Offenbar stellen sich vorgenannte Fragen mit Blickrichtung auf den Begriff "Kontinuum", welcher - generell gesagt - der Kennzeichnung eines Ganzen dient, das sich über mögliche Einschnitte und Grenzen hinweg, die wir an ihm anbringen können, als Eines erhält. Der Philosoph Peirce, dessen Denken eng verzahnt mit Mathematik und Naturwissenschaft von mir - wie von vielen anderen - gesehen wird, gibt dem Begriff "Kontinuum" noch eine andere Wende: "Ein Kontinuum ist etwas, dessen Bestimmungsmöglichkeiten keine Vielheit von Individuen ausschöpfen kann."[42] Und: "... ein Kontinuum enthält, wo es fortlaufend und ununterbrochen ist, keine bestimmten Teile; d.h., Teile werden im Akt des Definierens erschaffen und deren genaue Definitionen unterbrechen die Kontinuität."[43] Es beinhaltet keine - wie vermutet werden könnte - der Welt vorausgehende Tatsache, denn das Kontinuum ist die "erste Bestimmung" realer Potentialität von Ordnung, die dem allgemeinen Charakter der Welt entspringt und ihrem vergangenen, gegenwärtigen und zukünftigen Ganzen unterliegt. Die Wesensmerkmale des Kontinuums, unbegrenzte Teilbarkeit[44] als auch grenzenlose Ausdehnung, bilden den Grund für die Denkbarkeit eines Komplexes von mannigfaltig-verwandten, unendlich-vielen Relationen. Deren Überlappen schafft neue gemeinsame Teile wie einander berührende Linien.

Dem Kontinuum korrespondiert die Kontinuität ("Now the doctrine of continuity is that all things so swim in continua"; 1.171, 1897) als Bedingung zur Möglichkeit des Fließens in der Welt. Peirce bedenkt nicht nur - wie oben erhellt - die Kant'sche Feststellung, "die Eigenschaft der Größen, nach welcher an ihnen kein Teil der kleinstmögliche (kein Teil einfach) ist, heißt die Kontinuität derselben"[45]; er trägt auch den evolutionären Aspekt des Werdens der Dinge in die quanta continua - Raum und Zeit, "deren Kontinuität man besonders durch den Ausdruck des Fließens (Verfließens) zu bezeichnen pflegt"[46] - hinein. Kontinuität versetzt das Werden in die Lage, daß in einem Werden etwas wird und erlaubt, wegen der Durchzogenheit

von dem Kontinuum, die Akte des Werdens selbst in unendlich
viele wie kleine zu untergliedern. Das aus sich selbst und
mittels der Anderen gewordene und werdende Einzelwesen verur-
sacht eine Aufspaltung des Kontinuums - in dem es selbst als
"Teil" mit-existiert - ausschließlich durch die ihm permanent-
gegenwärtige, verfügbare Kontinuität. Desungeachtet beraubt es
sich selbst nicht seiner individualisierenden, individuell-ei-
genen Einheit. Der Erkenntnis des Einzelwesens, durchwirkt von
Kontinuum und Kontinuität, liegen jedoch die rein a-priorischen
Formen der Anschauung, Raum und Zeit[47], zugrunde. Jene quanta
continua durchbrechen mittels ihrer jeweilig-erkennbaren Spe-
zifika[48] überhaupt erst die abstrakte Potentialität des Kontinuums für die reale Welt. Zu Hilfe kommen ihnen dabei ihre
sich gegeneinander abgrenzenden, zugleich aber auch verbinden-
den Eigenschaften. Das Sosein ihrer verschiedenartigen Grenzen ist von der Welt abgeleitet und nicht in jeder Hinsicht
"rein" im Kant'schen Verständnis des Wortes. Der Grund: Im Zuge des Sprechen- bzw. Schreibenkönnens begreifen wir erst ihre
nicht selbstverständliche Unterscheidbarkeit. Die mögliche
Differenzierbarkeit in "Raum" und "Zeit" erweist sie umgekehrt
als lediglich zwei Kontinua von vielleicht unendlich vielen, -
eingebettet in d a s Kontinuum Welt.

Die Lehre[49] von der Kontinuität, daß a l l e Dinge in Kontinua
"schwimmen", verhilft noch nicht zu einer lückenlosen Erläuterung des hochbedeutsamen Problems, das Descartes zu Beginn der
ersten Meditation dem Weg zur Lösung hin näher gebracht zu haben erachtete: "... daß ich jetzt hier bin, daß ich, mit meinem
Winterrock angetan, am Kamin sitze, ..."[50]. Jedesmal, wenn er
ausspricht "ich bin, ich existiere"[51], hat sich die wirkliche
Begebenheit, welche sich im Ego präsentiert, verändert; das
"Er" - Descartes -, welches den beiden "Egos" gemeinsam ist,
wäre ein zeitloser "Gegenstand" oder der Zusammenhang von aufeinanderfolgenden Ereignissen. Sicherlich bietet einen Ausgangspunkt für menschliche Erkenntnis das Dabeisein, das eng
verbunden mit der unmittelbaren Erfahrung, in Begleitung mit
der Sinneswahrnehmung von der "gleichzeitigen" Welt, ist. Die
sich permanent vergegenwärtigende Unmittelbarkeit vermöge Kontinuität umschifft die wahre Problematik, die Zenon in seinem
Paradoxon vom "fliegenden Pfeil" zu erahnen schien: Wie erhält

sich das Ding aufgrund der Dauer des Zeitverlaufs für unser Wahrnehmungsvermögen "unverändert"?[52] Zur Veranschaulichung reicht es, sich ebenfalls das Zenon'sche Beispiel des Wettlauf des Achilles mit der Schildkröte[53] ins Gedächtnis zu rufen, wobei es hier nicht auf Zenon's falsche Beurteilung der Tatsache ankommt, daß die nur mathematisch unendliche Teilbarkeit einer Strecke oder einer Zeitlänge nichts gegen deren konkrete Endlichkeit besagt. Infolge der gedanklichen Zergliederung einer Strecke in eine Anzahl unendlich vieler unausgedehnter Punkte fallen entweder zwei nebeneinanderliegende unausgedehnte Punkte vollends zusammen oder bilden, da absolut getrennt, eine Lücke zwischen beiden. Eine Verbindung (die im ersten Fall nicht mehr nötig ist) dieser unausgedehnten Punkte erweist das Herstellen der ganzen Strecke im Nachhinein als unmöglich. Auf ihr bewegt sich obendrein noch ein "Ding", dessen Erhalt im Durchlauf der Strecke bereits nach dem "ersten" Punkt nicht mehr gewährleistet sein würde, zumal die aufeinanderfolgenden unausgedehnten Punkte nicht einmal den individuellen Charakter des "Dings" weiterzuvermitteln in der Lage waren.

Die Schlußfolgerung für unsere eingangs gestellte Frage nach der etwaigen Unvereinbarkeit der Annahme, eine Erkenntnis als Prozeß des Beginnens in Zeit auf einen Zeitpunkt reduzieren zu können, lautet daher: Die Erkenntnis vermag ausschließlich als Akt des Werdens fortzuschreiten, da auch ein "erster" Zeitpunkt ihre kontinuierliche Vermittlung und Fortdauer nicht gestattete.
Darin hinkt das Dreiecksbeispiel von Peirce infolge seiner Fiktion, die besagt, daß das Dreieck zu einem von uns f r e i gewählten Zeitpunkt in die Wasseroberfläche eingetaucht werden könnte. Dementgegen befinden wir alle uns in dem Zustand des teilweise eingetauchten Dreiecks, ohne aus ihm kraft Beispiel herauszuschlüpfen imstande zu sein. Ein Ende der Erkenntnis[54], im Sinne eines definit-angehaltenen Erkenntnisstandes, wäre lediglich dem zeitlich-endlichen Individuum mitgegeben, denn Kontinuum wie Kontinuität involvieren stets eine, einzig für das raum-zeitliche, organische Wesen begrenzte, zukünftige Offenheit.

Alle diese Ausführungen verstehen sich in Erinnerung an die treffende Bemerkung von N. Hartmann: "Es gibt eben nur e i n e

Realität, nämlich die der einen realen Welt, in der wir leben und sterben, in der wir handeln, hoffen, fürchten, leiden, erfahren, ertragen - und erkennen."[55] Dergestalt begreift Peirce Kontinuität als ein unerläßliches Element[56] der Realität.

Das Peirce'sche Dreieck vermittelt aufgrund seiner In-sich-Geschlossenheit und exakten Abgegrenztheit zum Um-es-herum-sich-Befindlichen (dem Wasser) den Eindruck, bei seinem vollem Ein-, ja Untertauchen (in das Wasser) würde kein nachfolgendes "Objekt" für Erkenntnis zur Verfügung stehen, das erkannt werden könnte; denn es wäre selbst in der Fülle seiner Mannigfaltigkeit erfaßt, da auch die Grundlinie des Dreiecks, als Stellvertreter für Lebhaftigkeit und Extension der Erkenntnis, vom Bewußtsein (Wasser) völlig umschlossen sein würde. Wie bei allen derartigen Beispielen ist allerdings ihre zwangsläufige Konstruiertheit mitzubedenken, um schwierig zu "verbalisierende" Überlegungen anschaulich und einfach darzustellen; oft ergeben sich aus dieser Problematik heraus neue Unklarheiten.

Trotzdem ist aus dem Dreiecksbeispiel eindeutig "herauszulesen": Peirce bezweifelt nicht, daß unendlich viele Objekte gleichzeitig unser Bewußtsein in verschiedenartiger Intensität[57] affizieren bzw. affizieren werden und behauptet: "Over against any cognition, there is an unknown but knowable reality; ... . In short, <u>cognizability</u> (in its widest sense) and <u>being</u> are not merely metaphysically the same, but are synonymous terms" ["Über jede Erkenntnis hinaus gibt es eine unbekannte, aber erkennbare Realität; ... . Kurz, <u>Erkennbarkeit</u> (im weitesten Sinne) und <u>Sein</u> sind nicht bloß metaphysisch dasselbe, sondern sind synonyme Begriffe"].[58] Die mit der Eigenschaft der Wahrscheinlichkeit versehene mögliche, nicht notwendige, Erkenntnis faßt in sich den Terminus "Erkennbarkeit" ("cognizability"), der mit dem Begriff "Realität" ("reality") verbunden ist, um die Intention der Relativität des menschlichen Erkenntnisvermögens zum Ausdruck zu bringen; "wenn der Mensch das Maß aller Dinge ist, wie Protagoras sagte, dann gibt es keine vollkommene Realität; aber Sein (being)[59] gibt es sicherlich auch dann"[60].

Auf welche Weise ist es jedoch dem Erkenntnisobjekt als dem das Kontinuum Durchdauernden möglich, uns nicht "lediglich" Erkenntnis, sondern eine <u>bestimmte</u> Erkenntnis von sich zu liefern?

2.2. Das zentrale Moment der Mediation - demonstrabel anhand der Semiotik

> "Gedanken ohne Inhalt sind leer, Anschauungen ohne Begriffe sind blind." (1)

In dem bereits angesprochenen Artikel "Fragen hinsichtlich gewisser Vermögen, die man für den Menschen in Anspruch nimmt" stellt Peirce, für den als Naturwissenschaftler, Logiker und Mathematiker die Beweise der Metaphysiker alle "Mondschein" sind[2], die ebenfalls zentrale Frage Nr. 5: "Ob wir ohne Zeichen denken können?"[3] Ihre Beantwortung gewährt uns erste Einblicke in die philosophische Dimension der von ihm begründeten, modernen Semiotik, einem Gebiet, mit dem er sich nach eigener Aussage vom 28.12. 1908 seit 1863 intensiv beschäftigte.[4]

Gemäß dem Dreiecksbeispiel, das zur Demonstration der Unmöglichkeit intuitiver Erkenntnis herangezogen wurde, vertritt er die These: Jeder Gedanke müsse ein Zeichen sein, das sich an einen anderen wendet und ihn bestimmt. Folglich vollzieht sich Denken wie Erkenntnis in Zeit[5] und existiert einzig aufgrund der Gegebenheit, daß es als Denken, da in Zeichen verlaufend, von uns erkannt werden kann. In diesem Zusammenhang legt Peirce ausdrücklich Wert auf die Feststellung, seine oben genannte Frage beziehe sich nicht auf die, in den Zeichen mitvermittelten, "Tatsachen (facts), sondern betrifft lediglich die Deutlichkeit (Herv. v. mir) des Denkens"[6].

Welcher philosophiegeschichtliche Hintergrund gestattet Ch.S. Peirce überhaupt, einen derartigen Denkansatz zu entwickeln? Der Beantwortung dieser Frage dient der nachstehende Abriß, der die Geschichte der Semiotik skizziert, um philosophische Zusammenhänge für die vorliegende Thematik transparenter werden zu lassen.

Bereits bei den Vorsokratikern, wie z.B. **Heraklit** (ca. 544-483 v.Chr.), finden sich eindeutige Hinweise für intensive, semiotische Studien, die die dreigliedrige Einheit des "Zeichens" - Wesensbestimmung des Gegenstandes, des Wortes und des Menschen - betonen. **Platon** (427-347 v.Chr.) macht in den Dialogen "Kratylos" und "Sophistes" einen Unterschied zwischen 1. dem

Zeichen (semeion), 2. der Bedeutung (semainómenon), 3. dem Objekt (pragma), eine Unterscheidung, die Ch.S. Peirce im 19. Jh. erneut aufnimmt. Die Begriffe "Zeichenlehre", "Zeichentheorie" bzw. "Zeichenkunst" (semeiotikē), "Zeichenbeobachter" (semeiotikos) und "Zeichen" (sema od. semeion) erhalten spätestens seit **Aristoteles** (384-322 v.Chr.) ihren wesenseigenen Bekanntheitsgrad. **Augustinus** (354-430) dehnt als erster das bis dahin verbale, sprachliche Zeichen auf Gebärden, Klang der Stimme, Bewegung der Glieder usw. aus. Die englische Philosophie verwendet den Begriff "Semiotik" seit **John Locke** (1623-1704) wieder, der im dritten Buch seines Werkes "An Essay concerning Human Understanding" Wörter als Zeichen analysiert, welche unsere Erkenntnisse festhalten und weitergeben. Er knüpft damit an **Th. Hobbes** (1588-1679) an, der ein Zeichen im Zuge seiner "more geometrico" als "ein Ereignis, das dem folgenden vorausgeht ..."[7], bestimmt. **I. Kant** (1724-1804) schließt aus der Möglichkeit der Anwendung "reiner Verstandesbegriffe" auf "Erscheinungen" (der Gegenstände): "Nun ist klar, daß es ein Drittes (Herv. v. mir) geben müsse, was einerseits mit der Kategorie, andererseits mit der Erscheinung in Gleichartigkeit stehen muß, und die Anwendung der ersteren auf die letzte möglich macht. Diese vermittelnde Vorstellung muß rein (ohne alles Empirische) und doch einerseits intellektuell, andererseits sinnlich sein. Eine solche ist das transzendentale Schema"[8]. "... Also sind die Schemata der reinen Verstandesbegriffe die wahren und einzigen Bedingungen, diesen eine Beziehung auf Objekte, mithin Bedeutung zu verschaffen, und die Kategorien sind daher am Ende von keinem anderen, als einem möglichen empirischen Gebrauche, ..."[9]. Diese beiden Kant-Zitate verweisen schlaglichtartig auf ein, **Ch.S. Peirce** inspirierendes, Moment für seine triadische Zeichenrelation. Infolgedessen greift Peirce ab 1867, neben **Bolzano**'s "Wissenschaftslehre" (1837), den semiotischen Problemkomplex abermals auf und gilt heute als der bedeutendste Begründer der neuzeitlichen Zeichentheorie. Erst in den sechziger Jahren des 20. Jh. gelang der sogn. "Stuttgarter Schule" (**E. Walther, M. Bense**) die systematische Erarbeitung der von ihr so benannten "Basistheorie" von Peirce sowie deren bedeutsame Weiterentwicklung.[10]

Als Resultat vorstehender Überlegungen darf folgende Defini-

tion des Begriffs "Zeichen" von Peirce gewertet werden, die die Funktion desselben für das Erkennenkönnen von Realität zum Vorschein bringt: "A sign, or representamen, is something which stands to somebody for something in some respect or capacity. It addresses somebody, that is, creates in the mind of that person an equivalent sign, or perhaps a more developed sign. That sign which it creates I call the interpretant of the first sign. The sign stands for something, its object. It stands for that object, not in all respects, but in reference to a sort of idea, which I have sometimes called the ground of the representamen" ("Ein Zeichen, oder Repräsentamen, ist etwas, das für jemanden in irgendeiner Hinsicht anstelle von etwas anderem steht. Es richtet sich auf jemanden, d.h. es schafft im Geist jener Person ein gleichwertiges Zeichen, oder vielleicht sogar ein entwickelteres. Dieses (vom Repräsentamen) erschaffene Zeichen nenne ich Interpretant des ersten Zeichens. Das Zeichen steht für etwas, sein Objekt. Es steht für dieses Objekt nicht in jeder Hinsicht, sondern in bezug auf eine bestimmte Idee, die ich manchmal den Grund des Repräsentamens genannt habe").[11]
Exakt verdeutlicht die Beschreibung von 1903 dessen dreigliedrigen Charakter: "A REPRESENTAMEN is a subject of a triadic relaton TO a second, called its OBJECT, FOR a third, called its INTERPRETANT, this triadic relation being such that the REPRESENTAMEN determines its interpretant to stand in the same triadic relation to the same object for some interpretant" (1.541).

Selbstverständlich verkörpert nichts ein Zeichen, das nicht eineindeutig als ein Zeichen interpretiert werden kann.[12] In Übereinstimmung mit dem später lebenden M. Heidegger[13] vermag das Zeichen bzw. dessen Struktur bei Peirce einen ontologischen Leitfaden hinsichtlich des **GRUNDES** des Repräsentamens, für den es steht, abzugeben und ermöglicht erst eine "Bedeutung" alles Seienden. Die wiederholt verbreitete Interpretation, Peirce sei ein Sprachphilosoph, würde jedoch die Zielrichtung seiner Semiotik einschneidend verändern. Sicherlich berücksichtigt er in hohem Maße den Zusammenhang von Mensch, Wort und entsprechendem Anwachsen des Informationsgehalts[14] in der menschlichen Kommunikationsgemeinschaft mit, welcher Sprache als Medium zur Verfügung steht. Er weiß auch, daß sich jegliche, nicht allein fundamentalphilosophische, Fragestellungen für uns Menschen am "Leitfaden der Sprache" entwickeln. Dies bedeutet nichts anderes, als daß Sprache eine Anzeigefunktion in Form von geäußerten Sätzen übernimmt, somit "Zeichen" für Denken überhaupt wie für sprachliche Aussagen von Gedanken, die in einem Individuum vorgehen, ist. Das, was sich schließlich aussprechen läßt, repräsentiert den sprachlich-vermittelbaren Ausdruck unseres Eindrucks der Dinge, die wir im Denken mittels Zeichen erfassen, insofern dieser Eindruck für uns eine Bedeutung hat. Kurz: Sprache ist Gedankenvermittlung. Z.B. drückt Franz Brentano ihren Zweck anschaulich aus: "... unseren philosophischen Phänomenen, unseren Vorstellungen, Urteilen, Gefühlen und Willensentschlüssen, Ausdruck zu geben."[15] Daher deuten jene verschiedenen Beziehungsweisen nicht nur die Gerichtetheit unseres Denkens auf "Etwas" an, sondern zeigen auf, daß derjenige, der denkt, immer "Etwas" denkt. Dieses "Etwas" darf freilich bei Peirce nicht als eindeutiger Begriff verstanden werden. Somit deckt sich sein Begriff des Zeichens auch nicht mit dem "Sprachzeichen" Karl Bühler's, welcher es in die drei Aufgabenbereiche, den des Symbols, des Symptoms und des Signals, untergliedert. Ein solches sprachphilosophisches Verständnis würde Peirce's Zeichen auf den Torso rein repräsentationstheoretischer, behaviouristischer oder konventionalistischer Funktionsmerkmale des Sprechakts, der Sprechsituation oder der kommunikativen Kompetenz verkürzen.

Nach solchen Überlegungen wird einsichtig, daß Peirce Interpreten, die in seinem Denken einen schlichten Parallelismus von Sprache und Denken sehen würden, eine unmißverständliche Absage erteilt. Eine wechselseitig-eindeutige Zuordnung, jedem Gedanken entspricht e i n Zeichen, darf schon infolgedessen nicht gedacht werden, weil unser bescheidener Wortvorrat gar nicht in der Lage wäre, der Mannigfaltigkeit der Zeichen Ausdruck zu verleihen. Wiederum verdeutlicht Brentano somit e i n Anliegen von Peirce: "In Wahrheit ist die Sprache infolge der Planlosigkeit und Unbeholfenheit ihrer Bildung und wegen der Vielheit der Absichten, denen sie dienen will, ein sehr unvollkommenes und unzuverlässiges Abbild der Gedanken und ihrer Zusammenhänge."[16]
Nirgends in der Geschichte der Philosophie umfaßt jedoch ein "Zeichen" die folgenden, typischen Bezüge: "Erstens ist es ein Zeichen in Relation <u>zu</u> einem Gedanken, der es interpretiert;

zweitens ist es ein Zeichen für ein Objekt, für das es jenem Gedanken gleichbedeutend steht, drittens ist es ein Zeichen in einer Hinsicht oder Qualität, die es mit seinem Objekt in Verbindung bringt."[17] Eingedenk jener unauflösbaren, nicht auf monadische oder dyadische Zeichenbeziehungen reduzierbaren, Einheit der triadischen Relation Zeichen-Objekt-Interpretant werden Menschen in die Lage versetzt, das Seiende nicht nur in ihrem bloßen So- und Dasein zu begreifen, sondern auch durch das Fähigsein zum Bewirken[18] qua Zeichen in Zukunft zu verändern. Jene Beziehung bildet das Bedingungsgefüge[19] für einen grundsätzlich-möglichen und kontinuierlichen Denkablauf zum Erkennenkönnen der Welt, wie sie sich "in" uns einzig durch unser aller "Tätigsein" vermittelt.

Die Semiotik von Peirce relativiert aufgrunddessen die Aussage eines R. Descartes, "daß nichts völlig (Herv. v. mir) in unserer Macht steht außer unseren Gedanken"[20]; infolge der Ablehnung dieser Bemerkung wird die Erklärbarkeit der Zeichenlehre, die sich in der Kategorienlehre[21] verankert, ins rechte Licht gerückt. Wir sind zwar zum denkenden Erfassen dessen, was ist, das unabhängig vom Erkenntnisakt so ist, wie es an-sich-ist, befähigt, erkennen umgekehrt freilich nichts Beliebiges, wie man sich Beliebiges denken oder vorstellen kann. Vielmehr denken wir kraft unserer bewußten Willenssteuerung des Gedankens etwas im Gedanken bereits Bestimmtes, das diesen unausweichlich mitbeeinflußt und ihm ein intentionales Verhältnis verleiht.

Bevor wir die oben erwähnten Überlegungen mittels einer Synopse weiterentwickeln, sei noch ein rascher Blick auf das dritte Korrelat der Triade, den Interpretanten, geworfen. Anhand verstreuter Bemerkungen von Peirce ergibt sich nachstehende Zusammenfassung: "Der Interpretant des Zeichens ist derjenige Bedeutungsbereich des Zeichens, der selbst aus Zeichen oder Erfahrungen oder Fühlungen besteht."[22]

Basierend auf der vorhergehenden, einführenden Erläuterung der allgemeinen Charakteristika der Semiotik von Peirce wird jetzt die Analyse des in Trichotomien aufgegliederten Zeichens in bezug zu den Kategorien sichtbar.

TAFEL 1

Kategorie	(A) Zeichen als Solche	(B) Zeichen in Beziehung zu ihrem Objekt	(C) Zeichen in Beziehung zu ihrem Interpretanten
1. First	Qualisign	Ikon	Rhema
2. Second	Sinsign	Index	Dicent
3. Third	Legisign	Symbol	Argument

Definitionen[23] der neun Glieder (Übers. v. mir):

(1A) "Qualisign ... ist eine Qualität, die ein Zeichen ist" (2.244; 1903).

(2A) "Sinsign ... ist ein tatsächlich existierendes Ding oder Ereignis, das ein Zeichen ist" (2.245).

(3A) "Legisign ... ist ein Gesetz, das ein Zeichen ist" (2.246).

(1B) "Ikon ... ist ein Zeichen, welches die Eigenschaft besitzen würde, seine Bedeutung wiederzugeben, selbst wenn sein Objekt nicht existierte" (2.304; undat.). Vgl. mit 2.247 (1903) und 5.73 (1903).

(2B) "Index ... ist ein Zeichen, das sofort die Eigenschaft, die es zu einem Zeichen macht, verlieren würde, wenn sein Objekt weggenommen würde, aber es würde diese Eigenschaft nicht verlieren, wenn es keinen Interpretanten gäbe" (ebd.). Vgl. mit 2.248 und 5.73.

(3B) "Symbol ... ist ein Zeichen, welches die Eigenschaft, die es dem Zeichen wiedergibt, verlieren würde, wenn es keinen Interpretanten gäbe" (ebd.). Vgl. mit 2.249 und 5.73.

(1C) "Rhema ... ist ein Zeichen, das, für seinen Interpretanten, ein Zeichen qualitativer Möglichkeit ist, ..." (2.250; 1903).

(2C) "Dicent ... ist ein Zeichen, das, für seinen Interpretanten, ein Zeichen tatsächlicher Existenz ist" (2.251).

(3C) "Argument ... ist ein Zeichen, das, für seinen Interpretanten, Zeichen eines Gesetzes ist" (2.252).

Die dreigliedrige Einteilung des Zeichens in Trichotomien erfährt ihre weitere Vervollständigung in **Zehn Zeichenklassen**, die an dieser Stelle mit Hilfe eines von Peirce gewählten Beispiels verdeutlicht werden:

TAFEL 2[24]

1) Qualisign – ein Gefühl von "Rot"
2) Iconic Sinsign – ein Einzeldiagramm
3) Rhematic Indexical Sinsign – ein spontaner Schrei
4) Dicent Sinsign – eine Wetterfahne
5) Iconic Legisign – ein Diagramm, abgesehen von seiner tatsächlichen Individualität

6) Rhematic Indexical Legisign — ein Demonstrativpronomen
7) Dicent Indexical Legisign — ein Schrei auf der Straße
8) Rhematic Symbol — ein Gattungsname
9) Dicent Symbol — ein gewöhnlicher (Lehr-) Satz
10) Argument

Zur Illustration der Verbindungen der zehn Haupteinteilungen der Zeichen beschreibt das Inklusionsstufenmodell von E. Walther die Interdependenz der zehn Trichotomien auf ihrer jeweiligen Inklusionsstufe bzw. deren Inklusionsbeziehung zur nächst höheren oder niederen Entwicklungsphase. Die zehnte Stufe, Instinkt-Erfahrung-Gesetz, repräsentiert dementsprechend die höchste Trichotomie, die alle anderen umfaßt.

SCHEMA [25]

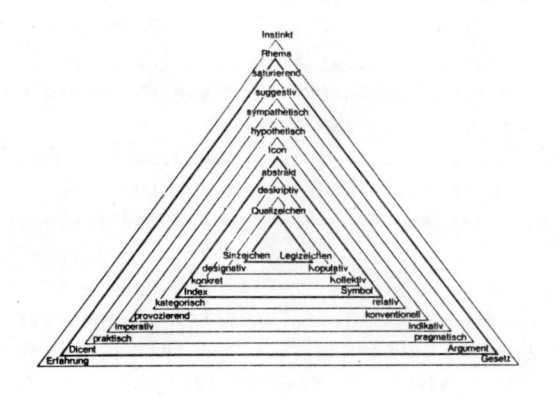

Peirce selbst faßte den Ausbau der zehn Hauptzeichenklassen auf insgesamt 66 Zeichenklassen[26] ins Auge, erkannte freilich beizeiten die Unbewältigbarkeit einer derartigen Zielsetzung für einen Einzelnen: "Ich sage nicht, daß diese Einteilungen genug sind. Aber da jede von ihnen herauskehrt, daß sie eine Trichotomie ist, folgt, daß ich 3^{10}, oder 59049, schwierige Fragen sorgsam bedenken muß, um zu entscheiden, welche Klassen von Zeichen sich aus ihnen ergeben."[27] Das Neuland, welches sich Peirce betreten sah, empfand er jedoch selbstkritisch so wild und unwirtlich, als daß er als Hinterwäldler ("backwoodsman")

noch mehr Licht in die Erschließung der Semiotik hätte bringen können.[28] Zumindest veranlaßte ihn seine profunde Beschäftigung mit Logik und Semiotik, Philosophie in Gestalt eines Dualismus aufzufassen: "Es gibt zwei große Bereiche der Philosophie, Logik, oder die Philosophie des Denkens, und Metaphysik, oder die Philosophie des Seins."[29]
Verrennt sich Peirce nicht in eine Sackgasse mit seiner übersteigerten Absicht bezüglich der "wissenschaftlichen" Schematisierung und Definition des Zeichens?
Ein Zeichen vermittelt in der Triade den Zeichengrund von etwas für jemanden, den Interpretanten, den andere Individuen selbst nur als Zeichen[30] mit Hilfe von Zeichen denkend erfassen. Wegen dieser Eigenschaft wird es wiederum vom Interpretanten in seinem spezifischen Gehalt mitbestimmt; einem Interpretanten, der zur Erkenntnis des Objekts-an-sich "indirekt" die Befähigung der "kopernikanischen Wende" Kant's aufweist. Menschliches Denken, das sich - nach Peirce - ausschließlich in Zeichen abspielt, "verwendet" dabei allerdings Zeichen, die "allgemein" und "besondernd" zugleich sind. Nur so vermag der Interpretant das Besondere aus dem Allgemeinen herauszuschälen und den qualitativen Unterschied zwischen Besonderem und Allgemeinem, die beide in der Realität eingebettet sind, zu erkennen. Mittels deduzierter Zeichenklassen und der einleuchtenden These des "Denkens in Zeichen" allein läßt sich jedoch kein Zusammenhang, nur die Vermittlung, zwischen Ding-an-sich und Interpretant nachweisen, denn: Triadische Relationen repräsentieren Bezüge der Zeichen im Denken. Sie bedingen nicht den "G r u n d " des Zeichendenkens, das als Realität "durchdauerndes" Element deren Existenz belegt, - solange Menschen leben.

Die bewußte Aussage von Peirce - "das Objekt eines Zeichens ist ein Ding; dessen Bedeutung ist eine andere Sache"[31] - deutet auf das Wissen um die intersubjektiv-vermittelte Zeichenbedeutung wie deren störanfällige Abhängigkeit durch das Interpretationsverhalten der Einzelperson hin, die eben nicht kraft dem Interpretationszwang eines "naturgegebenen" Zeichens[32] einen permanenten Erkenntnisprozeß in Gang setzt. Warum zählt er demgemäß ein Symbol überhaupt zu seiner Triade, ein Symbol, dessen Bedeutung vollständig von den "Regeln" abhängt, die seine Anwendung bestimmen? Verhindert nicht die Relativität[33] des Interpretanten - wie z.B. die raum-zeitliche, individuell-um-

welteingebundene Position des Perzipienten/Rezipienten - einen allgemeingültigen, konsensunabhängigen Gebrauch des Symbols?[34]
Oder aus der entgegengesetzten Blickrichtung heraus gefragt: Verschiebt sich infolge des entfallenden Interpretationszwanges des Zeichens nicht die Struktur der Triade hin auf die Ebene der Kategorie des "Dritten"[35], die zwar alleinig zur Erkenntnis des "Ersten" vermittels des "Zweiten" befähigt, allerdings seinerseits nicht nötigt?
Unabhängig von der Gemeinschaft der Interpretanten (Menschen) gewinnt für Peirce kein Zeichen eine Bedeutung[36]. Indes bleibt es als potentiell Interpretierbares existent: "Es ist nicht notwendig, daß der Interpretant tatsächlich existieren sollte. Ein Sein in Zukunft (a being in futuro) wird genügen."[37] Die ausschließlich auf Zeichen aufbauenden Eigenschaften unseres Denkens bewerkstelligen nicht nur einen unendlich-wiederholbaren Erkenntnisprozeß über ein Objekt aus der Sphäre der Dinge-an-sich, sondern auch die kontinuierliche "Vererbung" abstrakter Informationen, ebenfalls Zeichen, welche die Wissensmächtigkeit über das Zeichenobjekt erhöhen und die "Verhaltens"-sicherheit im Denken stärken. Dem Menschen, der durch die Freiheit über sein eigenes Denkenwollen eher ein "vernünftelndes" als ein Vernunft-Wesen ist, steht es offen, sein "Erbgut" zu mehren, nur zu erhalten oder zu vergeuden. Jedenfalls verhilft uns die Peirce'sche Semiotik, das menschliche Denken transparenter werden zu lassen. Gleichfalls dient sie dazu, sie als e i n Instrument zur schrittweisen Annäherung an Realität zu benutzen, wenngleich wir als Seiende immer schon in ihr stehen.

Des weiteren markiert die These "alles Denken ist in Zeichen"[38] die "Grenze" der Zeichenlehre, die obendrein eine Theorie der Realität verkörpert, denn ein Denken ohne Zeichen wäre für Peirce ein Widerspruch in sich selbst. Also kann absolut Unerkennbares[39] nicht erkannt werden, da es keine Zeichen zu repräsentieren vermag, die ja alle Daten der äußeren und inneren Erfahrung sind. "Genau das war der Standpunkt von Peirce, der ihn in die Lage versetzte, die Semiotik 'the most general science' (Ms 318: Prag 15) zu nennen."[40] Indes vermitteln uns die ausgesprochenen bzw. niedergeschriebenen Wörter "absolut Unerkennbares" dadurch, daß sie ausgesagt werden, nicht die Platzhalterfunktion für etwas, das wir nie mittels Erkenntnis erlangen können?

Peirce sucht die Problematik wie folgt aufzuheben: "Nun ist die Bedeutung eines Ausdrucks der Begriff, den er vermittelt. Daher kann kein Ausdruck eine derartige Bedeutung haben. ... Wenn man sagt, das Unerkennbare sei ein Begriff, der aus dem Begriff <u>nicht</u> und <u>erkennbar</u> zusammengesetzt ist, so ist zu erwidern, daß <u>nicht</u> ein bloß synkategorematischer Ausdruck ist und für sich genommen kein Begriff."[41] Jedoch schlägt sich Peirce nicht mit den eigenen Waffen? Der etwaige Terminus "absolut Unerkennbares" selbst steht ja nicht total abgelöst von dem "infiniten" Denkprozeß; vielmehr wird er, trotz aller Bedenken, nicht aus ihm wegzudenken sein, ansonsten hätten wir ihn in gar keiner Form "inne". Jener Ausdruck, der, gegenwärtig - schon ist dies "gegenwärtig" vorbei - die Eigenschaft der Bedeutungslosigkeit in futuro in sich trägt, birgt in sich die Möglichkeit, etwas als "absolut Unerkennbares" zu behaupten, das die, eventual ewige, Aufgabe mit sich bringt, uns die Beweislast für die Sinnlosigkeit jener Aussage zu übertragen[42].

Im Gegensatz dazu darf Ch.S. Peirce freilich beigestimmt werden, daß "alles, was auch immer mit einem Terminus wie 'das Reale' gemeint ist, in gewissem Grad erkennbar und damit von der Natur einer Erkenntnis im objektiven Sinne jenes Terminus (ist)"[43]. Dementsprechend schreibt er am 12.10. 1904 an Lady Welby: "... der höchste Grad an Realität wird nur erreicht durch Zeichen"[44].

2.3. Der Universalienstreit als Katalysator für die Überlegungen Peirce's zum Begriff "reality"

> "Solange es den Streit zwischen Nominalismus und Realismus gibt, solange die Position, die man in dieser Frage vertritt, nicht durch einen Beweis als <u>unanfechtbar</u> bestimmt wird, sondern mehr oder weniger eine Sache der Neigung ist, wird jemand, der allmählich ein Gefühl für die tiefe Feindschaft zwischen den beiden Tendenzen bekommt, wenn er mannhaft genug ist, sich der einen oder anderen Seite zugesellen, und er kann beiden gleichzeitig ebensowenig dienen wie Gott und dem Mammon. Wenn die beiden Impulse in ihm neutralisiert sind, besteht das Ergebnis einfach darin, daß er ohne große geistige Triebkraft bleibt." (1)

Der Ausbau der Semiotik auf der Basis der Kategorienlehre fördert Ch.S. Peirce's wohlerwogene Entscheidung in dem Artikel "Einige Konsequenzen aus vier Unvermögen" (1868) bezüglich der Frage: "Gibt es reale Objekte?" Er verknüpft sie mit dem Universalienstreit der mittelalterlichen Philosophie, der durch die unversöhnliche Dichotomie Nominalismus-Realismus gekennzeichnet ist: "... in fact, a realist is simply one who knows no more recondite reality than that which is represented in a true representation" ("... in Wirklichkeit ist der Realist einfach jemand, der nicht mehr verborgene Realität kennt als die, welche in einer wahren Zeichenrepräsentation repräsentiert wird").[2]

Jahre-, ja jahrzehntelang wird von da an Ch.S. Peirce ein wahrhaft radikales (d.h. alles er- und umfassendes) Feuerwerk[3] gegen den Nominalismus mit dem Ziel abschießen, diesen Standpunkt in der Philosophie endgültig fallenzulassen[4]. 1903, in Reminiszenz auf das Jahr 1871, gesteht er ein: "Ich entschied mich für Realismus, (und) ich bin nie fähig gewesen, über jene Frage bezüglich Nominalismus und Realismus anders zu denken"[5]; zwischenzeitlich bezeichnet er sich ebenfalls des öfteren als einen scholastischen Realisten[6] ("scholastic realist").

Die Beziehungsfunktion zwischen einem Objekt und einem Interpretanten, die nicht allein vom Objekt in bezug auf den Interpretanten und der Relation Objekt-Interpretant, sondern auch vom Interpretanten selbst determiniert[7] wird, lehnt kategorisch eine prästabilisierende Ordnung[8] in der Welt ab. Ch.S. Peirce vollzieht, angedeutet in der Semiotik, bewußt Kant's Kopernikanische Wende[9] nach, verleiht ihr jedoch im Hinblick auf die Realitätsproblematik eine differente Gewichtung wie variierte inhaltliche Bestimmung: "In der Tat war das, was Kant seine Kopernikanische Wende nannte, genau der Übergang von der nominalistischen zur realistischen Weltansicht. Es war das Wesen seiner Philosophie, das reale Objekt als vom Verstand bestimmt zu betrachten. Das bedeutet nichts anderes, als jeden Begriff und jede Anschauung, die notwendig in die Erfahrung eines Objektes eingeht und nicht vorübergehend und zufällig ist, als objektiv gültig zu betrachten."[10] Welche maßgeblichen Konsequenzen leiten sich aufgrund einer derartigen Auffassung für ihn ab?

Peirce faßte Erkenntnis wegen des Zusammenhangs von Kontinuum-Kontinuität als Prozeß des Beginnens in Zeit auf und wies dem Menschen die Befähigung nach, eine unbekannte, jedoch erkennbare Realität respektive ein reales Objekt erkennen zu können, die bzw. das infolge seiner Beschaffenheit als Erstes (im Sinne der Kategorienlehre) unabhängig von den Gedanken der Menschen existiert: "The real is that which is not whatever we happen to think it, but is unaffected by what we may think of it" ("Real ist nicht, was wir zufällig denken, sondern das Reale ist unbeeinflußt von dem, was wir über es denken mögen").[11] Mit der Voraussetzung zum möglichen Erkennen alles Realen besitzen wir nicht das Vermögen, einen Begriff von etwas innezuhaben, da dieser keine Bedeutungsträgerfunktion für etwas hat. Das bedeutet, daß das Reale in der Wirksphäre der Realität zwar unabhängig davon ist, w i e es gedacht wird, nicht, d a ß es gedacht wird, denn Denken i s t ein konstitutiver Bestandteil der Realität. Eine weitere Schwierigkeit für meine Interpretation: Peirce unterscheidet nicht exakt "definitorisch" zwischen "real", "the real" und "reality". Das Reale wird lediglich als reales Objekt eines vermeintlich Ansichseienden im Gefüge der Realität begriffen, d.h. als Bezugsgrundlage für das reale Objekt und den zur fallibeln Erkennbarkeit befähigten Interpretanten.

Welche weiteren Bedingungen zur Möglichkeit des Erkennenkönnens von Realität versucht Peirce noch herauszuarbeiten?

"Und was meinen wir mit real? Es ist ein Begriff, den wir erstmals besitzen mußten, als wir entdeckten, daß es ein Nicht-Reales, eine Illusion gibt, d.h. als wir uns zum ersten Mal korrigierten. Nun ist die Unterscheidung, die allein aufgrund dieser Tatsache logisch gefordert wird, die Unterscheidung zwischen einem ens, das in bezug auf die privaten inneren Bestimmungen steht, auf die Negationen, die der Idiosynkrasie entspringen, und einem ens, so wie es auf lange Sicht (in the long run) bestehen würde. Das Reale ist also das, in dem schließlich früher oder später Informationen und schlußfolgerndes Denken resultieren würden und das daher unabhängig von meinen und deinen Einfällen ist. So zeigt eben der Ursprung des Begriffs der Realität, daß dieser Begriff wesentlich den Gedanken einer GEMEINSCHAFT einschließt, die ohne definitive Grenzen ist und das Vermögen zu einem definiten Wachstum der Erkenntnis besitzt."[12] Diese Darlegung seiner philosophischen Vorstellungen zur Realitätsproblematik gebiert die Idee der "unendlichen" Gemeinschaft aller Verstandeswesen, die "auf lange Sicht" das Reale mittels der Existenz der Realität durch die Idee der "letzten Meinung" bzw. der "idealen Vollkommenheit des Wissens"[13] in Zukunft erreichen könnten: "... die letzte Meinung ... wird betreffs irgendeiner gegebenen Frage, wie wir hoffen, wirklich erreicht (wenn auch in keiner endlichen Zeit hinsichtlich aller Fragen)."[14]

Jedoch darf die Aufmerksamkeit des Lesers noch nicht von der erwähnten Passage in 5.311 abgelenkt werden, denn sie involviert zwei verschiedene Kriterien der Realität: Das Erste besagt die menschliche Erkennbarkeit des "ganzen" Realen in der "letzten" Übereinstimmung aller Denkenden; das Zweite demonstriert die Unabhängigkeit des Realen von den jeweiligen Einfällen bzw. dem Denken eines Einzelnen oder einer zahlenmäßig begrenzten Gruppe, die nie den allumfassenden Begriff der "Gemeinschaft" repräsentieren wird.

Aus dem eingangs diskutierten "Dreiecksbeispiel" leitet sich das zeitliche Getrenntsein der Gedanken ab, die keine Existenz außer im Verstande haben und als Ereignisse, geistige Akte, alleinig in diesem zusammengebracht werden; hieraus resultiert eine Ähnlichkeit, keine Identität, z.B. zwischen zwei Gedanken in bezug auf das Denkenkönnen eines realen Objekts. Die Unmöglichkeit der Vermittlung eines immer gleichbleibenden Objekts im kontinuierlichen Gedankenablauf vereitelt die Auseinandersetzung eines Einzelnen wie endlich Vieler mit einem für alle identischen realen Objekt. Infolgedessen beleuchten eine Unzahl von Verstandeswesen aus ihren verschiedenartigen "Denk"- (statt Blick-) winkeln heraus ausschließlich ein gleiches Objekt, dessen Mannigfaltigkeit einzig mit Hilfe der schrittweisen Annäherung der "unendlichen" G e m e i n s c h a f t zur Einheit e i n e s realen Objekts verschmolzen werden w ü r d e . An der Nahtstelle des individuell-vermittelbaren Denkprozesses und dem in Vielartigkeit sich widerspiegeln-könnenden Realen entspringt somit die Provenienz des Peirce'schen Begriffs "community".[15]

Abgesehen von der hier aufgeworfenen Problematik des Spannungsbogens Nominalismus-Realismus erstrecken sich für Ch.S. Peirce dessen Verästelungen über unser ganzes Leben: "Die Frage, ob das genus homo nur in der Form von Individuen existiert, ist die Frage, ob es irgend etwas von höherer Würde, Wert und Bedeutung gibt als individuelles Glück, individuelle Bestrebungen und individuelles Leben. Ob die Menschen wirklich etwas gemeinsam haben, so daß die Gemeinschaft als Ziel an sich zu betrachten ist, und, wenn das der Fall ist, worin der relative Wert der beiden Faktoren besteht - dies ist die fundamentalste praktische Frage im Hinblick auf jede öffentliche Institution, deren Verfassung zu beeinflussen in unserer Macht steht."[16]

Die bisherige philosophische Formulierung des Realitätsproblems greift in ihrer Fragestellung, ob es außerhalb des Subjekts noch eine von ihm unabhängige, objektive Gegenstandswelt gibt, zu kurz; erst die ausschlaggebende Reflexion über die Frage, ob im Um-sich-wissenden-Sich-Wissen des Subjekts, als höchstentwickelter Wissens-stufe, alles Wissen-von-etwas bereits eingeschlossen ist, oder ob das Wissen-von-etwas durch Bedingungen außerhalb des Wissens mitbedingt respektive total bestimmt ist, macht den Kernpunkt der Analyse Peirce's in der "Theorie der Realität" sichtbar. Die vermeintlich unerkennbaren an- und fürsich-seienden Dinge deutet er als "ideal" gedachte, singuläre, erste Stimuli (siehe Dreiecksbeispiel) für den Erkenntnisprozeß, die als "Dinge-an-sich" als solche[17] nicht existieren, sondern einzig ein Hilfskonstrukt anstelle der "letzten Meinung" bzw. "idealen Vollkommenheit des Wissens" darstellen.

Einen irgendwann-in-Vergangenheit-gewesenen, nicht ohne Zeit geschehenden, Auslösevorgang für Erkenntnis verflechtet Peirce mit der "ideal"-zukünftigen "Grenze" der Erkenntnis über Reales, womit er dem organisch-vergänglichen, zeitverhafteten In-der-Welt-Sein des Menschen als Mitbedingung für das endliche Erkennenkönnen des Individuums vollends Rechnung trägt. In dieser "zeitlichen Begrenztheit" können wir jedoch durch unser Wollen immense qualitativ-quantitative Erkenntnisfortschritte erzielen.

Jene derart gestaltete "Theorie der Realität" setzt die Existenz des Realen unbezweifelbar voraus: "Wenn nämlich nichts Reales existiert, dann setzt jede Frage, da sie voraussetzt, daß etwas existiert - denn sie behauptet ihre eigene Dringlichkeit -, voraus, daß nur Illusionen existieren. Aber selbst die Existenz einer Illusion ist eine Realität, ..."[18]. So zeigt z.B. die Inanspruchnahme der Kopula "ist"[19] mit dem "sprachlichen Zeigefinger" auf die Bedeutung "ist real". Dies ist unumgänglich, selbst wenn eine solche Bedeutung von Skeptikern in Frage gestellt wird. Auch ihr möglicherweise entbrennender Streit mit anderen über die Kopula "ist" i s t ja für sie real. Kurz, Realität darf als das normale "Produkt" der geistigen Tätigkeit[20] betrachtet werden und nicht als deren unerkennbare Ursache. "Diese realistische Theorie ist also eine im hohen Grad praktische und dem gesunden Menschenverstand entsprechende Einstellung."[21]

Aus dem Blickwinkel der "Theorie der Realität" betrachtet Peirce nunmehr seine eigenen Unterscheidungsmerkmale zwischen Nominalismus und Realismus, die dem einseitig naturwissenschaftlich vorbelasteten, lebenslang rührigen Nominalismuskritiker Peirce auffielen:

1. **Nominalismus:** "This thing out of the mind, which directly influences sensation, and through sensation thought, because it *is* out of the mind, is independent of how we think it, and is, in short, the real" ("Dieses Etwas außerhalb des Verstandes, das direkt die Sinnesempfindung beeinflußt und durch die Sinnesempfindung das Denken, ist, weil es außerhalb des Verstandes *ist*, unabhängig davon, wie wir es denken, und ist, kurz, das Reale").[22]
2. **Realismus:** "The realist will hold that the very same objects which are immediately present in our minds in experience

really exist just as they are experienced out of the mind; that is, he will maintain a doctrine of immediate perception" ("Der Realist wird die Ansicht vertreten, daß genau dieselben Gegenstände, die bei der Erfahrung in unserem Verstande unmittelbar gegenwärtig sind, außerhalb des Verstandes wirklich genau so existieren, wie sie erfahren werden; d.h. er vertritt die Lehre von der unmittelbaren Wahrnehmung").[23]

Ch.S. Peirce verfolgt, angeleitet durch seine obige Kritik, beide Denkweisen in Ansehung der philosophischen Lehren von R. Descartes und G. Berkeley weiter und erweist sich als ein gelehriger Schüler Kant's bezüglich dessen "Kritik der reinen Vernunft"[24]. Er konzentriert sich dabei entgegen Kant vornehmlich auf die von ihm selbst besonders betonte Schlüsselfunktion des Außenweltkriteriums für Erkenntnis der Realität. Das cartesische letzte Erste, "Ich bin", mündet unvermeidlich, aufgrund der übersteigerten Fiktion einer Identität alles real "im Kopf" Vermeinten mit den Trugbildern seiner Träume, in einen methodischen Solipsismus, der die Gewißheit über die Außenwelt auf ein einziges, Descartes' eigenes, Bewußtsein reduziert. G. Berkeley's immaterialistischer Grundgedanke beruht auf der Annahme, daß allein das Sein der sinnlich wahrnehmbaren Dinge das Wahrgenommenwerden ("their esse is percipi"; § 3) mittels wahrnehmender, tätiger Wesen (z.B. "mein Ich"; § 2) i s t , "und es ist unmöglich, daß sie irgendeine Existenz außerhalb des Geistes oder der denkenden Wesen haben, von denen sie perzipiert werden"[25]. Die kontinuierliche Existenz der Dinge unterwirft er ohne Zaudern dem sie hervorbringenden Willen eines unendlichen Geistes[26], G o t t . Nach Kant "bleibt es immer ein Skandal der Philosophie und allgemeinen Menschenvernunft, das Dasein der Dinge außer uns (von denen wir doch den ganzen Stoff zu Erkenntnissen selbst für unseren inneren Sinn her haben) bloß auf G l a u b e n annehmen zu müssen, und, wenn es jemand einfällt es zu bezweifeln, ihm keinen genugtuenden Beweis entgegenstellen zu können"[27]. Sein auf dem Lehrsatz aufbauender Beweis zur Widerlegung des Idealismus lautet: "Das bloße, aber empirisch bestimmte, Bewußtsein meines eigenen Daseins beweist das Dasein der Gegenstände im Raum außer mir."[28] Diesen bezeichnet Peirce zwar nicht im Lichte des Verständnisses des späteren M. Heidegger's, "daß solche Beweise immer wieder erwartet und versucht werden"[29], als einen duplizierten Skandal, offenbart jedoch in kritischer Würdigung Kant's indirekt vollzogene, nicht explizite verbalisierte, Wende bezüglich seiner Lehre von den Dingen-an-sich: "Es ist in der Tat ein sehr klares und zentrales Element im Denken Kant's. ... Dieses dritte Moment besteht in der klaren Verneinung, daß metaphysische Begriffe sich nicht auf Dinge selbst anwenden lassen. Kant sagte das <u>nie</u>. Was er sagte, ist, daß diese Begriffe sich nicht über die Grenzen möglicher Erfahrung anwenden lassen. Aber wir haben eine <u>direkte Erfahrung von den Dingen selbst</u>."[30]

Den "künstlichen", zu analytischen Zwecken eingeführten, Dualismus Innen-Außenwelt verschränkt Peirce mit Hilfe seiner semiotischen Relationstriade: Das für-sich-seiende Innen des Bewußtseins (Interpretant), das sich stets kraft des parallelen im-Ersten(Objekt)-sein erhält, ist zugleich ein an-sich-seiendes Erstes, das als Außen für das Dasein des Innen zudem ein für-es-in-ihm-Seiendes ist.[31] Sofern der Philosoph nun noch in dem Gebrauch der althergebrachten Termini Subjekt-(Zeichen)-Objekt sprechen respektive schreiben darf, bleibt das Bewußtsein der Unabhängigkeit des Objekts vom Subjekt und umgekehrt ohne beiderseitige Isolierung bewahrt.

Aus seinem Standpunkt bezüglich des Nominalismus-Realismus-Streits und dessen dahinterstehendem Realitätsverständnis ergibt sich Peirce's Antwort auf die Frage "Sind Universalien real?"[32]. Der "Gemeinschafts"-Gedanke der "Theorie der Realität" fordert unumgänglich die Existenz von Allgemeinem[33]; sowohl aufgrund der Fallibilität unser aller Erkenntnisse wie denen eines Einzelnen, als auch, "weil allgemeine Begriffe in alle Urteile und damit in wahre Meinungen eingehen. Folglich ist ein Gegenstand im Allgemeinen genauso real wie im Konkreten"[34]. Begründet durch die eingangs dargestellte "Theorie der Kontinuität" wird die Verwirklichung einer absoluten Individualität sprich Singularität[35] abgelehnt, und das Universal als <u>ens rationis</u>, ähnlich wie bei Duns Scotus[36], wie folgt beispielhaft vergegenwärtigt: "Es ist vollkommen richtig, daß in allen weißen Dingen Weiße (whiteness) ist, denn das besagt nur, in anderer Redeweise ausgedrückt, daß alle weißen Dinge weiß sind. Aber da es wahr ist, daß reale Gegenstände Weiße besitzen, ist die Weiße etwas Reales. Sie ist zwar ein Reales, das nur kraft eines Akts des Denkens, das es erkennt, existiert, aber dieser Gedanke ist nicht ein willkürlicher oder zufälliger, der auf irgendwelchen Idiosynkrasien beruht, sondern ein Gedanke, der in der endgültigen Meinung bestehen wird."[37]

M. Scheler's breitgefächerte Pragmatismusanalyse und -kritik irrt zumindest in jenem gerade erhellten Punkt fundamental, sicherlich mitbedingt durch seine Unterteilung in die Arten des Wissens[38] sowie der offenkundigen Unkenntnis der Schriften von Ch.S. Peirce, wenn er "bewiesen" zu haben glaubt: "Die pragmatistische Lehre vom Denken stellt ja auch nur eine besondere Abart des strengen Nominalismus dar."[39]

Die Andeutung von Peirce, Pragmatismus und Realismus bedingen sich gegenseitig[40], wird in dem wiederholt zitierten Artikel "Fraser's Ausgabe der Werke von George Berkeley" (1871) unmißverständlich herauslesbar[41]. Sie gewinnt der Erläuterung seiner Version des Universalienrealismus eine unvorhergesehene Pointe bezüglich der später zentralen Pragmatischen Maxime ab. Vorab benötigen wir freilich noch eine eingehende Beschäftigung mit den Konsequenzen des Prinzips des Schlußfolgerns, um gezielt die pragmatische Lehre und die mit ihr verknüpfte Realitätsbetrachtung umgreifen zu können.

2.4. Denklogik (Induktion, Deduktion, Abduktion) im unabdingbaren Zusammenhang mit dem Prinzip "Hoffnung": Resultat des evolutionären Werdens der Welt

> "Die Philosophie ist keine der Naturwissenschaften.
> (Das Wort 'Philosophie' muß etwas bedeuten, was über oder unter, aber nicht neben den Naturwissenschaften steht.)
> Der Zweck der Philosophie ist die logische Klärung der Gedanken.
> Die Philosophie ist keine Lehre, sondern eine Tätigkeit. Ein philosophisches Werk besteht wesentlich aus Erläuterungen.
> Das Resultat der Philosophie sind nicht 'philosophische Sätze', sondern das Klarwerden von Sätzen.
> Die Philosophie soll die Gedanken, die sonst, gleichsam, trübe und verschwommen sind, klar machen und scharf abgrenzen." (1)

Hätte ich Peirce's "innere Berufung" zum Zwecke einer knappen Charakterisierung seines Lebenswerks zu beschreiben, so würde wohl am ehesten sein Wirken in der Wissenschaft einem Peirce-Unkundigen mit dem einen, ihm selbst vermutlich angenehm "neutralen", Wort - Logiker - treffend vor Augen geführt. Es wird seiner "natürlichen" Aversion gegen eine Vereinnahmung in ideologiebehaftete Positionen gerecht und hebt seine Lieblingsbeschäftigung hervor, die in alle Gebiete seiner Forschungsvorhaben eingeht.

Was heißt nun aber "Logik" bei Peirce? Meine Frage richtet sich in dem vorliegenden Abschnitt auf die Beleuchtung seiner "Theorie der Logik" ("theory of logic"), die er als eine Weise der menschlichen Forschung[2] bezeichnet, und bei der er zwischen zwei divergierenden Bedeutungen unterscheidet. "Im engeren Sinn ist sie die Wissenschaft von den notwendigen Bedingungen zur Erreichung der Wahrheit[3]. Im weiteren Sinn ist sie die Wissenschaft von den notwendigen Regeln des Denkens, oder noch besser, sie ist (da Denken stets mit Hilfe von Zeichen stattfindet) allgemeine Semiotik, die nicht nur von Wahrheit handelt, sondern auch von den allgemeinen Bedingungen der Zeichen, die selbst Zeichen sind (welche Duns Scotus <u>grammatica speculativa</u> nannte); und außerdem ist sie die Wissenschaft von den Evolutionsgesetzen des Denkens, welche, um der Ausnutzung einer alten Verbindung von Begriffen willen, rhetorica speculativa genannt werden sollte, da sie mit dem Studium der notwendigen Bedingungen der Bedeutungsübermittlung durch Zeichen von Geist (mind) zu Geist und von einem Zustand des Geistes zu einem anderen, übereinstimmt; jedoch begnüge ich mich mit der ungenauen Benennung objektive Logik (objective logic), weil das die genaue Vorstellung ausdrückt, die Hegel's Logik ähnlich ist."[4]

Die detaillierten Traktate von Peirce zur formalen Logik nehmen aus der oben zitierten Zielorientierung heraus gesehen eine rein erläuternde Stellung in Verbindung mit anderen Problemen ein. Die Überlegungen Kant's erwiesen sich in dem eben angesprochenen Bezug für ihn, wie so häufig, als ein fruchtbringender Stimulus, indem Peirce es unternahm aufzuzeigen[5], daß die Kant'sche Behauptung[6] - die Reduktion[7] aller syllogistischer Schlußfiguren auf den Modus "Barbara" enthält kein anderes logisches Prinzip, das "Barbara" nicht schon in sich schließt - zu widerlegen sei.

Erinnern wir uns: Im Hinblick auf die Intuitionsfrage wurde Erkenntnis als Prozeß des Beginnens bestimmt, dem in der Peirce'schen Epistemologie der Terminus "inference" entspricht, was bedeutet, daß der Prozeßbegriff und der Folgerungsbegriff eine Wechselbeziehung in ihrem Entwicklungsgang offenbaren. Keiner der beiden Termini darf als der Erste gegenüber dem jeweils anderen verstanden werden, wobei die philosophische Vorstellung einer Gedankenabfolge-in-Zeit Pate steht für das menschliche Vermögen zur Beweisführung[8]. In Konsequenz jener real existierenden, geistig-formalen Befähigung, letztlich zum Schlußfolgern, müssen die Gesetze des Erkenntnisprozesses haarklein ermessen und nachvollzogen werden[9]; denn jeder Begriff kommt zuallererst in einem Urteil in den Verstand[10], der sich wiederum aus Folgerungen zusammensetzt[11], die wesentlicher Bestandteil eines Schlusses sind. "All valid reasoning, therefore, is of one general form; and in seeking to reduce all mental action to the formulae of valid inference, we seek to reduce it to one single type" ("Jede gültige Beweisführung ist daher von einer allgemeinen Form; und wenn wir versuchen, alle geistige Tätigkeit auf die Formeln gültigen Schlußfolgerns zurückzuführen, suchen wir sie auf einen einzigen Typus zurückzuführen").[12]
Bedingt durch die Fehlbarkeit[13] des Einzelnen ergibt sich zwar der "Inhalt" des Receptakulums "Bewußtsein" aus Schlußfolgerun-

gen, bedarf freilich gemäß der "Theorie der Realität" einer Gemeinschaft[14], um die Allgemeingültigkeit der Verstandesurteile jedes Einzelnen in der "letzten Meinung" der Gemeinschaft bestätigen zu lassen.

Welchen "Nutz"-effekt ziehen wir aus der Veranlagung der "Beweisführung" ("reasoning")[15], die uns Menschen zum Glück nicht ausschließlich das Denken im Sinne der kritischen Logik gestattet? Eine kritische Logik, deren Funktion in einer korrekten, formalen Beweisführung[16] besteht. Veranschaulicht anhand der semiotischen Relationstriade i s t Realität für den menschlichen Denkprozeß die willensabhängige Strukturierbarkeit der verallgemeinernden Zeichen kraft Logik, die allerdings in "unendlicher" Mannigfaltigkeit Besonderndes in sich bergen. Peirce berücksichtigt hierbei sehr wohl die psychologische Komponente des nicht-bewußten, aber real existenten Schließens vermöge des Bestandteils "Erstheit" in seiner Kategorienlehre. Oder in der traditionellen Begrifflichkeit formuliert, die die Problematik lediglich verkürzt trifft: Den Unterschied zwischen dem Begriff eines Dinges und dem Ding selbst zu machen, heißt, das Ding bloß von zwei verschiedenen Standorten aus in Augenschein zu nehmen, "denn der unmittelbare Gegenstand des Denkens in einem wahren Urteil ist die Realität"[17] dessen, wie das Ding außerhalb des Verstandes vermittels zeichengeleiteter, logischer Schlußfolgerungen existiert. Das "Ding" büßt infolge dieses epistemologischen Prozesses im "Gefäß" Verstand seine vermeintlich äußere Existenz kraft menschlicher Umgestaltung nicht ein.

Für Peirce resultiert entsprechend der zeichenlogisch-strukturierten Realität eine Theorie-Praxis-Verschränkung: Der Mensch "handelt" nach den Prämissen, von denen er bereits überzeugt ist, und wird auch unter günstigen Umständen nach den Konklusionen aus den besagten Prämissen "handeln"[18]. Einzig die untrennbare Beziehung Denken-Handeln, die Peirce nicht auf ein "organismusbeteiligtes" Sichbetätigen im soziologischen-politischen-ökonomischen-religiösen, vielleicht philosophischen, "Alltag" reduziert wissen will, befähigt den Menschen, ein wissenschaftlich-forschendes Wesen zu sein, das durch Handeln-aus-Denken, Handeln-in-Denken und Handeln-durch-Denken W e l t entdecken und umformen lernt. Eine derartige Auffassung läßt keineswegs die verschiedentlich geäußerte Ansicht zu, schlußfolgernde, zeichengeleitete Denkabläufe konstituierten Sinn; vielmehr versetzen sie uns erst in die Lage, mit Hilfe des Urteilsaktes eine Sinneröffnung der Realität zu ermöglichen. Die wenigen, einleitenden Sätze veranschaulichen sicherlich dem Leser die Peirce'sche Argumentation bezüglich einer Beweisführung, mit der sich wahre Aussagen, unter Berücksichtigung einer logischen Ableitung von Sätzen aus Sätzen, über Realität gewinnen lassen. Die Umformung von Aussagen in andere Aussagen als Bedingung der Synthesis stichhaltiger, nicht durch Deduktion analytisch richtiger, "Informationen" gewährleistet freilich aufgrund des Vermögens der Synthese erst, den qualitativ neuen Gehalt faktisch geltender Sätze zu erreichen. Eine Zurückversetzung des Menschen auf die Stufe der "Daseinsweise" eines "logischen Tieres", die Peirce gelegentlich selbst vorgeworfen wurde, ist von ihm jedoch nicht beabsichtigt. Diesbezügliche Bedenken wischt er einprägsam mit den nachfolgenden Bemerkungen beiseite, Bemerkungen, die ebenso aus dem Inklusionsstufenschema gemäß der Kategorien- und Zeichenlehre abzulesen sind: "Aber die Summe all dessen ist, daß unsere logisch kontrollierbaren Gedanken einen kleinen Teil des Geistes ausmachen, die bloße Blüte eines weiten Feldes, das wir den instinktiven Geist nennen mögen, mit Bezug auf den man nicht sagen wird, daß man glaubt (faith), weil das einschlösse, daß ein Mißtrauen denkbar sei, sondern auf dem man als eben der Tatsache aufbaut, im Hinblick auf die es das ganze Geschäft der Logik ist, wahr zu sein."[19] Dessenungeachtet gilt: "... es gibt drei Dinge, von denen wir niemals hoffen können, sie durch Beweisführung zu erreichen, nämlich, absolute Sicherheit (certainty), absolute Gewißheit (exactitude), absolute Allgemeinheit (universality)."[20]

Inspiriert vom Standpunkt der metaphysischen Deduktion Kant's - ich könnte Peirce unterstellen, er übersähe absichtlich das unabdingbare Pendant, die transzendentale Deduktion - vermutet er bereits in einem Fragment[21] aus dem Jahre 1865: Er dürfe alles Denken überhaupt auf Denken in (Lehr-)Sätzen zurückführen, deren Korrektheit wiederum von dem einwandfreien Gebrauch der Folgerungen aus ihnen abhängt. Das Denken in seiner Totalität, als Kette von "inferences" begriffen, repräsentiert bei dem, es möglicherweise gänzlich durchdringenden, Erkennensprozeß die vollständige, wechselweise Umkehrbarkeit zwischen dem Gedanken und seinem Objekt, welches Kant's Kopernikanische Wende dokumentiert. Infolgedessen füllen die Schlußverfahren Deduktion, Induktion, Hypothese, z.B. darstellbar mittels des Syllogismus[22], lediglich einen kleinen Bereich seiner Lehre zur logisch-formalen Analyse der kontinuierlichen Folgerungen-in-Zeit aus; sie verkörpern allerdings drei unterschiedliche Schlußarten, die einer einzigen Gattung angehören[23], und die die Wahrheit eines allgemeinen Prinzips des schlußfolgernden Verfahrens[24], aufgrund dessen sie gültig sind, beinhalten. Deshalb basiert u.a. jede Veränderung der Inhalte unseres Bewußtseins auf Schließen[25], wie auch unser privates Selbstbewußtsein das Resultat einer komplizierten Vielfalt von Schlüssen ist, das als für-sich-seiendes-Selbst alleinig im Wechselspiel und in "Ansehung" der Anderen durch Schlußfolgerungen zu existieren fähig ist. Somit wird von Peirce in der Logik die philosophische Vorstellung der "Gemeinschaft" aller Forschenden zur Erreichung der Bedeutung[26] eines "Dinges" in deren "letzten Meinung" gefördert, die infolge zeichengeleiteter Folgerungen verwirklicht werden kann.

Ch.S. Peirce teilt die drei oben angeführten Schlußarten in deduktive (oder analytische, explikatorische) - Deduktion - und synthetische (oder ampliative, erweiternde) - Induktion, Hypothese - ein[27]. Die Natur eines derartigen Schlusses verkörpert "die bewußte und kontrollierte Annahme eines Glaubens (belief) als eine Konsequenz aus anderem Wissen (knowledge)"[28].

Die menschliche Forschung benötigt daher als Möglichkeit für Denken schlechthin synthetische Schlüsse. Es ist jedoch das hochbedeutsame Faktum zu beachten, daß in ihnen allein nicht notwendigerweise die Konklusion aus den Prämissen folgt, weshalb der Erkenntnisfortschritt erst im Forschungsprozeß "auf lange Sicht" gewährleistet wird.

Deduktion hingegen verdankt kraft dem immanent-zwingend-zur-richtigen-Aussage-Führen ihren Vorzug der ihr innewohnenden Fähigkeit zur methodischen Zergliederung des jeweiligen Untersuchungsgegenstandes, welches freilich gerade keine innovierenden "Informationen" in die wissenschaftliche Erkenntnis einfließen läßt.

Kant erwies sich an dieser Stelle einmal mehr als Lehrmeister, obgleich Ch.S. Peirce sich eine essentiellere Frage beantwortet wissen haben möchte: "Nach Kant ist die zentrale Frage der Philosophie: 'Wie sind synthetische Urteile <u>a priori</u> möglich?'

Aber dem geht die andere Frage voraus, wie synthetische Urteile im allgemeinen, oder noch allgemeiner, wie synthetisches Denken (reasoning) überhaupt möglich ist. Wenn die Antwort auf das allgemeine Problem gewonnen ist, wird das besondere Problem verhältnismäßig einfach sein. Das ist das Schloß vor dem Eingang zur Philosophie."[29] Synthetische Urteile a priori sind nach Kant ausschließlich als Formulierung der Bedingung der Möglichkeit unserer Erfahrung möglich, während für Peirce der hypothetisch-fallibilistische Charakter aller Wissenschaft, und damit der Erkenntnis von Realem, auf der Gültigkeit synthetischer Urteile beruht. Diese müssen nicht mit Notwendigkeit wahr sein, um "Objektivität" für sich in Anspruch zu nehmen, sondern nach einer logischen Methode gewonnen werden, welche "auf lange Sicht" ihre Gültigkeit bewahrt.

Zur Verdeutlichung und Weiterführung dient das folgende Schema[30] von Peirce:

(1) **D e d u k t i o n**
Regel. - Alle Bohnen aus diesem Sack sind weiß.
Fall. - Diese Bohnen sind aus diesem Sack.
.˙. Resultat. - **D i e s e B o h n e n s i n d w e i ß .**

(2) **I n d u k t i o n**
Fall. - Diese Bohnen sind aus diesem Sack.
Resultat. - Diese Bohnen sind weiß.
.˙. Regel. - **A l l e B o h n e n a u s d i e s e m S a c k s i n d w e i ß .**

(3) **H y p o t h e s e**
Regel. - Alle Bohnen aus diesem Sack sind weiß.
Resultat. - Diese Bohnen sind weiß.
.˙. Fall. - **D i e s e B o h n e n s i n d a u s d i e s e m S a c k .**

zu 1: Deduktion (lat. deductio, gr. ἀπαγωγη) "ist nur die Anwendung allgemeiner Regeln auf besondere Fälle"[31], d.h. diese Art der Beweisführung beruht auf "Beobachtung", befaßt sich mit dem Ziehen logischer Konsequenzen aus einer oder einer Serie von Hypothesen und wird als "notwendig" charakterisiert, um die Tatsache der **u n a b ä n d e r b a r e n** Konklusion, die aus der Prämisse folgen muß, zu bezeichnen.

zu 2: Induktion[32] (lat. inductio, gr. ἐπαγωγή) ist "ein Schluß, der annimmt, daß das von einer ganzen Menge wahr ist, was von einer Anzahl von Beispielen wahr ist, die man ihr aufs Geratewohl entnommen hat"[33], d.h. eine Art der Reduktion des Mannigfaltigen zur Einheit. Jene Schlußform repräsentiert demzufolge eine Methode, welche durch zufälliges[34] Entnehmen von Proben ("sampling") w a h r s c h e i n l i c h e Konklusionen erreicht, und richtet solcherart ihre Vorgehensweise auf die Konsequenzen experimenteller Testverfahren respektive die "Vorbestimmung" besonderer "Charakterzüge", die wir a n n e h m e n. Die knapp gehaltenen obigen Aussagen mögen bereits genügen, um die enge Verwobenheit zwischen Induktion und Wahrscheinlichkeit in Peirce's Denken, die eine Auflösung der Beziehung beider unmöglich gestattet, ausreichend zu dokumentieren. "Wahrscheinlichkeit[35] bezieht sich auf die Frage, ob eine spezifizierte Art von Ereignis auftreten wird, wenn gewisse vorher bestimmte Bedingungen erfüllt sind; und es ist das Verhältnis der Anzahl der Fälle auf lange Sicht, in welchen schließlich dieses spezifizierte Ergebnis auf die Erfüllung jener Bedingungen folgen würde, zu der Gesamtsumme der Fälle, in welchen diese Bedingungen im Verlauf des Experiments[36] erfüllt wurden."[37] Aus der Existenz von "so etwas" wie Wahrscheinlichkeit ("probability") - nicht Notwendigkeit - resultiert die Bedingung für den Stoff des Wissens[38] überhaupt, da kraft der ermöglichten "experimentellen" Eingriffe in Welt dem Menschen das Tor zum "Erfahrung-machen" aufgestoßen wird, welches auf dem Fundament des Universalienrealismus den Geltungsanspruch der, in jeder Induktion zugrundegelegten, Allgemeinheit impliziert; dies verhindert freilich nicht die menschliche Fehlbarkeit bei einem bestimmten induktiven Schluß. Einzig durch die Voraussetzung einer derartigen Induktionstheorie im Dasein des Realen, die infolgedessen selbst nie zum Realitätsbeweis herangezogen werden kann bzw. darf, verleiht sie dem formalen Erkenntnisprozeß sicheren Boden.

zu 3: Die hochgradige Analogie der Hypothese mit der Induktion[39] schlägt sich bei Peirce in einer präzisen Definition derselben nieder: Eine Hypothese (gr. ὑπόθεσις; dt. "Unterlage") ist ein Schluß, "der von der Annahme ausgeht, daß eine Eigenschaft, von der man weiß, daß sie notwendig eine gewisse Zahl von anderen impliziert, mit Wahrscheinlichkeit von jedem Gegenstand ausgesagt werden kann, der all die Eigenschaften hat, von denen man weiß, daß diese Eigenschaft sie impliziert"[40], kurz, ein W i s s e n a u f W i d e r r u f.[41] Zur Unterscheidbarkeit von Induktion und Hypothese bedarf es leider aufgrund der Wichtigkeit und Komprimiertheit in der Darstellung jener Stelle ebenfalls einer zitierten Wiedergabe: "Durch Induktion schließen wir, daß Fakten, die beobachteten Fakten ähnlich sind, in nicht überprüften Fällen wahr sind. Durch Hypothese schließen wir auf die Existenz eines Faktums, das ganz verschieden von etwas Beobachtetem ist, aus dem sich jedoch nach bekannten Gesetzen etwas Beobachtetes notwendig ergeben würde. Erstere ist das Schlußfolgern vom Partikulären auf das allgemeine Gesetz; letztere von der Wirkung auf die Ursache. Erstere klassifiziert, letztere erklärt."[42] Dennoch verkörpert die Hypothese eine formallogisch wie inhaltlich "schwächere" Schlußart[43] als die Induktion, obgleich sie entsprechend zu ihr die Reduktion des Mannigfaltigen zur Einheit[44] kraft der Setzung eines Begriffs anstelle eines "komplizierten Durcheinanders" vollzieht.

Gerade die in die Diskussion eingebrachten Kriterien der Hypothese führten Peirce auf die ausschlaggebende Spur zur Erarbeitung der, zwischenzeitlich als "Sonderform" behandelten, "erklärenden Hypothese"[45] ("explanatory hypothesis"). Infolge ihrer weittragenden Konsequenzen für menschliche Erkenntnis, ja jegliche Wissenschaft, entdeckt Peirce in ihr die allgemein bekannten Eigenschaften der "Hypothese", bezeichnet sie aber später lieber aufgrund eines entscheidenden Unterschieds als Abduktion, Retroduktion oder auch Präsumption.[46] "Lange bevor ich Abduktion zum ersten Mal als eine Folgerung klassifizierte, war es den Logikern bekannt, daß die Operation des Einführens einer erklärenden Hypothese - genau das ist Abduktion - bestimmten Bedingungen unterworfen war. Die Hypothese kann nämlich so

lange nicht zugelassen werden, selbst nicht als Hypothese, bis
von ihr angenommen wird, daß sie die Tatsachen oder einige von
ihnen erklärt. Die Form der Folgerung ist daher folgende:
Die überraschende Tatsache C wird beobachtet;
aber wenn A wahr wäre, würde C eine Selbstverständ-
lichkeit sein;
folglich besteht Grund zu vermuten, daß A wahr ist.
Daher kann A erst abduktiv gefolgert werden, oder wenn Sie den
Ausdruck bevorzugen, abduktiv konjiziert werden, wenn sein ganzer Inhalt in der Prämisse 'Wenn A wahr wäre, würde C eine
Selbstverständlichkeit sein' vollständig gegenwärtig ist."[47]
Der vorstehende Syllogismus veranschaulicht lediglich den formalen Akt, der für jede logische Operation dieser Art gilt.
Entscheidend bei der Abduktion ist jedoch, daß sie als e i n z i -
g e Schlußform eine "n e u e I d e e" im Denken hervorbringt,
mit deren Hilfe überhaupt erst a l l e Arten von wissenschaftlichen, philosophischen u.a. Theorien wie Konzeptionen entstanden sind, ja das entdeckende Denken überhaupt ermöglicht wird.[48]
Genau wegen der ihr innewohnenden "geringen" Wahrscheinlichkeit
wird die Abduktion durch sehr wenige logische Regeln behindert,
erzeugt umgekehrt allerdings erst die Möglichkeit, induktives
Schließen auf ihr aufbauend in den Gang des Erkennens einzubringen, womit bloß ein gradueller, nichtsdestoweniger maßgeblicher
Unterschied[49] zwischen Abduktion und Induktion gegeben ist.
   In den Pragmatismusvorlesungen von 1903 liefert Peirce
durch die Einführung[50] des wechselweisen Zusammenhangs von
Wahrnehmungsurteilen ("perceptual judgements") und abduktivem
Schließen die Theorie einer Weltdeutung für alle empirischen
Wissenschaften, die ihre ersten Voraussetzungen bzw. letzten
festlegbaren Konsequenzen aus Theorien mittels seiner Interpretation des "Außenweltkriteriums" erhalten, d.h.: Auf der einen
Seite bewirkt das Wissen um die rationalistische These der
fortlaufenden Vermittelbarkeit aller Erkenntnisse (wegen der
Existenz vorausgehender), daß wir die Qualität wie Quantität
der in den Erkenntnissen mitenthaltenen Zeichen infolge der
damit notwendigerweise verbundenen Schlußarten weitervermitteln können. Auf der anderen Seite steht das empiristische Postulat der "unmittelbaren Wahrnehmung der Außenwelt". Würde
das letztere nicht gefordert bzw. angenommen, bestünde keiner-

lei Gewißheit über irgend etwas für uns Menschen Erfaßbares. Denn wir wären nicht imstande, zu erkennen, ob dieses oder jenes Zeichen ein reines Zeichen ist, d.h. von Außen uns unverfälscht zugeht. Unser Urteilsvermögen würde auf "unrichtigen" Informationen aufbauen und die Inhalte unserer gesamten Schlüsse derart in Frage stellen, daß wir Illusion und Wirklichkeit nicht länger auseinanderhalten könnten. Alles könnte ja Illusion und nicht Wirklichkeit sein oder umgekehrt. Einzig das Wissen um so etwas wie Wirklichkeit läßt diese Problematik unzutreffend scheinen; wir kennen ja den Terminus Illusion und den Terminus Wirklichkeit, die für etwas stehen müssen, ohne freilich gleichzeitig dadurch eine Hilfe zur Trennung unserer eigenen "Wahrnehmungen" in reale und illusionäre zu erhalten. Die Methoden hierzu müssen wir uns selbst schaffen. Infolgedessen bleibt nur die Hoffnung auf die Richtigkeit der Forderung nach den "unmittelbaren Wahrnehmungen der Außenwelt" übrig.

"Nebenbei" hebt er mit einer derartigen Überlegung die philosophische Richtung des "reinen Empirismus" auf, was bis heute mancher seiner "akademischen Gegner", der ihn pauschal als Empiristen abstempelt, bewußt oder unbewußt übersieht. Abschließend darf in Übereinstimmung mit Ch.S. Peirce der Abduktion nicht nur eine Schlüsselfunktion für jegliche Epistemologie, sondern auch für das Verständnis des Pragmatismus bzw. Pragmatizismus zuerkannt werden, der unter Zuhilfenahme der Pragmatischen Maxime den Verifikations-/Falsifikationsprozeß im Zuge der Logik der Abduktion[51] einleitet.

Zuletzt verdeutlicht die Zusammenschau - "Deduktion beweist, daß etwas sein muß; Induktion zeigt, daß etwas tatsächlich wirkt; Abduktion legt nur nahe, daß etwas sein kann"[52] - allgemein den bisherigen Argumentationsgang dieses Abschnitts, wiewohl sie die realiter stets existierende kombinatorische Unität der drei Arten des Schlußfolgerns im Dasein - gemäß der Kategorienlehre - "unterschlägt".

Die zwingende Annahme einer Synthesis a priori, "welche der Logik zugrunde liegt und dergestalt eine 'ars inveniendi' möglich macht"[53], bildet e i n e Bedingung der Möglichkeit zur erkenntnistheoretischen wie "praktischen" Erhellung der Realität im Handlungsvollzug des Denkens. Sie befriedigt demgegenüber keinesfalls den a priori mitinnewohnenden Gedankengang einer Gemeinschaft der Forschenden, die vermöge formaler Schlußverfah-

ren nie in die dringend benötigte Dialogform[54] auf dem Boden
der Intersubjektivität, die erst die Erfolgsaussicht für eine
Kommunikation über das Erforschte bzw. ihre Forschungsziele eröffnet, einzutreten imstande ist. Auch, wenn sie durch einen kontinuierlichen Erkenntnisprozeß und semiotische Reflexionstätigkeit eine substantielle Unterstützung erfährt. Das monologisierende Denken in den verschiedenen Arten des Schließens läßt
uns Menschen zwar im Falle des individuell gezogenen, analytischen Schlusses die Wahrscheinlichkeit unserer Konklusionen,
im Falle des synthetischen den Grad der Zuverlässigkeit unseres
Vorgehens erkennen und gewinnt für eine Diskussion sprachlicher
Natur kraft Schlußfolgerungen Argumente. Indessen erlaubt es
noch keinen argumentativen Austausch in Diskussion mit meinen
potentiellen Gegenübern. Dergestalt würde eine prinzipiell fallible, zum Gedankenaustausch nicht befähigte, Forschergemeinschaft in solipsistischer Kommunität der Realität, die allein
das Objekt der "letzten Meinung" ist[55], "auf lange Sicht"
sprach- und kommunikationsblind hinterherjagen.
Ich nehme mir allerdings die Freiheit heraus, Peirce ein solcherart folgenschweres "Übersehen" nicht unterstellen zu wollen, sondern bescheinige ihm die Absicht, von der "science
community" ein äußerst idealisiertes ethisches, kommunikatives
Handeln zu erhoffen, - wie wir am Ende dieses Abschnitts sehen
werden. Ein solches Vertrauen in deren Fähigkeiten schlägt sich
auf seine Reflexionen für die Wissenschaft nieder, da für ihn
ab 1887 die fast einzige mögliche Kommunikationschance mit seinesgleichen sein schriftliches Sprachvermögen ist, um seine
und die Forschungsvorhaben anderer vorurteilsfrei und selbstlos weitervoranzutreiben. Einen regelgeleiteten, kommunikativfruchtbringenden und moralisch/ethisch einwandfreien Handlungsprozeß der Forschenden glaubt er wohl auf der Basis eines
"Gentleman-agreement" stillschweigend voraussetzen zu können,
- zu Unrecht, wie er aus seiner eigenen Lebenserfahrung und
wir aus unserer heutigen wissen.
Die obige Betrachtung schälte hoffentlich unzweideutig die Gewichtung und Anwendungsmöglichkeiten der drei von Ch.S. Peirce
beleuchteten Schlußverfahren heraus. Er durchschaut freilich,
daß trotz ihrer rein formal-logisch nachweisbaren Existenz ein
solcher Argumentationsgang keineswegs den Bedingungsgrund für

die logische Deduktion des Vermögens analytischen und synthetischen Schlußfolgerns erklärt. Gerade im Sinne philosophischer Klärungsbedürftigkeit erweisen sich Induktion und Hypothese (Abduktion) als verwickelte und hochkomplexe logische Gebilde mit weitreichenden, bisher unbeachteten, nicht-formallogischen Konsequenzen. Der Grund: Diese beiden Schlußarten vermögen den Menschen die Relation "zwischen dem Bekannten, von dem wir schließen, zu dem Unbekannten, auf das wir schließen"[56], zu erhellen. Die Deduktion ist in diesem Zusammenhang weniger belangvoll, da deren Gültigkeit darauf basiert, uns nicht vorstellen zu können, sie wäre nicht gültig. Infolge der evolutionistischen Annahme einer "natürlichen Auslese" ("natural selection")[57] ist die eben zitierte Fähigkeit zum Überleben eines so hochsensiblen Organismus, wie ihn der menschliche repräsentiert und ohne die keine "Rasse" ("race") über einen längeren Zeitraum zu bestehen imstande ist, auch dringend erforderlich. Jene Annahme Peirce's macht allerdings im günstigsten Falle die Genese eines derartigen Vermögens, nicht die Möglichkeit desselben, sichtbar.

In diesem Bezugsrahmen stellt sich Peirce eine Frage von nicht zu unterschätzender Wichtigkeit: Warum trifft z.B. ein Physiker nach vielleicht nur einem Dutzend Hypothesen die "richtige", obwohl unschwer Millionen und Abermillionen denkbar wären, um seinen Erkenntnisfortschritt in schrittweiser Annäherung an das, was wir mit Realität bezeichnen könnten, "zielsicher" heranzusteuern? Daß eine quantitative wie qualitative Erkenntnisvermehrung im Laufe der evolutionären Entwicklung vonstattengeht, wenngleich diese erst angesichts des Alters des Universums in einer verschwindend kurzen Zeitspanne, aber immerhin einer, wirkte, stärkt lediglich der selbstkontrollierten oder kritischen Logik als hypothetischer Verfahrensweise den Rücken. Es gestattet nicht, den exakten Grund für die menschlichen Vermutungen anzugeben, außer wir nähmen einen wie auch immer gearteten "instinktgeleiteten Handlungsprozeß"[58] an.

Ausgehend von der üblichen Antwort hinsichtlich jener Problematik, die Natur sei durchgehend regelmäßig, beleuchtet Peirce nicht nur die bisherige Fragestellung nach der Wohlgeordnetheit in der Welt[59], sondern im Laufe seiner Periode der Metaphysik[60] der Evolution ebenfalls die daran anschließende weiterführende These der Lehre des Nezessarismus ("doctrine of necessity"): "daß jedes einzelne Faktum im Universum präzise durch ein Gesetz bestimmt wird"[61]. Er streitet im Zuge seines Erläuterungsversuchs nicht das Auftreten von Regelmäßigkeit in der Natur schlechthin ab; vielmehr bezweifelt er deren vollendete Durchwaltetheit durch einzelne Gesetze. Daher meint Peirce nachweisen[62] zu können, daß der Anteil der Geordnetheit im Universum als relativ gering veranschlagt werden darf, da wir die unermeßliche Mehrheit der Beziehungen, die auf Zufall und Unregelmäßigkeit beruhen[63], infolge der bereits entdeckten wenigen Regelmäßigkeiten aus dem Auge verlieren, ja vielleicht verlieren wollen. Nähmen wir trotzdem eine derartig hochgradige Geordnetheit der Dinge wie ihrer relationalen Zusammenhänge an, gelänge uns noch keineswegs die Entdeckung derselben. Zum einen wüßten wir Menschen, basierend auf unserem falliblen wie kraft des endlichen Einzeldaseins eingeschränkten Erkenntnisumfangs, niemals, "wieviel" wir bereits von dem geordnet vorliegenden Ganzen, zu dessen Erkanntem immer wieder Neues hinzugefügt wird, erkannt hätten. Zum anderen ergäbe sich die immense Schwierigkeit, die Beschaffenheit der Welt überhaupt präzise zu entschlüsseln, weil wir lediglich das Beschaffensein von etwas Singulärem mit etwas anderen, das nicht solcherart beschaffen ist, zu vergleichen fähig sind. Die Existenz wie das Erkanntsein einer hypothetisch angenommenen Ordnung der Dinge im Universum würde uns zwar ein allgemeines Kausalprinzip an die "Hand" geben, mit dessen Hilfe die Relationalität der Dinge deduziert werden könnte. Dabei würde indes unsere Erkenntnisfähigkeit auf ein "Instrumentendasein" reduziert. Des weiteren würde weder die Erkenntnisvermehrung noch deren Zustandekommen selbst erklärt. Zur Abrundung des obigen Gedankengangs erbringt Peirce in einer brillanten Argumentation[64] gegen J.St. Mill[65] den Beweis, daß die Gültigkeit von Induktion und Hypothese n i c h t von einer besonderen, feststehenden Struktur des Universums abhängt, denn: Würde eine festgefügte Ordnung der Welt vorausgesetzt, hätte der Mensch im Laufe seiner Entwicklung aus der Induktion nichts zu lernen vermocht, "weil aufgrund einer allgemeinen Regel nach der Durchführung einer jeden Induktion die Ordnung der Dinge (in der sie in der Erfahrung erscheinen) einen Umsturz durchmachen würde. Eben darin würde die Unwirklichkeit eines solchen Universums bestehen; daß nämlich die Ordnung des Universums davon abhängig sein sollte,

wieviel die Menschen von ihr erkennen"[66].
In einem weiterführenden Schritt gilt es für Ch.S. Peirce, die zu seiner Zeit weitverbreitete Form des Nezessarismus in Schranken zu weisen, die als mechanistische Philosophie bezeichnet wurde, welche ihren Inhalt durch die These der vermeintlichen Erklärbarkeit der Lage der Dinge zu jeder beliebigen Zeit kraft unveränderlicher, "ewiger" Gesetze verdeutlicht. Peirce indes will Raum für menschliche Willensfreiheit, Innovationsfähigkeit, Kreativität, schlicht Wachstum der Erkenntnis des Einzelnen in und für die Gemeinschaft schaffen. Er stellt deshalb fest: Eine derartige Vermutung, wie sie der Nezessarismus aufstellt, vermag hinsichtlich der "Konstruktion" der Welt am wenigsten mit Hilfe des veralteten Begriffs "Postulat" in ihrer Glaubwürdigkeit gestärkt zu werden. Der Grund: "Es ist die Formulierung eines materiellen Faktums, das als eine Prämisse anzunehmen wir nicht berechtigt sind, dessen Wahrheit jedoch zur Gültigkeit eines Schlusses erforderlich ist."[67] Hinreichend wurde die Vorläufigkeit als auch das Kennzeichen der Erfahrungsmäßigkeit unseres Schließens bereits vergegenwärtigt, was logischerweise die Ablehnung[68] des Postulats nach sich zieht, eines Postulats, das die Determiniertheit der Dinge in der Welt vermittels Gesetze wie die Anwendung des Begriffs "Postulat" selbst zur Folge hat.
Wir wissen ja, daß Schlußfolgerungen in der Wissenschaft bestenfalls eine schrittweise Annäherung an die uns "vorbestimmte" Erfahrung, die keine endliche Menge repräsentiert, erzielen. Eben deshalb sind sie stets mit dem Charakter der Wahrscheinlichkeit behaftet. Erfahrung drückt hier die Beschäftigung mit dem möglichen "Material" derselben aus, die mittels der Affektion der Sinne und dem Subjekt des Denkens zustandekommt und keinen Anspruch auf Erkenntnis eines An-sich erhebt. Jene uns nicht fremde Argumentation findet ihren Entwicklungspunkt u.a. in der erwähnten Tatsache[69], daß Peirce als praktizierender Geodät sehr wohl mit der Varianzbreite sog. präziser Meßwerte vertraut ist, die nicht einzig auf eine unzulängliche Meßapparatur, vielmehr auf eine Veränderlichkeit in der Natur selbst hindeuten. Basierend auf naturwissenschaftlichen Beobachtungen[70] wird das Element "Zufall"[71] in die anstehende Überlegung zur Widerlegung der mechanistischen Philosophie einbezogen, ohne die Regelmäßigkeit in der Welt schlichtweg ableh-

nen zu wollen, eine Regelmäßigkeit, welche keineswegs mit Gesetzmäßigkeit identisch ist. Anhand des Würfelbeispiels[72] demonstriert Peirce eindringlich einem hypothetischen Diskussionspartner nezessaristischer Prägung, daß wir den Zufall nicht für eine Ursache, die uns unverständlich und unbekannt ist, erachten, auch nicht als Platzhalter für etwas uns nicht Erklärbares. Mechanische Gesetze bewirken zwar einen feststellbaren Bewegungsablauf der Würfel nach bestimmten Gesetzmäßigkeiten, werden allerdings der Ausgangssituation mitnichten gerecht, in der die Möglichkeit für eine Verschiedenheit der Würfe selbst begründet liegt, denen der Zufall, der als nicht von derlei Art von unveränderlichen Gesetzen abhängig ist, innewohnt.

Im Zuge der Lehre vom Zufall ("tychism"), auf die ich an dieser Stelle rein exemplarisch eingegangen bin, dehnt Peirce seine Gedankengänge auf den Themenkomplex evolutionstheoretischer Fragestellungen mit Blick auf die Entwicklung des Universums aus, zumal die Verschiedenheit und Kompliziertheit der Natur - die, angenommen es gab einen Anfang der Welt, immer genau so groß wäre, wie sie sich uns heute präsentiert - mit Hilfe kausalgesetzlich-notwendiger Geschehnisse nicht hinreichend deduzierbar ist. Eine fernerhin zu schreibende Naturgeschichte[73] der Naturgesetze würde uns nicht nur plastisch vor Augen führen, welche Gesetze wir zu erwarten haben könnten, sondern würde z.B. der aktuellen Situation (Ende des 19. Jh.'s) in der Physik Rechnung tragen, die die fundamentale Gültigkeit der mechanischen Gesetzmäßigkeiten für die Bewegung einzelner Atome stark in Zweifel zieht[74]. Die Verifikation eines Gesetzes verlangt demzufolge nach einer wachsend-differenzierteren Begründung, um die Diskrepanz zwischen unseren mit Irrtümern behafteten Begründungen und dem "Zwang", den das Gesetz auf uns ausübt, weil es selbst unvollkommen ist, aufzuheben. Für Peirce resultiert daraus die allgemeine Erklärung: Naturgesetze und mit ihnen eine, den Eindruck der Gleichförmigkeit der Welt vermittelnde, unveränderliche Gesetzmäßigkeit sind als Produkte der Evolution[75] aufzufassen. Eine solche Erwägung verdankt[76] er den umwälzenden Entdeckungen der Evolutionstheorien[77] von Ch. Darwin, Lamarck und C. King, die er aufgrund ihrer verschiedenartigen Gewichtungen in seine Überlegungen miteinschließt. Unter Berücksichtigung der Beziehungen aller drei untereinander - "zufällige Veränderungen" zum Nutzen einer ganzen "Rasse", nicht aber für das Individuum (Darwin), die Entwicklung von Merkmalen, die nur für Individuen erstrebenswert sind (Lamarck), die Auswirkungen veränderter Umweltbedingungen auf alle Organismen (King) - bieten sie den gedanklichen Hebel zum Kritikansatz an der "doctrine of necessarism":

1. Das zentrale Faktum Wachstum und steigende Komplexität[78] verkörpert die Existenz eines Agens in der Natur, "durch dessen Wirksamkeit sich die Komplexität und Verschiedenheit der Dinge vermehren kann; ..."[79]. Mit Hilfe des Zufalls wird zudem belegt, daß diese Mannigfaltigkeit nicht aller Zeit vorausgeht.
2. Reine Spontaneität (oder Leben), obgleich das Naturgesetz enge Grenzen "vorschreibt", erklärt als Merkmal des Universums zunehmende Heterogenität und Spezifikation, bei deren Anschauung eine mechanistische Sichtweise versagt.[80]
3. Die Hypothese der Spontaneität will freilich keine Beschreibung darüber abgeben, "wie jedes einzelne Ereignis nun auszusehen hat"[81].
4. Die Aufhebung der Vorstellung der exakten Kausation - gleichgültig wie geringfügig - ermöglicht nicht nur dem Nezessarismus bei seiner Vereinnahmung der ganzen Tätigkeit des Verstandes Einhalt zu gebieten, um ihn nicht zu einem Teil des physischen Universums werden zu lassen. Dadurch wird auch Raum gewonnen, "um den Geist (mind) in unser Schema einzufügen und ihn an den Platz zu stellen, an dem er gebraucht wird, an die Stelle nämlich, die er, als Einziges, das Erkenntnis seiner selbst hat, einzunehmen berechtigt ist: die des Ursprungs der Existenz; und damit lösen wir auch das Problem der Verbindung von Leib und Seele[82]"[83].

Zusammengefaßt versetzt die Peirce'sche Position in die Lage, für die Anschauung von Realität einer, bis ins 19. Jh. atypischen, Dimension die Tür aufzustoßen, welche die Genese der Naturgesetze unter dem Gesichtspunkt des evolutionären Fortschritts beurteilt. Stellt sich das Prinzip "Evolution" als ein Alles-Durchwirkendes und Hervorbringendes heraus, so muß dieser Gedanke, unter dem Aspekt "sub spezie aeterni", für uns Menschen die immer-noch-in-Fortentwicklung-sich-befindenden Gesetze der Natur[84] mitbeinhalten. Der Mensch, in der Gestalt eines sich-Welt-schaffenden wie welthaltigen Wesens, schaltet sich durch das verstehende Vordringen in die Struktur der Welt ein, die er zunächst als "einfach" empfindet; bald aber eröffnen sich ihm ihre zugrundeliegenden Naturgesetze und anderen Phänomene kraft seiner Möglichkeiten zum Erkenntnisfortschritt, wodurch er immer tiefer in eine sich selbst kontinuierlich weiter vervollkommnende Welt eindringt. Diese "passiv" scheinende Auseinandersetzung in "kontemplativer Schau" kehrt sich parallel zum Begreifen komplexer Zusammenhänge in eine "aktive" Mitgestaltung, freilich bloß in kleinstem Rahmen, um. Sie gestattet dem Menschen als in-der-Natur-stehendes, sich-mit-ihr-veränderndes wie sie umgestaltendes Denkwesen, eine kontinuierliche Veränderung der Welt als "Teile" derselben mithervorzubringen. Da der Mensch naturverhaftet ist, d.h. selbst an Natur gebunden und damit ein Stück von ihr ist, gelingt ihm dies auch durch sein Vermögen der Wirkfreiheit, was nicht beliebiges Handeln bedeutet. Das heißt keineswegs, daß der, vielleicht fälschlicherweise so benannte, "homo sapiens" für Peirce nur ein zweckrationales, instrumentaltechnisches, auf Weltbeherrschung ausgerichtetes Handeln betreiben m u ß. Er k a n n sich anders verhalten, wenn e r w i l l. Kein ewiges Rätsel der Welt, kein zu ergründendes Weltgeheimnis verbleibt seiner "Mission" des Denkens und Erkennens verborgen; einzig die unüberwindliche Spannung des von Menschen Erkannten zum noch Erkennbaren der Realität wird aufrechterhalten. Besonders eindrucksvoll wird uns dies im Bereich der synthetischen Schlußverfahren - und hier der Abduktion - vor Augen geführt, die für alle Menschen hochbedeutsame "Sedimente" des Evolutionsprozesses verkörpern.

Der vorstehende Peirce'sche Evolutionismus verbindet menschliches Handeln wie Natur-"gesetze" zu einer kosmogonischen[85], nicht kosmologischen, Philosophie, die in dem Begriff der "Materie" als reiner Möglichkeit[86] ihre treffendste Beschreibung findet: "Sie hätte anzunehmen, daß es im Anfang - unendlich weit zurück - ein Chaos unpersönlichen Fühlens gab, das ohne Verbindung oder Regelmäßigkeit wohl eigentlich keine Existenz haben würde[87]. Dieses Fühlen, das in reiner Willkür hier und da mutierte (was sporting), würde den Keim einer Tendenz zur Verallgemeinerung gelegt haben. Während die anderen Mutationen (sportings) dieses Fühlens nur vorübergehend wären, würde dieser Keim die Fähigkeit haben, sich weiterzuentwickeln. Damit hätte eine Tendenz zu Verhaltensgewohnheiten begonnen, und aus dem Zusammenspiel dieser Tendenz mit den anderen Prinzipien der Evolution hätten sich alle Regelmäßigkeiten des Universums entwickelt. Zu allen Zeiten jedoch wird ein Element reinen Zufalls (chance) überleben, und es wird bestehen bleiben, bis die Welt ein absolut vollkommenes, rationales und symmetrisches System ist, in dem sich schließlich in der unendlich entfernten Zukunft der Geist kristallisiert hat."[88]

Erst infolge der Gleichartigkeit des menschlichen Erkenntnisfortschritts mittels einer genügend langen Abfolge von Schlüssen zur schrittweisen Annäherung an die Erkenntnis des Realen in Realität und ihrer Entsprechung im universalen Entwicklungsprozeß hin zur Kristallisation des Geistes vervollkommnet sich für Peirce die idealisierte "communio hominum" zum Mitwegbereiter einer Existenz kosmischer Extension. Angespornt durch den "gnostischen (Natur-)Trieb" ("Gnostic Instinct")[89] der Gattung Mensch zur Befriedigung wissenschaftlicher Neugier, wobei derselbe nicht das Ziel der Forschung, lediglich ihr Motiv, repräsentiert, erfährt die Evolution der Welt ihren alles entscheidenden Ansatz zum Wachstum der Vernünftigkeit ("growth of reasonableness")[90], die im zukünftigen Konvergenz-"punkt" der "konkreten Vernünftigkeit" ("concrete reasonableness") ihr "summum bonum"[91] erreicht.

Die Verwirklichung eines derartig hochspekulativen Endzustands, der gleichzeitig den Beginn einer neuen Ära des Geistes anbrechen läßt, bedingt eine zunächst befremdliche, ja unvereinbar scheinende, Verflechtung der Logik mit der Ethik[92], - allein aufgrund der Tatsache, daß menschliche, wie überhaupt alle, Angelegenheiten auf Wahrscheinlichkeit[93] fußen. Gewiß bereitet der Tod dem Einzelwesen zwangsläufig ein, nach Peirce willkommenes, definites Ende auf dem Weg zum idealisierten Ziel des universalen Entwicklungsstrebens, dem der Mensch in keinem festsetzbaren Grad der Annäherung entgegenzukommen fähig ist. Ohne die Identifikation des Individuums mit der Gemeinschaft der menschlichen Gattung würden wir diese unendliche Hoffnung[94] unwiederbringbar verlieren, die selbst die Selbstsüchtigsten unwissentlich unter ungeheuren Selbstopfern in Sorge um das, was geschehen wird, wenn sie tot sind, in sich tragen. Das Einzelwesen verliert hierbei nicht Würde, Wert und Bedeutung im Hinblick auf sein ureigenstes individuelles Leben, seine Bestrebungen wie sein individuelles Glück. Die Idee einer "unendlichen Hoffnung" ("infinite hope") "... ist so bedeutend und erhaben, daß alles Schlußfolgern in bezug auf sie eine läppische Anmaßung ist. Wir wollen es einfach nicht wissen, wie gewichtig die Gründe <u>dafür</u> und <u>dagegen</u> sind - d.h. wieviel <u>Gewinnchancen</u> wir bei einem solchen Wagnis auf lange Sicht erreichen könnten -, weil es in diesem Fall ein 'auf lange Sicht' nicht gibt; die Frage ist einzigartig und überwältigend, und <u>ALLES</u> steht mit ihr auf dem Spiel. Wir sind (hier) in der Lage eines Mannes, der sich in einem Kampf auf Leben und Tod befindet: wenn er nicht genügend Kraft hat, ist es völlig gleichgültig für ihn, wie er handelt, so daß die einzige Annahme, aufgrund derer er rational handeln kann, die Hoffnung auf Erfolg ist. Dieses Gefühl wird also von der Logik streng gefordert."[95]

In der heute vielleicht pathetisch anmutenden, ethischen Forderung nach dem eigenen Seelenopfer für die Rettung der Welt[96] schlägt sich die Folgerung aus dem Prinzip der unendlichen Hoffnung nieder, eine Konsequenz, die tief im sozialen Prinzip[97], das Logik streng miteinbezieht, verwurzelt ist. Die in späteren Jahren bei Peirce aus dem vorerwähnten Gedanken hervortretende Lehre vom Agapasmus[98], einem Derivat der drei Komponenten: Evolutionstheorie, Synechismus und christlicher Nächstenliebe, rückt überdeutlich e i n e Form des Vollkommen-werdens menschlicher Erkenntnisse ins Blickfeld. Durch sie wird Realität mitkonstituiert, die, weit entfernt von der gegenwärtigen, wissenschaftlichen - unter dem Aspekt ökonomischer, hochtechnisierter, managementähnlicher Planmäßigkeit stehender - Methode, zur "Wissens"-Vermehrung dient; sie zielt dabei auf eine "ganzheitliche", dem Einzelnen in der Intensität freigestellte, Bildung seines Selbst f ü r und i n Gemeinschaft. Einzig der szientifisch denkende und forschende Mensch, d.h. der Philosoph im Peirce'schen Verständnis, entwickelt in der besagten Gemeinschaft belangvolle Tugenden[99] wie Freude am Lernen, Liebe zur Wahrheit, (geistige) Ehrlichkeit, Redlichkeit, Hingabe, Fleiß, kognitive Flexibilität und intellektuelle Demut ("humility"). In einer utopisch anmutenden Überlegung[100] geht Peirce so weit zu behaupten, daß es unter denen, die einen bedeutenden Anteil zum Wachstum des Wissens beitragen, keine Kriminellen zu finden sind und faßt zusammen: "... alles in allem sind wissenschaftliche Menschen die besten der Menschen gewesen."[101] Er ist sich zudem wohl bewußt, daß der ethisch-geleitete Wandel sehr, sehr schleppend vonstattengeht. Zu seinem Leidwesen sieht er sich jedoch genötigt, hierbei zwischen einem wissenschaftlichen, ethisch-bewertbaren, und einem situativ-notwendigen, Handlungsablauf, der einer anderartigen Entscheidungsreflexion unterliegt, zu unterscheiden.[102]

Wir könnten Ch.S. Peirce zu Recht philosophische Naivität und wissenschaftlich-versponnene Blauäugigkeit vorhalten, wenn er bei der zu erwartenden Endlichkeit der Gattung "Mensch" die Fiktion einer Beantwortbarkeit d e r m e i s t e n Fragen in Aussicht stellt. Allerdings hebt er sich bereits 1892 in einer letzten - auch fast 100 Jahre später - großen Spekulation über die Hürden und Fallstricke seiner eigenen metaphysischen Theorie hinweg: "Wir können als sicher annehmen, daß die menschliche Rasse letztlich zugrundegehen wird, weil Jahr für Jahr eine gewisse Chance dafür besteht und in einer unbeschränkt langen Zeit die Chance zu überleben mehr und mehr gleich Null wird. Andererseits können wir jedoch als sicher annehmen, daß auf anderen Planeten andere geistbegabte Rassen existieren, - wenn nicht in unserem Sonnensystem, dann in anderen; und auch, daß unzählige neue geistbegabte Rassen noch zu entwickeln sind; daher kann es, im Ganzen gesehen, als höchst sicher erachtet werden, daß das geistige Leben im Universum niemals endgültig aufhören wird."[103]

Zum Abschluß verweise ich auf die Interpretationsmöglichkeit[104] der Peirce'schen fallibilistischen Erkenntnistheorie als eine Ersetzung der Kant'schen transzendentalen Apperzeption durch die Annahme einer "letzten Meinung" infolge eines Erkenntnisprozesses "auf lange Sicht", der Kant's Frage "Was kann ich wissen?" mit den weiterführenden "Was soll ich tun?", "Was darf ich hoffen?" dergestalt vermittelt, daß eine Trennung zwischen theoretischer und praktischer Vernunft überwindbar sein könnte. Der mit dieser Thematik verwirkte Gedanke der Eigenschaft der "evolutionären Liebe" ("evolutionary love") deutet des weiteren nicht nur auf eine Transformation des kategorischen Imperativs Kant's in die spekulative "wirklichkeitsnähere" Form des hypothetischen Imperativs[105] hin, - wie sich z.B. angesichts gegenwärtiger technizistischer Machbarkeitsvorstellungen bei entsprechendem permanenten ethisch-moralischen "Hinterherhinken" zeigt. Durch die unbezweifelbar inspirierende Kraft Kant's und Hegel's wird aber auch von Peirce die solipsisierende Seinsweise des Individuums in die kosmogonische Reichweite evolutionärer Möglichkeiten emporgehoben; das Einzelwesen verbleibt als endlich-für-sich-Seiendes, hochgeschätzt bewahrt, erfährt jedoch durch seine Einbringungsmöglichkeit vermittels seines freien Willens in die "unendliche Gemeinschaft" eine qualitative Aufwertung, die das in jedem Einzelnen ruhende Potential zum Wachstum der konkreten Vernünftigkeit wecken, fördern, sorgsam hegend erblühen lassen sollte. In dem singulären Wesen, nicht in der Gemeinschaft einer Gattung, nicht in der Hypothese des Zusammenwirkens unendlich vieler kosmisch verstreuter Gattungen über eine unendliche Zeitspanne, liegt somit für Peirce der Schlüssel zum "Tor" des **SEIN**'s begründet, denn das "schwächste Glied" verkörpert gleichsam den kontinuierlichen, kreativen "Initialzünder" zur Fortentwicklung des **IST**.

2.5. Das "belief-doubt-inquiry-belief"-Kontinuum als Plattform für die "Theorie der Forschung"

> "Man sollte den Genius der logischen Methode lieben und verehren als seine Braut, die man der ganzen Welt vorgezogen hat. Man braucht die anderen nicht zu verdammen, im Gegenteil, man kann sie hoch ehren, denn dadurch ehrt man seine Braut um so mehr. Denn sie ist die, die man erwählt hat, und man weiß, daß man seine Wahl richtig getroffen hat. Und nun wird man für sie arbeiten und kämpfen und wird sich nicht beklagen, daß man Schläge einzustecken hat, in der Hoffnung, ebenso viele und starke selbst austeilen zu können, und man wird bestrebt sein, ihr trefflicher Ritter und Held zu sein, denn von den Strahlen ihres Glanzes gewinnt man seine Begeisterung und seinen Mut." **(1)**

Von den intellektuellen "Höhenflügen" kosmogonisch-anthropologischer Spekulationen des Ch.S. Peirce wende ich mich zurück zu einer Diskussion der beiden wohl bekanntesten Artikel "The Fixation of Belief" (1877) und "How to Make Our Ideas

Clear" (1878), deren Intentionen mit Blick auf das Peirce'sche Gesamtwerk - das wir in rudimentären Zügen, ohne die Kategorienlehre, bereits überschauen - gewiß philosophisch unbefriedigend[2] bleiben. Allerdings riefen sie philosophiegeschichtlich äußerst fruchtbare Mißverständnisse hervor, - der Leser denke nur an die Transformation der Pragmatischen Maxime von Peirce durch W. James. Insbesondere der letztgenannte Aufsatz, der die Geburtsurkunde des Pragmatismus dokumentiert, entwickelt die besagte Lehre in innovativer Einbindung der bisherigen Reflexionen von Peirce als eine Methode des Denkens weiter, mit der Realität aus einem andersgearteten Blickwinkel beleuchtet wird.

Bei seiner Ausarbeitung von dem hier zu behandelnden "belief-doubt-inquiry-belief"-Kontinuum-ad-infinitum stand das menschliche Vermögen des Fallibilismus Pate, das sich im Prinzip der Kontinuität - erörtert in 2.1. - niederschlägt: "... unser Wissen ist nie vollkommen, sondern schwimmt, so wie es ist, in einem Kontinuum von Unsicherheit und Unbestimmtheit."[3] Somit resultieren die Grundlagen für die zu entfaltende "Theorie der Forschung" nach dem Verständnis von Peirce aus zweierlei Quellen:

1. Die nachgewiesene Ablehnung des Descartes'schen universalen Zweifels[4], ohne Berücksichtigung dessen historischer Wurzeln bei Augustinus[5], legt den Nährboden für eine Umgestaltung des Begriffs "Zweifel".
2. Die inspirierende Beziehung des positivistischen Verifikationsprinzips wie des Terminus der "closed questions"[6] bei Ch. Wright und die, von Alexander Bain in seinem Buch "The Emotion and the Will" (1859) vorgetragene, "belief-doubt-theory"[7] fördert für Peirce die Synthese der Gedanken beider Denker. Nicht vor 1907 (5.12) erinnert er sich allerdings an Nicholas St. John Green, den er daraufhin zum "Großvater des Pragmatismus" ernennt, weil er die Theorie "acting upon a belief" von Al. Bain allgemein publik machte. Diese kannten auch alle übrigen Mitglieder des "Metaphysical Club", wie M.H. Fisch detailliert nachwies[8].

Vor der beginnenden Erläuterung des Begriffspaares Zweifel und Überzeugung[9] möchte ich mit Peirce jedoch folgende Feststellung treffen: "Doubt and Belief, as the words are commonly employed, relate to religious or other grave discussions. But here I use them to designate the starting of any question, no matter how small or how great, and the resolution of it" ("Die Wörter Zweifel und Überzeugung verbinden sich in ihrem normalen Gebrauch mit religiösen oder anderen ernsten Problemen. Aber ich gebrauche sie hier, um den Beginn jeder beliebigen Frage, gleichgültig ob sie geringfügig oder bedeutend ist, und ihre Lösung zu bezeichnen").[10]

Zweifel: Das Zögern darf nicht mit Zweifel verwechselt werden, der ein antizipiertes und/oder ein rein gedachtes Zögern im zukünftigen Hinblick auf das repräsentiert, wie ich bezüglich eines fiktiven "Zustandes" der Dinge handeln sollte. Mit Hilfe dieser Fähigkeit erkennen wir nicht nur, daß wir im Zögern zweifeln, sondern vermitteln unserem Bewußtsein das Faktum einer Dezision, um eine (geistige) bona fide "Verhaltensweise" zur Lösung des "Dilemmas" zu schaffen[11]. Die Synthese beider Aspekte zeichnet uns als intelligente Wesen aus, - wohlgemerkt in "Form" von Individuen ohne stets präsent-dahinterstehende Idee der Gemeinschaft. Generell charakterisiert Peirce den Zweifel: "Doubt is an uneasy and dissatisfied state from which we struggle to free ourselves and pass into the state of belief" ("Zweifel ist ein unangenehmer und unbefriedigender Zustand, in dem wir Anstrengungen machen, uns von ihm zu befreien und den Zustand der Überzeugung zu erreichen suchen").[12] Wissenschaftliche Theorien sollten imstande sein, ein derartiges Vermögen permanent miteinzuplanen, in dem sie sich nicht auf die "Unvorstellbarkeit des Gegenteils" verlassen, um die Fruchtbarkeit des Zweifels als "ersten" Anstoß auf dem Weg zu neuen Entdeckungen umfassend auszuschöpfen.

Überzeugung (Fürwahrhalten): Den Gegenpol von "doubt" und "uncertainty" bestimmt Peirce, wie vor ihm Al. Bain[13], mittels des Begriffs "belief", um "Überzeugung" oder "Fürwahrhalten" in "Darwin'scher" Manier konsequent weiterzuentwickeln[14], da er von dem englischen Naturforscher ja bereits 1877 stark beeinflußt wurde. Der Zusammenhang der Beziehung bei der "Produktion" der "believes" kraft Gedanken mit der "Umgebung" wird geboren aus der Anschauung der "Überzeugung" als Disposition zur Handlung, wodurch, z.B. anhand der semiotischen Relationstriade aufzeigbar, ein "natürlich"-kontinuierlicher "Selektionsprozeß" abläuft.[15] Denn unsere Überzeugungen leiten nicht ausschließlich unsere Wünsche und formen unsere Handlungen; vielmehr ist "das Gefühl des Überzeugtseins ... ein mehr oder weniger sicheres Zeichen dafür, daß sich in unserer Natur eine gewisse Verhaltensgewohnheit eingerichtet hat, die unsere Handlungen bestimmen wird. Der Zweifel hat nie eine solche Wirkung" ("The feeling of believing is more or less sure indication of there being established in our nature some habit which will determine our actions. Doubt never has such an effect")[16]. Resümierend legt Peirce die Funktion der Überzeugung im "doubt-belief"-Kontinuum wie folgt fest: "Wir haben gesehen, daß sie genau drei Eigenschaften hat: Erstens ist sie etwas, dessen wir uns bewußt sind, zweitens bringt sie die Erregung des Zweifels zur Ruhe, und drittens schließt sie die Einrichtung einer Regel des Handelns in unserer Natur ein - oder kürzer: eine Verhaltensgewohnheit (habit)."[17] Ein Erkenntnisfortschritt läßt sich freilich nicht kraft der Festlegung einer Überzeugung erzielen, d.h. umgekehrt, sie verkörpert zugleich einen Ruhe-"punkt" wie neuen Ausgangs-"punkt" einer Phase unserer geistigen Tätigkeit, die infolge ihrer Wirkung auf das Denken das zukünftige Denken als Raststätte und Zwischenstation maßgeblich beeinflußt.

Die beschriebene, endliche Aktionseinheit "doubt-belief" im unendlichen Erkenntnisprozeß ruft zur Erreichung des Zustands der Überzeugung eine Anstrengung hervor, die Peirce mit der seiner Ansicht nach unpassenden Bezeichnung "Forschen" charakterisiert. Ihr Ziel: eine interimistische Meinung des Individuums festzulegen.[18] Eine derart zeitlich-begrenzte Lebensfunktion einer falliblen "Zwischen"-Erkenntnis wirft zwangsläufig Fragen hinsichtlich des Postulats der Erkennbarkeit des Realen vermittels des regulativen Prinzips der "letzten Meinung" auf.[19] Davon abgesehen drängt sich bei der ständigen Bewegung des Gangs des Denkens[20] im "doubt-belief-inquiry-doubt"-Kontinuum - nicht unähnlich der Hegel'schen Bewegung des Begriffs - das Problem einer etwaig-existierenden Zukunftsgrenze auf; ein Umstand, der mich im letzten Abschnitt des vorliegenden Kapitels eindringlicher beschäftigen wird. Bedingt durch sein Sein-zum-Tode gilt jene Fragestellung bezüglich der Existenz oder Nicht-Existenz einer solchen Zukunftsgrenze freilich nicht für das

Einzelwesen.

Eng verknüpft mit Überzeugung, Glaube, Meinung, Fürwahrhalten, kurz "belief", gebraucht Peirce den Terminus "habit" als den Ausdruck des Sachverhalts, daß eine Überzeugung etwas ist, wonach der Mensch zu handeln gewillt ist: "... und ist daher, in einem allgemeinen Sinne, eine Verhaltensgewohnheit."[21] Die alleinige Aufgabe des forschenden Denkens im "doubt-belief"-Prozeß besteht folglich darin, zur Erlangung einer kurzlebigen Überzeugung Verhaltensweisen des Handelns zu gewinnen, die als "leitende Prinzipien" ("guiding principles")[22] den Erkenntnisfortschritt steuern, indem sie die im "belief" implizierten Erwartungen und Zukunftsorientierungen mittragen. Angesichts der kontinuierlichen Schaffung neuer "belief-habits" zeigt Peirce in der Metaphysik der Evolution des Universums auf, daß A l l e s, ob belebt oder unbelebt, Verhaltensweisen zur Konstituens d e r Realität in Zukunft an den Tag zu legen genötigt ist, wobei er zugleich an seine Schriften von 1877/78 erinnert. So wird mit Hilfe des Elements "Zufall" Raum geschaffen für ein Prinzip der Verallgemeinerung oder besser für eine Tendenz zur Formung von Verhaltensgewohnheiten gemäß der "doubt-belief-inquiry-doubt"-Theorie, einem Prinzip, das alle Regelmäßigkeiten in der Welt hervorgebracht hat und weiterhin hervorbringt: "Daher wurde ich zur Annahme bewegt, daß die Gesetze des Universums unter einer universalen Tendenz aller Dinge, gerichtet auf Verallgemeinerung und Formung von Verhaltensgewohnheiten, gebildet worden sind."[23] Das Gesetz des Verstandes ("law of mind"), ein "belief-habit", verlangt ja laut Peirce nicht wie ein physikalisches Gesetz exakte Übereinstimmung mit der Welt, obgleich es allerdings ebenso einem evolutionären Prozeß unterworfen ist. Somit öffnet sich der Weg für seine gewagteste Spekulation: "The one intelligible theory of the universe is that of objective idealism, that matter is effete mind, inveterate habits becoming physical laws" ("Die einzige einsichtige Theorie des Universums ist die des objektiven Idealismus, daß Materie erstarrter Geist ist, verfestigte Verhaltensgewohnheiten werden zu physikalischen Gesetzen").[24] In jener Überlegung zur permanten Verwirklichung des Universums findet sich nicht nur erneut eine Variante der Kopernikanischen Wende Kant's wieder, sondern, was wichtiger einzustufen ist, Peirce denkt in der eben zitierten Passage folgende Teile seiner bisherigen Forschungsarbeit zusammen: Die Theorie

von der Beziehung von Kontinuum-Kontinuität, die unabdingbare
Lehre der semiotischen Relation zur Erkenntnisgewinnung, die
Theorie der Realität als Bedingungsgrund für Denken-Erkennen,
der Gedanke der "unendlichen Gemeinschaft" in Verbindung mit der
"doubt-belief"-Theorie und nicht zuletzt der Einfluß der Evolution, der sich auch in seiner formalen Logik widerspiegelt.

Nach dem kurzen Ausflug in die Periode der "Metaphysik der Evolution", in der sich die Konsequenzen des "habit-taking" niederschlagen, kehren wir zu dem Artikel "The Fixation of Belief" zurück, um anhand der dialektischen Bewegung der vier Methoden zur Festlegung einer Überzeugung (damit einer Verhaltensgewohnheit) die eine zu ermitteln, die dazu prädestiniert ist, das ideale Ziel der "letzten Meinung" zu erreichen.

Peirce hebt mit der einfachen und naheliegenden **"Methode der Beharrlichkeit"** ("the method of tenacity")[25] an. Sie findet sich sehr häufig bei dem Einzelnen und ist bei ihm auch tolerierend hinzunehmen. Die meisten Einzelwesen stecken wie der Vogel "Strauß" bei nahender Gefahr ihren Kopf in den Sand, wodurch die "Bewährung" ihrer einmal gefaßten Überzeugungen gegen alle externen Einflußfaktoren für sie imaginär aufrechterhalten bleiben. Indes wird eine derartige Vorgehensweise auf Dauer nicht fähig sein, ihren Platz zu behaupten, denn "der Trieb zur Gemeinschaft steht ihr entgegen. Jemand, der sie angenommen hat, wird finden, daß andere Menschen anders als er denken, und es wird ihm wahrscheinlich in einem vernünftigen Moment in den Sinn kommen, daß andere Ansichten genauso gut wie seine eigenen sind, und das wird sein Vertrauen in seine Überzeugungen erschüttern. Diese Vorstellung, daß das Denken oder Fühlen eines anderen Menschen dem eigenen gleichwertig sein kann, ist unverkennbar ein neuer Schritt und von höchster Bedeutung. ... Solange wir keine Einsiedler werden, werden wir notwendigerweise unsere Ansichten untereinander beeinflussen; ...".[26]

Aus jenem Bezug resultiert zweifellos systematisch und historisch betrachtet das Problem, die Überzeugung einer Gemeinschaft zu gewinnen, welche die Zielorientierungen der Methode der Beharrlichkeit übersteigt. Demgemäß überträgt Peirce jene auf die Ebene des Staates[27] und bezeichnet sie als **"die Methode der Autorität"** ("the method of authority")[28]. Er versteht sie als überindividuelles Subjekt, als Orwell'schen "großen Bruder",

der mit Hilfe des sogn. "consensus catholicus" durch ausgeklügelte Institutionen die geschickte, unbewußte Anpassung der Menschen an periphere Alltagserfahrungen fortwährend "erzwingt". Peirce respektiert zwar großartige Leistungen, wie z.B. die unvorstellbaren Anstrengungen beim Pyramidenbau, und sieht solche äußerlichen Ergebnisse aber im strukturellen Zusammenhang mit "Einrichtungen" des Staates, wie z.B. Inquisition, Zensur, Propaganda, Militäraktionen, Terror, Gesetzesschreibung u.v.m.. Notwendigerweise begleiten Grausamkeiten immer diese geschlossenen Systeme, "aber keine Institution kann es auf sich nehmen, alle Ansichten über jedes Thema (auf alle Zeit) zu regulieren"[29]. Dessenungeachtet gibt es für die Masse der Menschheit vielleicht keine geeignetere Methode, denn "wenn ihr stärkster Trieb dahingeht, intellektuelle Sklaven zu sein, dann sollten sie Sklaven bleiben"[30].

Irgendwann wird es ohne Frage einer kleinen, geistigen Elite glücken, eine "Diskussion" über die bisher selbstverständliche "Wahrheit" autoritativer Überzeugungen in Gang zu bringen: "Diese Menschen besitzen eine weitsichtigere Art von sozialem Gefühl; sie sehen, daß die Menschen in anderen Ländern und in anderen Zeitaltern sich an Lehren gehalten haben, die sehr verschieden von denen waren, in deren Überzeugung man sie selbst aufzog"[31] und sie erkennen, "daß es keinen Grund gibt, ihre eigenen Anschauungen höher zu schätzen als die von anderen Nationen und anderen Jahrhunderten; und dadurch entstehen in ihrem Gemüte Zweifel"[32]. Hieraus erwächst die neue methodologische Forderung, die auf die Erlangung des Kriteriums abzielt, "welcher Satz es ist, von dem man überzeugt sein soll"[33]. Das Merkmal[34], in dialektischer Gesprächsform einen der "Vernunft genehmen" Konsens über fundamentale Sätze zu erreichen, charakterisiert die **Apriori Methode**[35] und beinhaltet zugleich ihren Mißerfolg: Spekulative Vernunft führt gerade wieder in die Vereinzelung der Denker und ihrer Systeme zurück, was aus solcherart achtenswertem Forschen etwas macht, das der Entwicklung von "Geschmack" (eine "Modeerscheinung") ähnelt.

"Um unsere Zweifel zur Ruhe zu bringen, ist es daher notwendig, daß eine Methode gefunden wird, durch die unsere Überzeugungen nicht von etwas Menschlichem bestimmt werden, sondern durch irgendetwas, das außerhalb von uns fortdauert - durch etwas, auf das unser Denken keine Wirkung hat."[36] Zu Recht bemerkt Manley

Thompson[37] eine Diskontinuität in dem schrittweisen dialektischen Bewegungsprozeß gegenüber den erstgenannten drei Methoden: Es ist das Spannungsverhältnis der zwei hinlänglich bekannten Realitätsauffassungen, das sich in der Vermittlung des endlichen mit dem unendlichen Erkenntnisprozeß niederschlägt. "Das außerhalb von uns Fortdauernde würde in unserem Sinn nicht außer uns sein, wenn es in seinem Einfluß auf ein einziges Individuum beschränkt wäre. Es muß etwas sein, das auf jeden Menschen einwirkt oder einwirken könnte. Und obwohl diese Einwirkungen notwendig so verschieden sind, wie es die individuellen Verhältnisse sind, so muß doch die Methode so sein, daß die letztliche Konklusion eines jeden Menschen dieselbe sein wird. Das ist die **Methode der Wissenschaft**" (Herv. v. mir).[38]

Sicherlich bieten die ersten drei Methoden zur Festlegung einer Überzeugung ebenfalls bestimmte Vorteile[39]: Die erste würdigt spöttisch den "reflexionslosen", ohne Rücksicht auf das absehbare Ende entschlossen-agierenden, Tat-Menschen; die zweite lenkt immer die Masse der Menschen; die dritte zeichnet sich durch bequeme Schlüsse aus. Im Vergleich dazu erhebt die vierte den moralischen Anspruch nicht irgendeine Überzeugung, sondern die Redlichkeit[40] einer Überzeugung erstreben zu wollen.

Im Zusammenhang mit den eben erwähnten vier Methoden - ein Jahrzehnt vorher ausgelöst mittels des Aufweises der Sinnlosigkeit des Begriffs des "absolut Unerkennbaren" - benötigt die Verfahrensweise der Wissenschaft ein fundamentales Leitprinzip, das zur zuverlässigen Orientierung für ein weiteres, differenzierteres-forschendes Vorgehen dient, um den Grad der Klarheit unseres Denkens stetig zu verfeinern und zu steigern. Bereits der unglücklich ins Deutsche übersetzte Titel "How to Make Our Ideas Clear" - "Über die Klarheit unserer Gedanken", besser: "Wie wir unsere Ideen klar machen können" - birgt den prozeßhaften Charakter von Sinn- und Bedeutungsklärung eines Gedankens, der in Myriaden Formen vorzuliegen fähig ist, durch die Erörterung seiner vielfach fehlinterpretierten, "praktischen" Folgen in sich. Kein geringerer als B. Russell[41] klagte daher einst den Pragmatismus Peirce'scher Ausprägung als Glorifizierung der amerikanischen Liebe zur "action" wie als Symbol des, alleinig den Nutzeffekt widerspiegelnden, Kommerzialismus an, eine Pragmatische Maxime, die sich aus einer Modifikation[42] der von G.

Berkeley, D. Hume, A. Comte, J.St. Mill vertretenen Kritik sinnloser Sprachzeichen herauskristallisierte.
Zwar wurden wir in Abschnitt 1.3. mit der bekanntesten Formulierung der Pragmatischen Maxime[43] von 1878 als auch der zu beachtenden Anm. 3 von 1893 konfrontiert, trotzdem erlaube ich mir auf Peirce's ursprüngliche, französische Orginalfassung mit der anschließenden Interpretation - dargelegt im Zuge der Pragmatismus-Vorlesungen von 1903 - zurückzugreifen: "But the Maxim of Pragmatism, as I originally stated it, **Revue philosophique VII**, is as follows:
Considérer quels sont les effets pratiques que nous pensons pouvoir être produits par l'objet de notre conception. La conception de tous ces effets est la conception complète de l'objet. (p. 48.)
Pour développer **le sens d'une pensée**, il faut donc simplement déterminer quelles **habitudes** elle produit, car le sens d'une chose consiste simplement dans les habitudes qu'elle implique. Le caractère d'une habitude dépend de la facon dont elle peut nous faire agir non pas seulement dans telle circonstance probable, mais dans toute circonstance **possible**, si improbable qu'elle puisse être. Ce qu'est une habitude dépend de ces deux points: quand et comment elle fait agir. Pour le premier point: quand? tout **stimulant à l'action** dérive d'une **perception**; pour le second point: comment? le but de toute action est d'amener au **résultat sensible**. Nous atteignons ainsi le tangible et le pratique comme **base** de toute différence de pensée, si subtile qu'elle puisse être. (p. 47.)" (Herv. v. mir).[44] 8.191 (1904) führt ferner eine ergänzende Abklärung des Gedankengangs an: "Die Maxime beabsichtigte eine Methode zur Analyse von Begriffen einzurichten. Ein Begriff ist etwas, das die Seinsweise eines allgemeinen Typus hat, welcher der rationale Teil des Inhalts eines Wortes ist, oder vielleicht ist."[45]
Peirce selbst verteidigt[46] diese Denkregel gegen eine skeptische oder materialistische Auslegung mit der Feststellung, sie sei nichts anderes als die Anwendung des von Jesus empfohlenen Prinzips: "An ihren Früchten werdet ihr sie erkennen"; "die Früchte" schließen keine individualistisch bezogene Maßgabe mit ein, sondern beziehen sich auf eine kollektive Leistung Aller zur Ermöglichung größtmöglicher "Reichweite" menschlicher Erkenntnis.
Der mancherorts erfolgte Vergleich[47] der Pragmatischen Maxime mit der berühmten elften Feuerbach-These von K. Marx, die Phi-

losophen sollten die Welt **verändern**, nicht nur **interpretieren**, zielt an der Peirce'schen Intention einer ganzheitlichen, unendlichen **Fortentwicklung des Universums**, nicht einzig einer politisch-ökonomisch-revolutionären Veränderung einer regionalen Klassengesellschaft, vorbei. Die Maxime beinhaltet allerdings - vermutlich im Sinne von Marx - in ihrem Kern den Gedanken einer eigenverantwortlichen Chance zur Mitgestaltung der Welt durch die evolutionäre Formung von Verhaltensgewohnheiten.

Ch.S. Peirce unterläuft dementgegen bei der exemplifizierenden Darlegung der Pragmatischen Maxime ein folgenschwerer Fehler: Was meinen wir, wenn wir ein Ding (z.B. einen Diamanten) "hart" nennen? Offensichtlich gibt es keine Differenz zwischen "hart" und "weich", solange nicht das Ding in bezug auf seine denkbaren Wirkungen auf die Probe gestellt worden ist.[48] Ein derart erstaunlicher Rückfall des Pragmatismus auf die nominalistisch-empiristische Ebene - die wahre Aussage über das Ding, "weich" bzw. "hart", hängt von der faktischen Verifikation mittels Test ab - rückt die Pragmatische Maxime in die Nähe des von Leibniz so benannten "le principe d'observabilité".[49] Diese ihr innewohnende satzanalytische "Wenn-Dann"-Struktur[50], die von ihm in späteren Jahren nicht nur auf mögliche Kausalwirkungen von Naturprozessen, sondern auch auf die von Menschen auszuführenden Denkoperationen bezogen wird, verweist auf das nötige Vorschreiben möglicher "Handlungen" als "Operationen", die exaktes Wissen im Zuge eines Konditionalgefüges implizieren, wie es in der Gegenwart bei naturwissenschaftlich-zuverlässiger Forschung üblich ist. Erinnert sei zudem daran, "daß es den Tod des Pragmatizismus bedeuten würde, wenn er wirklich das Handeln zum Ein und Alles des Lebens machen würde"[51].

Als Peirce selbst sein eigener Lapsus, daß er sich zu weit auf die Bahn des Nominalismus begeben habe[52], zu Bewußtsein kam, präzisiert er 1905 seine Ausführungen zum Diamanten-Beispiel von 1878 wie folgt: "Denn wenn der Leser die ursprüngliche Maxime des Pragmatizismus zu Anfang dieses Artikels heranzieht, wird er einsehen, daß die (entscheidende) Frage nicht die ist, was <u>tatsächlich</u> geschah, sondern ob es gut gewesen wäre, sich nach einem Verhaltensmuster zu richten, dessen erfolgreiches Ergebnis davon abhängig ist, ob jener Diamant einem Versuch, ihn zu ritzen, widerstehen <u>würde</u>, oder ob alle anderen logischen Mittel, um zu bestimmen, wie er klassifiziert werden sollte, zu der Konklusion führen würden, die - um genau die Worte jenes Artikels zu zitieren - in der Überzeugung bestehen würde, 'die allein das Ergebnis der Forschung, die weit genug getrieben wurde, sein kann'."[53] Die Implikation des "Contrary-to-fact-condicionalis" bewirkt in diesen konditionalen[54] Sätzen mit ihren hypothetischen Vordersätzen das gedankliche "Vorlaufen" in Form des Ausdrucks einer Möglichkeit, die im Fortgang des Erkenntnisprozesses mitunter real wird. Ein weiterer Vorteil der Aussagen in der Gestalt von "would-acts" und "would-dos"[55] besteht darin, daß tatsächliche (Denk-)Ereignisse nie in der Lage wären, die Flexibilität und volle Bedeutung des "würde-sein" ("would-be") einzuholen. Deswegen repräsentieren vorwiegend intellektuelle Begriffe ("intellectual concepts") in Verbindung mit "Verhaltens"-weisen besser -regeln qualitätsäquivalent die "Bedeutung" eines Gedankens für uns Menschen. Die im "would-be" innewohnende Möglichkeit erlaubt "auf lange Sicht" als Schlüssel zur Forschung die Idee einer "letzten Meinung" zu erlangen und aktualisiert sich im Verlauf dieses Prozesses in der jeweiligen, d.h. je-meinigen und je-unsrigen, (Denk-)Handlung unter der Voraussetzung der U n e r s c h ö p f b a r k e i t d e s M ö g l i c h e n und der B e g r e n z t h e i t d e s A k t u a l e n. In seinem Kernpunkt vermittelt das "would-be" demzufolge sowohl die Bezugsebene des Bedingten in Form des Ursprungs einer hypothetisch-treffbaren Aussage als auch die Offenheit der Zukunft, die als e n d l o s e Zukunft zu fassen ist: "Denn jedes zukünftige Ereignis wird einmal vollendet sein, die endlose Zukunft aber wird niemals vollendet sein."[56]

Konsequenterweise geht es Peirce um den Versuch, das vage Verständnis des hier zugrundegelegten Realen durch das Gedankenexperiment "Pragmatische Maxime" dergestalt zu konkretisieren, daß eine idealiter gedachte Vollendung des Erkenntnisprozesses über die Realität des Realen, wie von seiner Vorstellung der "reality" gefordert, in den "gegenwärtig"-existenten Erkenntniszustand hereingeholt wird. Mit Hilfe dieses Prüfsteins leitet er den etwaigen Erkenntnisfortschritt zur Ausdehnung des Wissens über in Zukunft soseiend-daseiendes Reales ein. Das Reale wird weder auf das ehemals Erkannte reduziert, noch sehen wir uns gezwungen, eine unerkennbare Realität denken zu müssen; vielmehr wird "reality" bei allen Reflexionen bereits vorausge-

setzt. In einer derartigen Vermittlung des Spannungsbogens von
Sein und Werden bezüglich der "Bestimmung" des Realen in
"reality" liegt das Fundament für schlußfolgerndes Denken begründet, das kraft der Beeinflussung des Realen - durch regelmäßige "Gesetze" - auf unsere Sinnesempfindung geprägt ist.
Selbstverständlich bedarf es dabei der unterstützenden Mitwirkung der Semiotik, was nicht in den beiden Artikeln von 1877
und 1878 eigens erwähnt ist. Die von der realistisch-idealistischen Sichtweise betonte Beständigkeit und Festigkeit der
Realität wie das Außenweltkriterium der empiristischen findet
an dieser Stelle also seinen unzweideutig sichtbaren Niederschlag.
In Verbindung mit der "Theorie der Realität" sucht Peirce als
Vertreter des Fallibilismus in der Wissenschaftstheorie zwischen dem idealen Ziel der Forschung und der stets provisorisch
erreichbaren Überzeugung der "doubt-belief"-Theorie Kriterien
für die Maßgabe praktisch erlangbarer "Zwischen"-ziele, die der
forschende Mensch ins Auge zu fassen vermag, herauszuarbeiten:
"Es ist sicherlich am besten für uns, wenn unsere Überzeugungen
von der Art sind, daß sie unsere Handlungen zuverlässig zur Befriedigung unserer Wünsche leiten; und diese Überlegung läßt
uns jede Meinung verwerfen, die nicht so beschaffen gewesen zu
sein scheint, daß sie dieses Ergebnis sicherstellt."[57] Eine
solche Aussage versteht sich n i c h t im Sinne einer vulgärpragmatischen Wahrheitstheorie der Bedürfnisbefriedigung, sondern zeigt eine Bemessungsgrundlage für menschliche Überzeugung
lange vor der Verfügbarkeit des philosophischen Wahrheitsbegriffs
auf. Diese bleibt zudem bei einer normativ gültigen, als regulatives Prinzip der Überprüfung von Überzeugungen dienenden, Definition der Wahrheit erhalten: "Denn die Wahrheit ist weder
mehr noch weniger als der Charakter eines Satzes, der darin besteht, daß die Überzeugung von diesem Satz uns bei genügender
Erfahrung und Reflexion zu einem Verhalten führen <u>würde</u>, das
darauf zielen <u>würde</u>, die Wünsche, die wir dann haben <u>müßten</u>, zu
befriedigen. Zu sagen, daß die Wahrheit mehr als dies meint,
besagt, daß sie überhaupt keinen Sinn hat"[58] (Herv. v. mir).
Zur Vermeidung mißliebiger Interpretationsfehler benutzt Ch.S.
Peirce wohlerwogen die "would-be"-Form, welche gerade nicht die
praktisch-situative Bewährung der Wahrheit eines Satzes faktisch
fordert; dementgegen bekundet sie prinzipiell ihre N i c h t - E r -

s c h ö p f b a r k e i t in derlei Bewährungsarten, die, würden sie, unter der Prämisse des "würde-sein" gewisser Bedingungen, unsere logisch berechtigten Wünsche ausweisen, in einer kontinuierlichen Tendenz zur Befriedigung derselben einmünden, um den möglichen Sinn des Satz-Prädikats "wahr" solchermaßen zu explizieren, daß die Kriterien angegeben werden, an denen wir in der Praxis erkennen könnten, ob ein Satz - wahrscheinlich - wahr ist. Jene Argumentationskette spiegelt den Entbergungsprozeß einer hypothetisch-angenommenen Wahrheit kraft Urteilsstruktur nach dem Modus der Schlußfolgerungen in einer, das Moment der Übereinstimmung selbst betonenden, pragmatisch-modifizierten "adaequatio rei et intellectus" wider. Weitere Ausführungen hierzu folgen in Abschnitt 3.2..
Ihre Hoffnung setzen die Mitglieder der wissenschaftlichen Forschungsgemeinschaft auf die Vervollkommnung der anzuwendenden Verfahren und Methoden bzw. auf den daraus weitervoranzutreibenden Untersuchungsprozeß, der alle Resultate auf jede Frage, für die er in Anspruch genommen werden kann, einer sicheren Lösung, sein ideales Konvergenzzentrum, schrittweise näherbringt. Allerdings ist einerseits die Realität - wie bekannt - nicht notwendig vom Denken im allgemeinen abhängig, sondern einzig von einer begrenzten Anzahl von Einzeldenkern. Obwohl der Gegenstand der endgültigen Meinung, der sich allezeit in einer interimistischen Überzeugung repräsentiert, auf sie angewiesen ist, hängt andererseits das, was jene Meinung ist, doch nicht davon ab, was ich, Sie oder irgendwer sonst denken.[59] Ein solcherart regulativer, nicht spekulativer Prozeß zur Erreichung der Realität des Realen übt in gewisser Weise einen Realitätszwang als Ergänzung zur Idee des Forschungsprozesses aus, - solange D E N - K E N existiert: "Die objektive letzte Meinung ist unabhängig von den Gedanken irgendwelcher einzelner Menschen, aber nicht unabhängig vom Denken im allgemeinen. Das heißt, wenn es kein Denken gäbe, würde es keine Meinung geben und darum keine letzte Meinung."[60] Also benötigt die Realität der "letzten Meinung" zu ihrer Verwirklichung die idealisierte "Theorie der Forschung auf lange Sicht"[61]; hierbei konfrontiert Peirce sein Konvergenzprinzip mit der dialektischen Konvergenzmethode Hegel's, bei der alle entgegengesetzten Meinungen des Anfangs in die Synthese eingehen und sie mitbestimmen, während bei seiner Methode der Wissenschaft die "letzte" Meinung, in der sich der Raum und

Zeit durchspannende intersubjektive Konsensus A l l e r darbietet, vorherbestimmt ist[62], - "ohne Beziehung zu dem Anfangszustand des Glaubens"[63].
Bedingung für die in futuro ersehnte Konvergenz aller Überzeugungen bildet die sogn. "naive" und die "wissenschaftliche" Einstellung, die bei aller inhaltlichen Varianz ihre Gemeinschaft in der e i n e n r e a l e n Welt, welche den Inbegriff der Gegenstände ausmacht, findet. Die dem Begriff der Realität, im Sinne des Wirkganzen alles Realen, innewohnende Idee der GEMEINSCHAFT - erläutert in 5.311 (1868) und konzipiert in Gestalt der sozialen Theorie der Hoffnung auf letztlichen Konsens - erfährt in den Artikeln von 1877 und 1878 eine "Reduktion" auf die "wissenschaftliche Gemeinschaft der Forscher". Ein solcher "Boden" der Intersubjektivität - a priorische Voraussetzung für jegliche kommunikative Evolution - bietet die Möglichkeit für eine Begegnung eines Ich mit einem Nicht-Ich, gestattet freilich kein bewußt oder unbewußt zweckrationales, einsames Fürsich-Handeln; vielmehr arbeitet das Subjekt dieser Forschungsgemeinschaft unter empirischen Bedingungen wie forschungslogischen Regeln mit transzendentalem Stellenwert auf die den rein instrumentalen Rahmen des Handelns sprengende "Lösungsstrategie" des idealen Zielpunkts des Denkens hin, der aufgrund der Endlichkeit des Einzelwesens wie der menschlichen Gattung nie erreicht wird.[64] Erst die Verknüpfung der Habermas'schen Dichotomie - instrumental-kommunikativ - im fortlaufenden, selbstkontrollierten[65] Prozeß gibt der aktiven, menschlichen Tätigkeit den Schlüssel für das Verständnis a l l e r Aspekte des Lebens wie der Welt, schlicht des S E I N 's, an die Hand und eröffnet Denken als einer Form des inneren Dialogs eine Chance zur Partizipation an der Gemeinschaft. Hierbei vermag Peirce allerdings nicht das konkrete Subjekt der "Forschergemeinschaft" in seiner jeweiligen "Bildungs"-ausformung zu erfassen, wie er ebenfalls keine über-individuelle Strukturierung einer sich stets verändernden Gemeinschaft anzugeben fähig ist. Ob dies bei seiner Vorstellung des lauteren Einzelforschers überhaupt nötig ist, bleibt zu bezweifeln.

Unter Berücksichtigung der diversen Aspekte, der bis an diese Stelle erwähnten wie zitierten Zusammenhänge von Denken, Handeln und Evolution, präsentiert Ch.S. Peirce seine philosophische Anschauung von Realem, von Wahrheit und von Realität: "The opinion which is fated to be ultimately agreed to be all who investigate, is what we mean by truth, and the object represented in this opinion is the real. That is the way I would explain reality" ("Die Meinung, die vom Schicksal dazu bestimmt ist, daß ihr letztlich jeder der Forschenden zustimmt, ist das, was wir unter Wahrheit verstehen, und der Gegenstand, der durch diese Meinung repräsentiert wird, ist das Reale. So würde ich Realität erklären").[66]

2.6. Die Triade der fundamental-universalen Strukturkategorien als Bedingung für eine Erkennbarkeit der Realität in Zeit

> "Die echten Kategorien ergeben sich als etwas inhaltlich Engeres, aber eben darum Gewichtigeres, als etwas Allgemeines und Notwendiges, das man als das Identischbleibende in den verschiedensten Denkformen wiederfindet, - soweit wenigstens, als diese inhaltlich an die einschlägigen Probleme heranreichen.
> Wenn irgendetwas, so hat ein solches Identisches berechtigten Anspruch darauf, als echte Kategorie zu gelten. Aber auch hier braucht man sich auf das Geschichtlich-Empirische nicht zu verlassen. Man kann stets auch auf andere Weise untersuchen, ob etwas scheinbare oder wirkliche Kategorie ist. Die Untersuchung muß klarstellen, ob sich das vermeintlich 'kategoriale' Moment aus dem Concretum, an dem es auftritt, ausschalten oder 'wegdenken' läßt, ohne daß dieses verändert wird, oder nicht. Diese Art Untersuchung wird immer und unvermeidlich dort geführt, wo Kategorien aufgezeigt und als solche erwiesen werden sollen." **(1)**

Zur Einführung in die Triade der fundamental-universalen Strukturkategorien[2] (gr.: "κατηγορία", "κατηγορέω"; dt.: "Aussageform", "ich spreche gegen jemand", "ich klage an") von Peirce sei zu Beginn die Erfordernis der drei nachstehenden Fähigkeiten[3] aufgezeigt, um sowohl die Kategorien herausarbeiten zu können, als auch die mit ihnen verbundenen Probleme transparent werden zu lassen:

a) "... das, was einem ins Auge springt, genau wie es sich selbst darstellt, zu sehen, nicht durch eine Interpretation ersetzt, unverfälscht durch irgendeine Berücksichtigung dieses oder jenes vermeintlich modifizierenden Umstands."[4]

b) ein entschlossenes Unterscheidungsvermögen

c) das generalisierende Vermögen eines Mathematikers

Wie in 2. dargelegt, folgt die Diskussion der Vorgehensweise dieser Abhandlung gemäß den voneinander abgrenzbaren "Argumentationsstufen" von Peirce. Im vorliegenden Abschnitt versuche ich die Einheit der wichtigsten Gedankengänge und ihrer verschiedenartigen Ausformungen in seiner philosophischen "Lehre" herzustellen, eine Einheit, die sich am deutlichsten in der Kategorienlehre widerspiegelt, da sie wie ein feingesponnener Faden sein gesamtes Werk durchzieht. Sicherlich verhelfen die drei Kategorien Peirce, seine Überlegungen mit ihrer Hilfe zu strukturieren. Sie vermögen durch ihre Allgemeinheit jedoch nicht, das für-und-an-sich-seiende Besondere in seinen Reflexionen zu bestimmen, ermöglichen aber vermittels ihrer Universalität, die Grundlage für die Entwicklung des Besonderen im Allgemeinen zu bilden. Nicht zu Unrecht darf ich insofern Emil Lask zitieren: "Was für eine Kategorienlehre man wählt, hängt davon ab, was für ein Philosoph man ist."[5]

Da zu berücksichtigen ist, daß die Kategorien einen entscheidenden Anteil zur Verallgemeinerung des Besonderen leisten können, verkürzt Peirce den Inhalt des Begriffs "Kategorie" auf seine wesentliche Bedeutung: "Für Aristoteles, für Kant und für Hegel ist die Kategorie ein Element der Phänomene von höchster Allgemeinheit."[6] Eine knapp gehaltene Erörterung der Bezüge der Peirce'schen Kategorienlehre zu allen drei vorgenannten Philosophen sucht im folgenden einen klärenden Einstieg in die Hintergründe des Gemeinten zu finden.

Aristoteles läßt in der "Metaphysik"[7] seine Neukonzeption der Ousia[8] als Kategorie in die platonische Seinsweise des Eidos (Idee; Form) und in das Zugrundeliegende, d.h. bestimmte und einzelne Seiend-Sein, zerfallen, wobei beide eine Einheit bilden. Dabei schließt der aus der griechischen Gerichtssprache entlehnte Terminus "Kategorie" den ontologischen Bezug der Kategorien auf die Beziehungen der logischen Synthesis des Aussagens ein; deren Schemata sollen in der Analyse die Mehrdeutigkeiten der philosophischen Argumentation, insbesondere bei Verwendung der vieldeutigen Satzkopula "ist", vermeiden. Indes wird die ontologische Fragestellung noch nicht von der logischen unterschieden. Vergleichbar der ersten Kategorie (Substanz) des Aristoteles präsentiert Peirce in seiner "New List of Categories" (Mai 1867) nachstehende Konzeption. Näher gehe ich auf diese "Liste der Kategorien" nicht ein, dafür allerdings auf die phänomenologisch-gereifte, "abgeänderte" Kategorienlehre in den Pragmatismus-Vorlesungen (1903). Die zwei extremen Weisen des Seiend-Seins, Wesen und Substrat der Substanz, grenzen die sich dazwischen entfaltenden übrigen Kategorien ein.

>"B e i n g
> Quality (reference to a ground)
> Relation (reference to a correlate)
> Representation (reference to an interpretant)
>S u b s t a n c e"   [1.555]^9

Mit dem für ein tiefgehenderes Verständnis unabdingbaren Zitat M. Schoenenberg's schließe ich die Betrachtung der Kategorienbeziehung von Peirce-Aristoteles ab, die drei Stufen des Seienden in der kategorialen Aussage eröffnet:

"1. Als Zugrundeliegendes, dem alles andere zukommt oder nicht zukommt. Das zugrundeliegende Etwas selbst ist keineswegs das empirische Etwas; denn dieses existiert ja nicht als unteilbares; das Kriterium der Unteilbarkeit aber wird für das als Erste Substanz Zugrundeliegende beansprucht.
Das Zugrundeliegende ist, wie oben gezeigt wurde, eine extreme Weise des Seiend-Seins von Seiendem. Als Erste Kategorie ist es selbstverständlich ein Bezug des Logos (der Aussage) auf Seiendes als einzelnes.
2. Als Gattung oder Art, als Qualität, Relation etc. fungiert Seiend-Sein als ein Sein relativ auf erste Substanzen und wird von ihnen ausgesagt. Dieser Bezug ist entweder wesentlich oder akzidentell.
3. In der Apophansis wird das Zugrundeliegende (Subjekt) mit dem Zukommenden (Verb) zu einem Sein als Einheit verbun-

den. Dies impliziert den 'Interpreten'."[10]

Motiviert durch die Intention der rationalistischen Philosophie seit Descartes wie durch den beständigen Eindruck der empiristischen Kritik an universalen Begriffen versuchte I. **Kant**, aus den von Chr. Wolff und A. Baumgarten vorgegebenen "termini ontologici" diejenigen herauszupicken, die als a priorische Begriffe des Verstandes in der Lage waren, zugleich objektive Gültigkeit zu beanspruchen. Da sich Kant - wie auch später Peirce - auf den Gedanken des Aristoteles stützte, daß die Kategorien die Einheit des Seins als Ausgesagt-Sein vermitteln, sah sich Kant veranlaßt, aus der Tafel der Urteile die Tafel der Kategorien zu entwickeln, - unter Beibehaltung der vier "Titel" sowie ihrer Anzahl. Hierdurch signalisiert er deren G e m e i n s a m k e i t unter dem Aspekt, wie sie die Einheit des Seins als Einheit der Apperzeption hervorbringt. Seine Kategorien besitzen aufgrunddessen Geltung für Objekte des Verstandes überhaupt als auch eine mögliche Bedeutung für Erfahrungserkenntnis. Einerseits stellen sie sich sonach in Gestalt von Strukturbegriffen einer jeden Wissenschaft, "sofern sie auf Begriffen a priori beruht"[11], dar, andererseits erlangen die reinen Verstandesbegriffe Erkenntnisbedeutung ausschließlich dann, wenn ihre Anwendung auf Gegenstände der Erfahrung mittels einer "transzendentalen Deduktion" grundsätzlich gewährleistet ist[12]. Gleichwohl bleibt es ein Versuch Kant's, das Problem ihres Ursprungs ausdrücklich zu formulieren. Hingegen versäumte er es allerdings, einen, bei ihm nirgendwo auffindbaren, Vollständigkeitsbeweis für b e i d e seiner "Tafeln" zu rekonstruieren, ein axiomatisches "Prinzip" für ihre Deduzierbarkeit anzugeben, und eindeutig niederzulegen, ob die Kategorientafel aus der Urteilstafel "abgeleitet" wurde oder nicht. Trotzdem sieht sich Peirce in Übereinstimmung mit Kant in der Lage, auch dessen Kategorien-"Deduktion" als Aufweis i r r e d u z i b l e r, e l e m e n t a r e r Funktionen des Verstandes zu betrachten.

Dem Terminus der Kategorie wird je nach seinem Standort im System **Hegel**'s eine jeweils andere Relevanz zuerkannt; desungeachtet läßt sich sagen, daß "der Verstand das Einzelne aus seinen Allgemeinheiten (den Kategorien) ..."[13] erhält. Diese Hoffnung auf das absolute Wissen bedeutet nicht die notwendige

Existenz einer a priori'schen Form des Gegebenen, sondern d a s
G a n z e des synthetischen Erkennens, nicht eine Form, unter die
Inhalte subsumiert werden, sondern den Begriff a l s t ä t i g e
B e z i e h u n g a u f s i c h s e l b s t. Inspiriert zu einer ein-
gehenden Untersuchung durch den rhapsodischen und ausschweifen-
den Katalog der Hegel'schen partikulären Kategorien in dessen
"Enzyklopädie der philosophischen Wissenschaften" vermeint
Peirce: "Bei den drei universalen Kategorien, die Hegel, nebenbei bemerkt, überhaupt nicht als Kategorien ansah, oder die er
wenigstens nicht so, sondern als drei Zustände (stages; besser:
Stufen, Stadien) des Denkens bezeichnete"[14], sei eine Parallelität zu seinen eigenen Überlegungen festzustellen. Um welche
drei Kategorien-Bereiche handelt es sich demzufolge?
"1. In der <u>Seinslogik</u> denkt das Denken das Bestimmte. Es hat
sich als ein die Bestimmtheit (Begriff an sich) denkendes Denken unter den Bedingungen eben dieser Bestimmtheit zum Gegenstand. 2. In der <u>Reflexionslogik</u> denkt sich das Denken als Beziehung (Begriff für sich). Es hat sich unter den Bedingungen
dieser Beziehungen zum Gegenstand. 3. Erst in der <u>Begriffslo-
gik</u> erkennt sich der Begriff als Einheit dieser einseitigen
Weisen (Begriff an und für sich). Der Begriff an und für sich
ist die Idee, die reine Kategorie, die sich als Wesen der Ka-
tegorialität überhaupt erkennt und sich als die sich selbst
vermittelnde Subjektivität setzt, die die Momente (Kategorie)
ihrer Genesis begreifend einholt. Mit dem Erreichen der absoluten Idee ist der Prozeß des zu-sich-selbst-kommenden absoluten Geistes der Form nach vollendet."[15]
Es vermag jedoch nicht oft genug betont zu werden, daß für Ch.
S. Peirce nicht das Absolute E i n e s ist; umgekehrt bestimmt
er drei Absoluta - verschieden, unabhängig und unwiderlegbar
im Rang des Denkens - zu Kategorien, die nicht in E i n e m auf-
gehoben werden.[16] Gemäß der vorstehenden Erläuterungen bezeichne ich, Hegel entsprechend und im Gegensatz zur aristotelischen
und kantischen Kategorienauffassung, Peirce's Kategorientriade
allgemein als eine sich mannigfaltig abwandelnde Identität von
Seins- und Denkbestimmungen.
Peirce leitet indes neben den Fundamenten für seine Kategorienlehre insbesondere von Hegel noch eine zweite hochbedeutsame
Aussage hinsichtlich seines eigenen Gedankengangs ab: Ehe überhaupt daran gedacht werden dürfe, eine normative Wissenschaft

(Logik, Ethik, Ästhetik) zu konstruieren, gilt es ernsthaft, eine einleitende Untersuchung anzustrengen, die "die Phänomene genau so betrachet, wie sie sind; die nur die Augen öffnet und beschreibt, was sie sieht; nicht, was sie in der Realität als von der Fiktion unterschieden sieht - überhaupt keine solche Dichotomie beachtend -, sondern einfach das Objekt als ein Phänomen beschreibt und darstellt, was sie Ähnliches in allen Phänomenen findet. Das ist die Wissenschaft, die Hegel unter dem Namen Phänomenologie des Geistes zu seinem Ausgangspunkt machte, obwohl er sie in einem verhängnisvoll engen Geiste sah, da er sich auf das beschränkte, was sich dem Geist tatsächlich aufdrängt, ..."[17]. Eine zusätzliche Querverbindung zwischen Ed. Husserl, der Peirce selbst kaum kannte, und Peirce, der äußerst unzulängliche Informationen über den deutschen Philosophen besaß, läßt sich lediglich mit beachtlicher Mühe rekonstruieren. Allein das Faktum, daß Husserl im ersten Band seiner "Logischen Untersuchungen" (1900) den Terminus "Phänomenologie" in einer Fußnote anmerkt, und Peirce 1902 denselben Begriff anscheinend zum ersten Mal in der "Minute Logic" (2.120) gebraucht, ist einer Erwähnung wert. Der Hauptunterschied der Charakteristik der beiden "Phänomenologien" von Peirce und Husserl betrifft jedoch die Abwesenheit der, von Husserl so benannten, "Intentionalität", ein Begriff, den er von Franz Brentano übernahm; obwohl Peirce ein derartiges Vermögen in seinen philosophischen wie semiotischen Überlegungen ohne Benutzung des gleichen Terminus, wie wir gesehen haben, sehr wohl unabdingbar in seiner Lehre einsetzt, impliziert Phänomenologie bei ihm mit Vorbedacht nicht eine "intentio recta" und/oder "obliqua".[18] Für ihn ist und bleibt sie eine "passive" Wissenschaft der eidetischen Wesensschau, die durch das Erkennenkönnen des g a n z e n Wahrnehmungsinhalts ("percept") im Wahrnehmungsurteil[19] begrenzt ist. 1904 gibt er infolgedessen der Phänomenologie kraft ihrer Umbenennung in Phaneroskopie explizite eine andere Wendung: "Ich gebrauche das Wort Phaneron in der Bedeutung von allem, was dem Verstand in irgendeinem Sinne oder auf irgendeine beliebige Weise gegenwärtig ist, ungeachtet dessen, ob es nun ein Faktum oder ein Figment ist. Ich prüfe das Phaneron und bemühe mich, seine Elemente der Komplexität ihrer Struktur nach auszusondern. Auf diese Weise komme ich zu meinen drei Kategorien."[20] Phanera repäsentieren des weiteren d a s G l e i c h e f ü r j e d e r-

mann, stehen aufgrund ihres intersubjektiven Wesensmerkmals jedem, der sich der Mühe unterzieht, sie zu untersuchen, offen[21] und besitzen zudem unabdingbare, ubiquitäre und universale Eigenschaften.
Zusammenfassend beschreibt P. Krausser die Peirce'sche Sichtweise von Phänomenologie so: "Gegenstand der phänomenologischen Untersuchung sind alle möglichen Erscheinungen als bloß solche, unter Absehung der Frage, ob und wie weit ihnen etwas Reales korrespondiert (vgl. 1.287), unter Vermeidung aller hypothetischen Erklärungen (vgl. 1.287) und mit dem Bemühen, sich nicht von traditionellen oder anderweitig bedingten Auffassungen oder Gründen aller Art über das, was das Erscheinende sei oder sein müsse, beeinflussen zu lassen (vgl. 1.287)."[22]
Eingebunden in das grob in Abschnitt 1.3. dargestellte Klassifikationsschema der Hierarchie der Wissenschaften[23] verwirklicht Peirce seiner Meinung nach nicht nur die von Kant hergeleitete Idee der "Architektonik"[24], sondern weist der Phänomenologie respektive Phaneroskopie ihren Gegenstand, die Charakterisierung der phänomenologischen Natur der Kategorien selbst, unzweideutig zu[25]. Der aktuelle Anlaß zu einem derartigen Schritt erwuchs Peirce offensichtlich aus der Problemverschlingung der unentbehrlich-werdenden Begründung für die semiotische Logik der Forschung: Sie selbst kann nicht imstande sein, Kategorienlehre zu sein, denn der dualistische Charakter ("die Schafe von den Böcken zu trennen"[26]) sowie die triadische Einteilung der normativen Wissenschaften setzt die grundlegend-universalen Strukturkategorien bereits voraus. Demgemäß fällt der Phänomenologie die bedeutsam-fundierende Aufgabe einer "prima philosophia" aller positiven Wissenschaften, selbst nicht mehr auf einer anderen, "höheren" positiven, gründend, zu, "die nach positiver Erkenntnis strebt; das heißt nach Erkenntnis, die in einem __kategorischen Satz__ vorteilhaft ausgedrückt werden kann"[27]. Philosophie selbst darf daher niemals[28] beanspruchen, eine Wissenschaft zu sein, denn nichts könnte für die Zukunft des Denkens verhängnisvoller werden. Sie ist ja als koenoskopische Beobachtung der "Überbau" der Triade Phänomenologie, Normative Wissenschaft, Metaphysik, d.h. alles dessen, was in dem Bereich gewöhnlicher "Erfahrung" ohne Verwendung besonderer Instrumente auftritt. Wie in Abschnitt 1.3. bereits eingeflochten hängt der soeben erwähnte Strukturkomplex "Philosophie" von der Reinen

Mathematik als konditional-hypothetischer Wissenschaft ab, das bedeutet von einer Wissenschaft ohne Bezug auf erfahrbare Wirklichkeit, von einer möglichen Wissenschaft oder einer Wissenschaft idealer Objekte. Schließlich scheint der Scharfblick des Peirce'schen "geistigen Auges" eine ähnliche Problematik wie der spätere L. Wittgenstein zu entschleiern. Beide beachten die Bedingungen der Möglichkeit der Philosophie als Reflexion, gestützt auf ein sprachlich-kommunikatives Vermögen, das an die "verschiebbaren" Grenzen ihres individuell-menschlichen Sprachdenkens stößt, "hinter" denen zwar ein Darüberhinaus, das sich "zeigt"[29], existiert, für das freilich gilt: "Wovon man nicht sprechen kann, darüber muß man schweigen."[30]

Mittels der sprachlich-faßbaren, phänomenologischen Reflexions-"stufe", die auf der Peirce'schen Semiotik gründet, gelingt durch die Hilfestellung der Kategorienlehre eine ontologische Deutung der Welt, wobei seine Kategorienlehre im wesentlichen ab der Revision von 1885 unverändert blieb. Die Möglichkeit einer ontologischen Weltdeutung bestätigt Peirce indirekt: "Ich bin ziemlich verärgert zu hören, an meinen drei Kategorien sollte irgend etwas neu sein, denn wenn sie nicht, wie verworren auch immer, von den Menschen, seit diese zu denken begannen, erkannt wurden, verdammt sie das sofort."[31] Daraus resultiert für ihn eine Interpretation des Universums kraft möglichst weniger und einfacher Kategorien, die in ihrer triadischen Wirkkonstellation - gleich einer "more mathematico" - eine Irreduzibilität repräsentieren, jedoch k e i n e Vollständigkeit hinsichtlich einer eventuell-nötigen Ergänzung für sich in Anspruch nehmen. Ein weiteres Fundament für eine solche Erarbeitung bildet seine Abwandlung des Ockham'schen "Rasiermessers": "Praedicamenta non sunt multiplicanda praeter necessitatem."[32] Aufgrund der immerwährenden Gefahr der Fallibilität des Menschen sollte sich jede einzelne der drei Kategorien ebenfalls in einer kontinuierlichen, induktiven Untersuchung rechtfertigen, damit wir alle jeder eine annähernd-sichere Gültigkeit und somit Realität zusprechen können.[33] Die notwendige und zureichende Trias der Kategorien erinnert ebenfalls unweigerlich an die christliche Trinitätslehre, welche im Wesen der drei Komponenten, in der Einheitlichkeit, die mit keinem der Drei identisch, dennoch in jedem enthalten und allen Dreien gemeinsam ist, ihre Grundlagen erblickt. Sie vermittelt in der Verfassung von Peirce die Verbindung des ontologischen Bestandteils der aristotelischen Ousia mit dem logischen der Aussage sowie mit dem erkenntnistheoretischen der Reduktion der sinnlichen Mannigfaltigkeit in, wie wir wissen, beinahe-Hegel'scher Manier.

Seine Definition der Kategorien in den hier zugrundegelegten Pragmatismus-Vorlesungen lautet deshalb wie folgt:
"Category the First is the Idea of that which is such as it is regardless of anything else. That is to say, it is a Quality of Feeling.
Category the Second is the Idea of that which is such as it is as being Second to some First, regardless of anything else, and in particular regardless of any Law, although it may conform to a law. That is to say, it is Reaction as an element of the Phenomenon.
Category the Third is the Idea of that which is such as it is as being a Third, or Medium, between a Second and its First. That is to say, it is Representation as an element of the Phenomenon"
("Die Kategorie 'Das Erste' ... ist die Idee dessen, was so ist, wie es ist, ungeachtet alles anderen. D.h. es ist eine Gefühlsqualität.
Die Kategorie 'Das Zweite' ... ist die Idee dessen, was so ist, wie es ist, als das Zweite im Hinblick auf ein Erstes, ungeachtet alles anderen, und insbesondere ungeachtet jeden Gesetzes, obwohl es einem Gesetz entsprechen mag. D.h. es ist Reaktion als ein Element des Phänomens.
Die Kategorie 'Das Dritte' ... ist die Idee dessen, das so ist, wie es ist, als ein Drittes oder ein Medium zwischen einem Zweiten und dessen Erstem. D.h. es ist Repräsentation als ein Element des Phänomens").[34]

Anschaulicher, das zu erwartende Interpretationsgut plastischer vorskizzierend, präsentieren sich die Termini der drei Kategorien in phänomenologischer Rücksicht: Gegenwärtigkeit ("presentness", für Erstheit), Kampf ("struggle", für Zweitheit) und Gesetze ("laws", für Drittheit).[35]

Zur Erstheit ("Firstness"): Peirce versucht zunächst anhand von Beispielen, wie den Adjektiven "rot", "hart" u.a.m., die Kategorie "Erstheit" zu erklären, die allerdings den Untersuchungsgegenstand nicht unbedingt für viele seiner Interpreten verständlicher machen. Ausgehend von der vorerwähnten Definition, die einen Bezug zu einer Qualität, ja einer Empfindungsqualität herstellt, verdunkelt sich eher die Bedeutung "dessen, das so ist, wie es ist, o h n e etwas zu berücksichtigen". Gerade das schriftlich-fixierte Faktum "ohne etwas zu berücksichtigen", das scheinbar einen Widerspruch-in-sich-selbst im Zusammenhang mit seiner Definition darstellt, verweist auf das zentrale Element[36] der ersten Kategorie. Die historisch-gewachsene Begriffsbildung des Terminus "Qualität" hinter sich lassend verwendet Peirce den Terminus "suchness" in bloßer Synonymität zu "Qualität". Das englische "suchness" ("Solchheit") kommt seinem Verständnis entsprechend dem Begriff des "Soseins" N. Hartmann's äußerst nahe und wird daher von den deutschen Peirce-Übersetzern in dieser Weise übertragen. Es besagt "lediglich", daß jedes Phänomen als solches eine Beschaffenheit oder Bestimmtheit hat, die in Gestalt des monadischen[37], allzeit gegenwärtigen Moments der Solchheit jederzeit von jedem rein möglichen, daseienden Etwas abstraktiv abhebbar wird. Nichts anderes bedeutet "Erstheit". Eine derartige Auffassung arbeitet lange vor N. Hartmann[38] die später bekannte Theorie der Untrennbarkeit von Sosein und Dasein heraus: "Die höchste Form von Zweiheit ... ist die Beziehung einer <u>Qualität</u> zu der <u>Materie</u>, in welcher jene Qualität innewohnt. Die Seinsweise der Qualität ist diejenige der Erstheit. Das heißt, sie ist eine Möglichkeit. Sie ist zufällig auf die Materie bezogen; und die Beziehung verändert die Qualität durchaus nicht, es sei denn, daß sie <u>Dasein</u> vermittelt, das heißt, daß diese tatsächliche Beziehung ihr innewohnt. Auf der anderen Seite hat aber die <u>Materie</u> überhaupt kein Sein außer dem daseienden Gegenstand der Qualitäten. Diese Beziehung zu wirklich vorhandenen Qualitäten konstituiert deren <u>Dasein</u>. Wenn jedoch alle deren Qualitäten weggenommen wären, und wenn eine qualitätslose Materie übrig bliebe, würde sie nicht nur nicht existieren, sondern sie würde keine positiv bestimmte Möglichkeit besitzen - die eine nicht-körperliche Qualität hat. Sie würde überhaupt nichts sein."[39] Will man sich dem I n h a l t der Erstheit nähern, darf man also von Qualitäten, Solchheiten, daseiendem Sosein reden, ohne freilich an sie selbst zu denken, sondern einzig an die Existenz von diesen Begriffen in respektive an E t w a s , wobei eine Wegnahme derselben von der Sache für uns nichts mehr übrig ließe. Deswegen können jene Termini allenfalls Hinweise sein auf das, was mit "Firstness" gemeint sein könnte. Das heißt letztlich, daß sich "Firsts" höchstens kraft einer freien, rein possiblen Bindung über Zweitheit und Drittheit an ein sie erkennen-wollendes, z.B. menschliches, Wesen zu vermitteln vermögen.

Zur Zweitheit ("Secondness"): Wie bei der Diskussion um den Gehalt der Erstheit ist eine Erläuterung der Zweitheit generell mit Hilfe des Begriffspaares Aktion-Reaktion[40] möglich. Ein Zweites lagert sich aufgrund der freien Bindungspossibilität des Ersten an dasselbige an, erfährt auf diese Weise ein dyadisches Moment der "otherness"[41] ("Andersheit") bezüglich des Ersten und vermag dergestalt bloß relativ zu anderen "Seconds" zu sein. Zweitheit schlägt sich demzufolge im entscheidenden Zug der "haecceity"[42] ("haecceitas" entlehnt Peirce Duns Scotus) nieder, die sich vermittels ihrer Eigenschaften von "hereness" und "nowness" besser darstellen läßt, da ja die individuelle, aktuale Tatsächlichkeit eines Etwas in seiner relationalen Reaktion mit anderen Etwassen liegt. Insbesondere hinsichtlich dem Verständnis von Realität führt Peirce daher über "Zweitheit" wie folgt aus: "In der Idee von Realität ist Zweitheit vorherrschend; weil das Reale das ist, was darauf besteht, daß sich seine Art und Weise dem Wiedererkennen als etwas <u>anderes</u> als dem vom Verstand Erschaffenen aufzwingt. (Erinnern Sie sich: Bevor das französische Wort, <u>'second'</u>, in unsere Sprache übernommen wurde, war <u>'other'</u> bloß die Ordnungszahl, die <u>'zwei'</u> entsprach.) Das Reale ist wirkend; wir erkennen das an, indem wir es das <u>Wirkliche</u> nennen. (Dieses Wort kommt von Aristoteles' Gebrauch von ενεργεια, Wirksamkeit, action, was Dasein bedeutet, im Gegensatz zu einem reinen Urzustand)."[43] Die Realität des Realen zwingt uns demgemäß, sie als etwas anderes, denn eine bloße "Ausgeburt" des Denkens hinzunehmen, da sie sich bekannterweise gleichgültig gegenüber unseren Stellungnahmen und unserem jeweiligen Dafürhalten verhält. Dies bedeutet, daß o h n e Realitätszwang, o h n e Widerstand - genauer "Widerständigkeit"[44] - gegen den menschlichen Geist k e i n Forschungsprozeß vonstatten zu gehen imstande ist. Das Gebäude der Wirkbeziehungen der Realität des Realen darf allerdings n i c h t mit Wirk-lichkeit, die das Element der Drittheit zur Erkenntnis derselben benötigt, in Verbindung gebracht werden; es geht hier ausschließlich um eine dyadische, nicht triadische, Relation.

Aus der entstehenden Schwierigkeit der Unterscheidbarkeit von Realität und Existenz dreht Peirce seine Problemlösung heraus: Allgemeine Relationen sind real, einzig Individuelles, das re-agiert, ek-sistiert[45] zudem.[46] Mit Ausnahme der Relation der reinen Identität[47], falls als solche überhaupt zu betrachten, ist "Secondness"[48] zusammenfassend der allgemeine Charakter dyadischer Relationen.

Zur Drittheit ("Thirdness"): Nach der oben zitierten Definition jener Kategorie wurde bereits der wohlerwogene Eigenständigkeitscharakter derselben, sichtbar - verbunden mit der eindeutigen Absicht, sich offenkundig von Hegel abzugrenzen. Peirce verstärkt diese Intention mittels der zusätzlichen und wesentlichen Bemerkung, daß niemals eine Zweiheit und Erstheit im Phänomen zu finden sei, die n i c h t von Drittheit begleitet ist.[49] Kernpunkt des strukturkategorialen Minimums des "Dreigestirns" von Peirce stellt hingegen die "Zwischenheit" oder "Vermittlung" der Eigenschaft eines "Objekts" mit Hilfe der "Drittheit" dar, wobei er den Terminus "Mediation" gegenüber seinem, in der triadischen Zeichenlehre philosophiegeschichtlich gewachsenen, Begriff der "Repräsentation" den Vorzug gewährt.[50] Überdies verdeutlicht das Erkennenkönnen von Phänomenzügen wie z.B. von Prozessen, Regelmäßigkeiten und Zusammengesetztem die Interdependenz der drei universal-fundamentalen Strukturkategorien, die nicht mit den ersten beiden Kategorien allein zu fassen, zu analysieren und zu verstehen sind. Die zu fordernde Allgemeinheit dieser Drei verbindet sich insbesondere mit der Allgemeinheit der Drittheit als des basalen Vermögens für den Menschen, ausschließlich ü b e r sie Erstheit und Zweiheit erschließen zu können - in Rücksicht auf die alte Definition: "Generale est quod natum aptum est dici de multis" ("Allgemein ist das, was von vielen völlig ausreichend ausgesagt werden kann").[51] Als Antizipation einer realen Möglichkeit muß es demzufolge eine "Wahrnehmung" des Allgemeinen im Besonderen geben, die nicht nur durch ein "Empfinden" des Soseins zur Mediation fähig ist, sondern auch durch die "Erfahrbarkeit" eines allgemeinen "Gesetzes", dem die Tatsachen gehorchen. Das dritte, wach verbindende, synthetisierende Element des Phänomens im Erkenntnis-"subjekt" bringt also die Information, welche ohne diese Kategorie für uns etwas Indifferentes wäre, in den Verstand und verhilft ihr zu einer "Verkörperung", weswegen

z.B. Realität erst vermittels "Drittheit" für den Menschen das ist - obwohl sie unabhängig von uns ist -, was sie ist.
Aufgrund der vorstehenden Überlegungen zu den drei Kategorien Peirce'scher Natur erkennen wir, daß sie die Elemente der Grundstruktur der zur-Erkenntnis-Befähigten darstellen. Aus dem notwendigen Vermittlungscharakter von "Drittheit", die eine eigenständige inhaltliche Färbung des Mediierten mit sich bringt, resultiert indes eine klärungsbedürftige Problemstellung: O h n e "Thirdness" sind wir nicht imstande, uns der Erstheit über Zweitheit zu nähern; genaugenommen erkennen wir "lediglich" D r i t t h e i t e n d e r E r s t h e i t .
Wie nun wissen wir um den vollen Gehalt der "Firsts"[52]? Angesichts einer solcherart gravierenden Frage mag es nicht länger verwundern, daß Peirce seinen Lösungsweg in der sukzessiven Approximationsmethode der unendlichen Forschungsgemeinschaft und in dem Denkinstrument der zukunftsorientierten Pragmatischen Maxime sieht; gewiß eine philosophisch ehrliche Geisteshaltung, da er nicht den alleinseligmachenden Wahrheitsanspruch für seine - ebenfalls der Fehlbarkeit unterworfenen - "Lehre" beansprucht. Der triadische Aufbau der Kategorienlehre ermöglicht demzufolge eine bedeutsame Stütze für die Explikation der Agieren-Reagierens mit anderen Etwassen im geordneten Zusammenhang der Etwasse an die Hand zu geben, wobei der Mensch als denk-handelnder Erkenntnisträger e i n aktiver Mitgestalter dieser Beziehung ist.[53]
Erstheit, Zweitheit und Drittheit entfalten hier ihre konstitutiven und regulativen Prinzipien, weswegen sie in "gradueller Abstufung" **Substanz-** wie **Funktionskategorien** zur evolutionären Entwicklung des niemals-immer-so-daseienden-Soseins im Sein repräsentieren. Ein derartig fundamentales, universal-ontologisches Strukturschema von A l l e m durchwirkt den A l l e n gemeinsam zugrundeliegenden Strukturplan der Welt.

Mit großer Akribie wendet Ch.S. Peirce zum Zwecke der Demonstration seine Kategorientriade auf alle Gebiete der "Wissenschaft" an, um die mögliche Fähigkeit zur Aufgliederung der Wirkzusammenhänge der Welt aufzuzeigen. Bekannt ist ja bereits seine Einteilung der Philosophie[54]; hingewiesen wurde auf die siebenteilige Zuordnungsmöglichkeit der Systeme der Metaphysik[55]. Anhand der bislang übersichtlichsten Tafel von Theodore

Schulz[56] seien daher einige Beispiele herausgegriffen:

DATUM	FIRSTNESS	SECONDNESS	THIRDNESS	CP
	1. Phänomenologisch			
1896	Quality	Fact	Law	1.418-1.420
	2. Kosmologisch			
1891	Chance	Law	Tendency to take on habits	6.32
	3. Ontologisch			
1898	Chance	Brute action	Continuity	6.202
	4. Psychologisch			
1867	Feelings	Efforts	Notions	7.580
	5. Biologisch			
1890	Arbitray sporting	Heredity	Process of fixing accidental characters	6.32
	6. Als Zeichen			
1904	Ikon	Index	Symbol	8.335
	7. Religiös			
1890	God the Creator	God completely revealed	Every state of the universe at a measurable point of time	1.362

Hinsichtlich des permanenten Mißerfolgs seines öffentlichen akademischen Wirkens (im Lebenslauf eingehend beleuchtet) sowie seiner Publikationsvorhaben dürfen sich "Zweifler" (wer ist das nicht in irgendeiner Weise?) insbesondere in bezug auf den Gehalt der Kategorieneinteilung, für die er andauernd grenzenloses Unverständnis erntete, mit seinem eigenen Eingeständnis trösten: "Es ist z.B. für mich völlig unergründlich, warum meine drei Kategorien mir so völlig durchsichtig erscheinen, ohne daß mir die Kraft gegeben ist, sie denjenigen verständlich zu machen, die allein in der Lage wären, ihre Bedeutung zu verstehen, d.h. meinen Mit-Pragmatisten."[57]

Im Anschluß an die Kategorientriade impliziert Drittheit ebenso die p e r m a n e n t e C h a n c e zu Erforschung der Realität aufgrund ihrer notwendigen Verknüpfung mit unendlicher Zukunftsoffenheit. Vorab darf zur Einführung in die nachstehende Analy-

se des Peirce'schen Verständnisses von Zeit festgehalten werden, daß der Mensch nicht in der jeweiligen Gegenwart allein, vielmehr im Vorbetroffensein von Künftigem, lebt und dem Kommenden entgegensieht, ja es in gewissen Grenzen vorherzusehen vermag, was uns einen aktiven Vorgriff auf das, was kommen mag, gestattet.
Aufbauend auf der Kontinuum-Kontinuitätstheorie grenzt Peirce das Reale von einer potentiellen Erkennbarkeit des Realen ab. Es ist auf der einen Seite dasjenige, das ist, was es ist, unabhängig von dem, was wir zu irgendeiner Zeit von ihm denken. Auf der anderen Seite ist das Reale durch seinen sich stetig verändernden Standort in der verfließenden Zeit, d.h. ebenso der Zeit bedürftig, gekennzeichnet und eröffnet dem ihr innewohnenden Betrachter die erstrangige Möglichkeit, das nicht bloß material-formal eingegrenzte Sich-in-Zeit-Durchhaltende erkennen zu können.[58] So vermag sich das in Zeit angelegte menschliche Dasein, das uns aufgibt zu-sein-zu-"haben", als tatsächlich geworfenes Dasein lediglich "Zeit" zu "nehmen" bzw. zu "verlieren"[59], weshalb unserem Erkenntnisvermögen ein begrenzter "Zeit"-raum beschieden ist. Nicht nur die in der Zeit angelegte Zukunft bedarf einer Offenheit, sondern im Zusammenhang mit vorstehender Argumentation bin ich selbst das Offene in Zeit.
Unter Anwendung der Pragmatischen Maxime sucht Peirce den intellektuellen Bedeutungsgehalt von Gegenwart, Vergangenheit und Zukunft wie folgt zu gewinnen, um u.a. eine Annäherung an die im Raum stehende Frage nach einer Zukunftsgrenze, aufgeworfen in der Theorie des "doubt-belief-inquiry-doubt"-Kontinuums, zu gewinnen.[60]
Die **Vergangenheit** als das Lagerhaus für all unser Wissen[61] besteht in der Summe der "fait accomplis", "und dieses 'Feststehen' ist der existentiale (existential) Modus der Zeit. Denn die Vergangenheit wirkt tatsächlich auf uns ein, ..."[62] wodurch ihr Modus der der Aktualität ist. Aber auch derjenige "Teil der Vergangenheit ..., der jenseits der Erinnerung liegt", hat für uns die Bedeutung, "daß wir uns ihm entsprechend verhalten sollten"[63] - er wirkt nämlich ebenfalls auf uns ein.
Die **Gegenwart**, "jener Entwicklungszustand (Nascent State) zwischen Bestimmten und Unbestimmten"[64], ist vergleichbar mit dem

Augenblick des "lebendigen Todes", in dem wir stets "neu" geboren werden. In ihr haben wir keine "Zeit" für irgendeinen Schluß[65], sondern empfinden im Höchstfall das "Gefühl" für das "reine" Sosein. In diesem "Jetzt" der Gegenwart - dem Entwicklungszustand des Tatsächlichen - gleichen sich Vergangenheit und Zukunft aus; dementsprechend gestaltet das Bewußtsein um diese Gegenwart den Kampf um das, was kommen wird.[66] Mit Hilfe der Analyse der Kontinuitätstheorie vermögen wir einen echten "Zeitstrom" wahrzunehmen und zwar "dergestalt, daß Augenblicke ineinander übergehen ohne getrennte Individualität"[67]; der Augenblick besitzt trotzdem einen gedoppelten Gehalt, welcher kraft des menschlichen Geistes in der Lage ist, "jenen schmalbrüstigen Punkt des Schnittes von Zukunft in Vergangenheit, jenen flüchtigen Moment der Gegenwart, beliebig auszudehnen"[68]. In Anlehnung an die Augustinische Auffassung der "gegenwärtigen Zeit" läßt sich die Inspiration Peirce's verdeutlichen: "Doch der fliegt so reißend schnell aus der Zukunft hinüber in die Vergangenheit, daß er sich nicht zur Dauer ausdehnen kann. Denn wäre da eine Ausdehnung, müßte sie wiederum in Vergangenheit und Zukunft geteilt werden. Für die Gegenwart aber bliebe kein Raum."[69]

Für den Zeitmodus der **Zukunft** verbleibt festzuhalten, "daß alles in ihr entweder <u>schicksalhaft bestimmt</u>, d.h. bereits notwendig vorherbestimmt ist, oder <u>unentschieden</u> ist, im Sinne der kontingenten Zukunft bei Aristoteles"[70]. Im Gegensatz zur Vergangenheit kommt der Zukunft keine Aktualität zu, da sie auf uns nicht im Sinne der Existierenden einwirken kann. Gerade sie eröffnet unabdingbar für den Pragmatismus/Pragmatizismus ein schlußfolgerndes, immer zukunftsbezogenes Vermögen, das ihm seine spezifisch-innovative, philosophische Ziel-"richtung" verleiht: zukünftige Fakten sind die einzigen Fakten, "die wir, in bestimmtem Maße, kontrollieren können; und was in der Zukunft etwa der Kontrolle nicht zugänglich ist, das sind die Dinge, auf die zu schließen wir in der Lage sein <u>werden</u> oder unter günstigen Umständen zu schließen in der Lage sein <u>sollten</u>"[71]. Ausstehende Folgen eines möglicherweise kontrollierbaren, zukünftigen Verhaltens in der Zukunft haben ihren Grund in der vergangenen Gegenwart.[72]

F A Z I T : Peirce wendet sich demonstrativ vom Aristotelischen Begriff der Zeit ("denn das ist die Zeit, die Zahl der Bewegung in bezug auf das Früher und Später"[73]) ab und zur Augustinischen Auffassung hin: "Es gibt drei Zeiten, Gegenwart des Vergangenen, Gegenwart des Gegenwärtigen und Gegenwart des Zukünftigen."[74] Eine derartige Beschreibung der Zeit kraft des Denk-Hilfsmittels "Zeit-räume" versucht allerdings bereits Augustinus infolge des zirkelhaften Charakters des vermeintlich "geradlinigen" Zeitablaufs zu "korrigieren", wobei er die zwangsläufige Interdependez der Zeiteinteilungstriade berücksichtigt wie auflöst: "Wann wird es sehen, daß alles Vergangene vom Zukünftigen verdrängt wird und alles Zukünftige aus dem Vergangenen folgt und alles Vergangene und Zukünftige von dem, was immer gegenwärtig ist, geschaffen wird und seinen Ausgang nimmt?"[75] Peirce verfolgt diesen Gedanken weiter und zieht aus den jeweils neuen Versuchen, Zeit mittels wie auch immer gearteter Kriterien geistig zu erfassen - was nie gelingt -, den Schluß: "Es gibt nur eine Zeit"[76] (Herv. v. mir). Die der Zeit angetragene Matrix - Vergangenheit, Gegenwart, Zukunft - verhilft dem in-der-Zeit-stehenden, soseiend-daseienden, endlichen Einzelwesen lediglich zu einer lebenswichtigen Orientierung in der Zeit. Seine Pragmatische Maxime, deren Resultate der Fallibilität unterworfen sind, vermag in Übereinstimmung mit Augustinus bloß bedingt der Zukunft, die ihre "Schatten" Richtung Gegenwart (besser der jeweils individuellen Gegenwart des Subjekts) vorauswirft, "etwas" abzuringen, da dieses "etwas" nur durch das vergangen-gegenwärtige Vorlaufen der menschlichen Erkenntnis Richtung Zukunft eingefangen werden kann: "Soviel weiß ich jedoch, daß wir häufig unsere künftigen Handlungen im voraus überlegen und daß diese Vorausschau gegenwärtig ist, während die Handlung selbst, die wir vorher überlegen, noch nicht ist, weil sie zukünftig ist. Erst wenn wir sie seinerzeit in Angriff nehmen und, was wir vorher überlegten, zu verwirklichen anfangen, dann erst wird jene Handlung sein, da sie nun nicht mehr zukünftig, sondern gegenwärtig ist."[77] Eine solcherart potentielle Zukunft ist einzig mit Allgemeinheit ausfüllbar, die erst für uns Menschen S I N N erlangt, wenn die Zukunft mittels ihres Merkmals "esse in futuro"[78] das gegenwärtig-vergangene Besondernde in sich aufnimmt. Aufgrund dieses einzigartigen Charakteristikums gebührt der Zukunft eine herausragende Position in der Einheit mit den zwei anderen Wirk-"räumen" der e i n e n Zeit: "Die Zukunft nimmt mehr Raum

in unserem heutigen Denken und Handeln ein, als wir allgemein
erwarten. Sie hat sich, näher besehen, als die eigentliche Herrin der Zeit erwiesen, die uns erst Vergangenes und Gegenwärtiges ins rechte Licht setzt."[79]

2.7. Resümée der Überlegungen von Ch.S. Peirce im Hinblick auf den Begriff "Realität" ("reality")

Zum Abschluß des zweiten Kapitels hoffe ich das immer schon zugrundeliegend-wirkende "reality"-Verständnis des Begründers des vielgedeuteten Pragmatismus - Charles Sanders Peirce - verdeutlicht zu haben. Eingebunden in die Interdependenz von S e i n und W e r d e n umgreift mein Spannungsbogen die Theorie von Kontinuum-Kontinuität, den Universalienrealismus, die triadische Semiotik, die Logik einschließlich der Resultate für eine evolutionäre Seinsauffassung, die pragmatische Forschungslogik bis hin zum Zurücktreten dieser kreishaften Bewegung in die ontologische, universal-strukturale Kategorienlehre.

Ausgegangen bin ich von der Aufspaltung des Peirce'schen Begriffs "reality": Realität ist das, was ist, das unabhängig von uns Erkennen-Könnenden ist, und Realität ist "auf lange Sicht" im Erkenntnisprozeß hypothetisch erreichbar durch die "unendliche Forschergemeinschaft". In einer Rückschau lassen sich daher folgende zentrale Punkte festhalten, die als analysierte Ganzheit zu betrachten sind:

1. In der Kontinuums-Kontinuitätstheorie wird Realität als Bedingung für die Realität des Realen angesehen.

2. Stets im Zusammenhang von Logik und Semiotik stehend impliziert Realität die Eigenschaft des Wirkens zur Erkenntnis des Da und So des Realen, - unter der Bedingung, daß das real Seiende in einem evolutionären Ordnungsgefüge "steht".

3. Gebunden an, nicht bedingt durch die, im Kontinuum der Welt "schwimmenden", je-meinigen (nicht d.Verf., sondern jedes von uns allen) Einzel-Bewußtseine, z.B. aller Menschen,

vermittelt Drittheit, basierend auf Realität, das universal-gültige Repräsentamen des Realen.

4. Der die Zeit durchwirkende, gemeinschaftliche, universalkosmische Denkprozeß gebiert permanent die schrittweise Annäherung in menschlich nicht mehr vorstellbaren "Zeit"-abläufen an die Realität, welcher sich in der "letzten Meinung" niederschlägt, ohne freilich länger die "Natur" einer Meinung zu sein[1].

5. Die Realität eines derart personal "besetzten" Sein wird im Erkennen des situativ sich widerspiegelnden Realen neu erlebt und erfährt mit Hilfe der pragmatischen Methode eine kontinuierlich-aktive Umgestaltung.

6. Der Mensch benötigt nicht allein den "luftleeren" Raum zur Erkenntnisgewinnung über Realität, nein, er ist verknüpft mit dem Erdgeruch "unphilosophisch" anmutender, soziologisch-politischer Mit-Bedingungen als Bezugsrahmen zum Leben schlechthin, das Philosophie erst ermöglicht.

7. In Wechselbeziehung mit u.a. der Naturwissenschaft, die ein Eigenleben als Einzelwissenschaft führt, entfaltet Philosophie ihr Gedankengebäude, um die Realität als Ganzes verstehen zu lernen. Wissenschaft wird hier als nutzbringend-notwendige "Krücke" mit herangezogen, wobei Philosophie als Vordenkende, Befruchtende wie Profitierende anzusehen ist. Ein Ziel: Wissenschaft auch als gezielt moralische, ethisch-reflektierte, "Verhaltensweise" einsetzen zu können.

8. Der ontologische Grund der Welt vermittelt sich infolge der gemeinsamen Struktur derselben, an der wir teilhaben, mit Hilfe der universalen Strukturkategorien im Erkennen des Gehalts des Phänomens, das die Vorhandenheit des objektiven Verfügungswissens - als Sein des Seienden existent - mittels Realität aufzeigt.

Schließlich hoffe ich, wie Peirce[2] dereinst auch, daß die Komplexität wie die Brüche in seinem Denken bis an diese Stelle einen aufmerksamen, von der Materie interessierten Leser fanden - nicht nur den Korrektor und Setzer.

3. KAPITEL: Die dreigliedrige Einheit des Begriff's "truth" bei Ch.S. Peirce

> "Das Wahre ist das Ganze. Das Ganze aber ist nur das durch seine Entwicklung sich vollendende Wesen."
> "... jeder solle die Wahrheit nach seiner jedesmaligen Kenntnis und Überzeugung davon sprechen." (1)

In Anknüpfung an das Resümée des 2. Kapitels bleibt spätestens an dieser Stelle aufgrund der philosophischen Perspektiven wie der "Bandbreite" des Begriffs "reality" bei Ch.S. Peirce zu fragen: Welche Konsequenzen ergeben sich aus der bisherigen, kritisch-analysierenden Interpretation und dem damit einhergehenden Versuch eines Nachvollzugs seines Gedankenganges für den Terminus "Wahrheit" ("truth")?
Unschwer war die vehemente Ablehnung des dreistufigen Fundamentaldogmas des Sophisten Gorgias[2] im Verlauf des bisher Geschriebenen nachvollziehbar, woraus die erkenntnistheoretische, nichtskeptische Kehrtwendung bei Peirce - als einem von vielen Philosophen - herrührt: "daß etwas ist, wie und wieweit es erkannt und inwiefern und auf welche Weise die Erkenntnis mitgeteilt werden kann."[3] Zudem füge ich ergänzend mit Th.v. Aquin hinzu: "Was sein kann, kann erkannt werden" ("quidquid enim esse potest, intellegi potest").[4]
Dennoch eröffnet das Peirce'sche Verständnis von "reality" mit Hilfe der nachstehenden, von vielen seiner Interpreten als "klassisch" angesehenen, "Definition" einen personal-besetzten, aktiv-mitzugestaltenden Keimraum für jegliche Erkenntnis, welcher auf der Basis einer Interdependenz "Realität-Wahrheit" ruht:
"The opinion which is fated to be ultimately agreed to by all who investigate, is what we mean by the truth, and the object represented in this opinion is the real. That is the way I would explain reality" ("Die Meinung, der nach schicksalshafter Bestimmung jeder letztlich zustimmen muß, der forscht, ist das, was wir unter Wahrheit verstehen, und das in dieser Meinung dargestellte Objekt ist das Reale. So würde ich Realität erklären").[5] Gerade der vorgängige, spezifische Aspekt erlegt mir nunmehr eine Klärungsbedürftigkeit des Fragekomplexes nach

dem Wesen der Wahrheit bei Peirce auf, um einen weiteren Schwerpunkt aus seiner Gesamtkonzeption, wenigstens im Ansatz, zu erschließen.
Ohne es sich, analog I. Kant, gestatten zu wollen, wird in dieser Passage "die Namensklärung der Wahrheit, daß sie nämlich die Übereinstimmung der Erkenntnis mit ihrem Gegenstande sei"[6], weder geschenkt, noch vorausgesetzt, noch lapidar hinweggewischt; es gilt vielmehr, von einer derart abstrahierenden "Standardformel" eine systematische Entwicklung des zu untersuchenden Sujets, im Sinne von Ch.S. Peirce, abzuleiten. Infolgedessen soll freilich nicht einfach die Menge des Wißbaren über die vorliegende Thematik mit all ihren diversen Problemverästelungen aufgetürmt werden, - nein, es darf lediglich der Anspruch erhoben werden, den Leser etwas von der Ganzheit "Wahrheit" erahnen zu lassen. Erst dann vermag Erkenntnis zu Wahrheit zu führen, wobei Wissen und Bildung, auch schlichtweg richtige Information im Alltagsleben, sich als "Nebenprodukt" abspalten.

3.1. Die Unmöglichkeit einer allumfassenden "Definition" der Wahrheit sowie die Ablehnung einer "Theorie" der Wahrheit

Vor einer erneuten Inangriffnahme der obigen Überlegungen seien zwei knappe Vorbemerkungen[1] zur Eingrenzung des Darauffolgenden angeführt:

1. Die Vielschichtigkeit des Begriffs "Wahrheit" schlägt sich exemplarisch in der Frage des Pontius Pilatus - "Was ist Wahrheit?" - und der Quaestio von Th.v. Aquin - "quid sit veritas?"[2] - nieder. Die praktische Wirkebene - stellvertretend hierfür die Antwort Jesu, er lege Zeugnis für die Wahrheit ab - wird einer strikten Trennung von der theoretischen Beweisführung über die "Seinssphäre" der Wahrheit zur Vermeidung einer unnötig verkomplizierenden "Denkakrobatik" unterworfen; die "pragmatisch" scheinende Ausklammerung eines vermeintlich ausschließlich theoretischen, gegenüber einem praktischen, Wahrheitsbegriffes ließe eine verkürzende Darstellung zum Zuge kommen, kämen nicht die auf Ch.S. Peirce selbst bezogenen An-

sätze einer Wechselwirkung zwischen beiden "Bereichen" zur "Sprache". Allerdings: Eine theologisch-interpretierte Bezeugung der Wahrheit vermag an diesem Orte nicht mit einer gleichgewichteten, philosophisch-begründbaren respektive gar logisch beweisbaren Art der Wahrheit in Vergleich gesetzt zu werden.

2. Das soeben Gesagte findet gleichfalls Anwendung bei punktueller Beleuchtung des unvermeidlichen Aufbrechens der Differenz zwischen dem umgangssprachlichen Gebrauch des Wortes "Wahrheit" und dem hohen, vereinzelt hochtrabenden, Anspruch auf dem Gebiet dessen, was sich als Wissenschaft auszeichnet. Von einer tiefschürfenden Erarbeitung der, oftmals zurecht jegliche Reflexion verweigernden, Bedeutung des Ausdrucks "wahr" zugunsten einer unerschütterten Verhaltenssicherheit im "alltäglichen Leben" und der nicht unbegründeten "Allergie" der Wissenschaften im Hinblick auf den Terminus "Wahrheit" wird, hoffentlich gerechtfertigt, Abstand genommen.

In Wiederaufnahme der, einer Auflichtung harrenden, Sichtweise von Peirce über das Wesen der Wahrheit erschließt uns seine eigene Begriffsleiter von "wahr" ("true") - "falsch" ("false"), "Wahrheit" ("truth") - "Falschheit" ("falsity")[3], "Wahrheit" im Sinne der "Wahrhaftigkeit" ("veracity"), "dem Wahren" ("the True") bis zu der "einen Wahrheit" ("the Truth") den Zugang zur nachfolgenden, alle eben angegebenen Bedeutungsfelder gleichermaßen umgreifenden, Untersuchung.

Zur allgemeinen Einführung bezüglich der vorgenannten Termini finden wir u.a. bei M. Heidegger eine erste Vorabklärung: "'Wahrheit' meint dasjenige, was ein Wahres zu einem Wahren macht."[4] In einem weiteren terminologischen Freilegungsschritt differenziert er drei Bedeutungszweige der "Wahrheit" aus: "1. Die Idee von Wahrheit, das Wahrsein überhaupt; 2. Die Konkretion dieser Idee: wahre Sätze als 'Wahrheiten', die bewiesen werden sollen; ... 3. als Ideal: das Ganze der möglichen erkennbaren Wahrheiten."[5] Verbleibt augenblicklich noch zu fragen: "Was ist ein Wahres? ... Das Wahre, sei es eine wahre Sache oder ein wahrer Satz, ist das, was stimmt, das Stimmende. Wahrsein und Wahrheit bedeuten hier Stimmen, und zwar in der gedoppelten Weise: einmal die Einstimmigkeit einer Sache mit dem über sie Vorgemeinten und zum andern die Übereinstimmung des in der Aussage Gemeinten mit der Sache."[6] Um indes eine Begegnung mit Wahrheit ermöglichen zu können, bedarf, laut Franz Wiedmann, das nachfolgende, "zeitlose" Bedingungsgefüge einer uneingeschränkten Verwirklichung: "1. Dem Erkennenden muß sich ein Qualitatives zuallererst zeigen, damit eine Hinwendung ermöglicht wird. ... 2. Die Freiheit des Sehens muß mir belassen sein, um erkennen zu können, daß ein sich qualitativ Ausgebendes diesen Anspruch erfüllt."[7]

Vorstehendes versetzt nunmehr in die Lage, hinreichend zu erkennen, daß die Frage nach der Wahrheit auf das "Wesen" des Menschen selbst zurückverweist, - ja, der Mensch als Nachdenkender, dessen Ergebnisse seine Aussagen entscheidend beeinflussen, im Zuge seiner eigenen Reflexionen über Wahrheit sich unabdingbar miteinbeziehen muß; insofern präsentiert sich Wahrheit und/oder wird in Form keiner ausgeprägten, fertig zu verteilenden Münze[8] präsentiert, die nach Belieben ausgegeben zu werden vermag. In enger Anlehnung von Ch.S. Peirce an diese essentielle Feststellung darf der Schluß gezogen werden: Eine einzige, allgemeingültige und allumfassende Definition der Wahrheit sind wir Menschen als methodisch Nachforschende nicht imstande anzugeben. Dies beherzigt Peirce in vollem Umfang.

Des weiteren stellt sich die vorliegende Abhandlung nicht die hochgesteckte Aufgabe, dem Begründer des Pragmatismus eine "Theorie der Wahrheit"[9] in systematisch-kritischer Darstellung nachweisen zu wollen, da jenen Ausdruck eher Philosophen, Wissenschaftstheoretiker und Logiker der neueren Philosophie verwenden, zumeist ohne die beinhaltete, tiefgehende Problematik zu verspüren oder in ihren Schriften transparent werden zu lassen. Nicht nur, daß der Term "Theorie" oftmals eine unklare, verschwommene und divergierende Betrachtungsweise bei seinem Gebrauch erfährt, er eröffnet in der Bedeutungsgleichheit "mit Termini wie 'Auffassung', 'Konzeption', 'Sicht', 'Verständnis'"[10] keine präzisere Zuordnungsdimension, sondern vermittelt höchstenfalls "eine mehr oder weniger feststellbare Tendenz, strenges und methodisches Vorgehen, kurz: Wissenschaftlichkeit, zum Zuge kommen zu lassen"[11]. Am originärsten vollzieht sich für Ch.S. Peirce der Wirkraum der "Theorie der Wahrheit" im Sich-stützen auf den Entwurf des Aristoteles, der die (theoretische) Philosophie als die Wissenschaft der Wahrheit[12] bezeichnet: "Die Betrachtung der Wahrheit (ἀλήθεια) ist in ei-

ner Hinsicht schwer, in einer anderen leicht. Dies zeigt sich darin, daß niemand sie in genügender Weise erreichen, aber auch nicht ganz verfehlen kann, sondern ein jeder etwas Richtiges über die Natur sagt, und wenn sie einzeln genommen nichts oder nur wenig zu derselben beitragen, so ergibt sich doch aus der Zusammenfassung aller eine gewisse Größe."[13]
Das sich in die vier Hauptlinien - der Begriff, das Kriterium, die Bedingungen, die Relevanz der Wahrheit - aufspaltende, Explikandum[14] der Theorie der Wahrheit gestattet darüberhinaus, einen Bezugsrahmen zur Einstufung in den entsprechenden, sich mit anderen nicht selten überlappenden Sektor[15] der, fiktivvorausgesetzten einen Wahrheitstheorie erstellen zu können; dies verhilft - nach meiner Ansicht - indes bei Peirce aufgrund der "rigiden" be- und eingrenzenden, kategorialen Zuteilung des jeweilig Gedachten gerade nicht, kraft eines derart eröffneten "Verwirrspiels" über Begriffsebenen, Schattierungen und "Wirk"-weisen der Wahrheit uns einen ausschlaggebenden Schritt näher an die Erfassung seiner Beiträge zu bringen. Desgleichen gilt es explizite festzuhalten: **1.** Die vermeintliche Zuordnung[16] der Peirce'schen Überlegungen unter spezifische Formen der "Wahrheitstheorie" benötigt unabdingbar eine systematisch-kritische Einbindung in das umfassendere "Ganze".
2. Ch.S. Peirce durchläuft im Laufe seines philosophischen Lebenswerkes "Phasen", die logische, semiotische, mathematische Einflüsse bezüglich des Wahrheitsproblems in vielgestaltiger Weise herauskehren, so daß an dieser Stelle lediglich zentrale Punkte berücksichtigt werden können.

Der Leser gelangt jetzt unter Umständen in die Situation, mit G.H. Mead die Stimme zu erheben: "Die Philosophie hat auch diese Welt zu einem Problem gemacht, und wir können daher mit Pontius Pilatus ausrufen; Was ist Wahrheit?"[17] Dementgegen würde ich dazu neigen, daß "die" Philosophie "die" Problematik "der" Welt für "den" Menschen - durch sein Nachdenken selbst - aufscheinen läßt, reflektiert und versucht, "transparenter" zu gestalten. Deswegen möchte ich nach den bisherigen Vorerwägungen vorschlagen, zur Erarbeitung[18] der Veräselungen des Begriffs "Wahrheit", nicht einer vielstrapazierten Theorie der Wahrheit, drei wohlstrukturierte Bedeutungsdimensionen dessen, was "Wahrheit" bzw. "das Wahre" darstellt, als grundlegendes

Raster an Peirce anzulegen, - ohne mich in der "Sackgasse" einer nun vorgeschriebenen Interpretationsrichtung zu verrennen. Diese drei finden sich am Ende des "corpus articoli" von Th.v. Aquin[19] zusammengefaßt; "Wahrheit" ("veritas") oder "das Wahre" ("verum") entfalten hier in drei Definitionen, bezeichnet als fundamentaliter, formaliter und finaliter, ihre Charakteristika. Jene Bestimmungen genügen übrigens keineswegs formallogischen Ansprüchen, - vielleicht auch ein Indiz dafür, diesen nicht genügen zu können.

3.2. Betrachtung der Wahrheit unter dem Aspekt der "adaequatio"

Den Auftakt für meine Untersuchung bildet die Form der Wahrheit, in der sie Th.v. Aquin formaliter definiert, und die er, nach eigenem Bekunden, dem jüdischen Philosophen Isaac Israeli (ca. 845-940 n.Chr.) entlehnt: "veritas est adaequatio rei et intellectus."[1]
Es sei nicht von Belang, daß dem Neuplatoniker aus dem 10. Jh. die Formulierung der "adaequatio" zugeschrieben wird, während sie eher auf Avicenna zurückzuführen sein dürfte. Für mich soll vielmehr in diesem Zusammenhang der Bezug von Bedeutung sein, den Thomas an dieser Stelle über Anselm von Canterbury zu Aristoteles herstellt: "Zu sagen nämlich, das Seiende sei nicht oder das Nicht-Seiende sei, ist falsch, dagegen zu sagen, das Seiende sei und das Nicht-Seiende sei nicht, ist wahr. Wer also ein Sein oder ein Nicht-Sein prädiziert, muß Wahres oder Falsches aussprechen. Man sagt aber von dem Seienden nicht, es sei nicht oder es sei, und ebensowenig von dem Nicht-Seienden."[2]
Anstelle des Sprechens von einer "Übereinstimmung" finde ich lediglich vorstehend zitierte Stelle vor, deren Sinn wie folgt verdeutlicht wird: "Nicht darum nämlich, weil unser Urteil, du seiest weiß, wahr ist, bist du weiß, sondern darum, weil du weiß bist, sagen wir die Wahrheit, indem wir dies behaupten. (b) Wenn nun einiges immer zusammengesetzt ist und unmöglich getrennt werden kann, anderes immer getrennt ist und unmöglich verbunden werden kann, anderes Verbindung und Trennung zuläßt, - denn das Sein bedeutet Verbunden-sein und Eines-sein, das

Nichtsein aber Nicht-verbunden- und Mehrheit-sein -: so wird
bei dem, was sich auch anders (sc. verbunden oder getrennt)
verhalten kann, dieselbe Meinung und dieselbe Erklärung wahr
und falsch, und man kann damit bald die Wahrheit sagen, bald
die Unwahrheit; bei dem dagegen, was sich unmöglich anders verhalten kann, findet nicht bald Wahrheit statt, bald Falschheit,
sondern dasselbe ist immer wahr oder falsch."[3]
Weiter zeitlich zurückgehend, kann ich zuletzt noch auf Platon
verweisen, wenn er Sokrates' Zustimmung zu der Frage finden
läßt: "Wohlan denn, beantworte mir folgendes: Unterscheidest
du 'Wahres reden' und 'Falsches reden'? ... Nicht wahr, die,
welche sagt, wie das Seiende wirklich ist, ist wahr, die aber
sagt, wie es nicht ist, ist falsch?"[4]
Ohne die tatsächliche Verwendung des Ausdrucks "adaequatio"
bei Platon und Aristoteles nachzuweisen imstande zu sein, halte ich fest, daß zunächst jener Terminus für das Verhältnis von
Aussage und Sachverhalt steht, das dem spontanen Verständnis der
Intention einer Aussage entspricht.[5]

Ch.S. Peirce knüpft nicht direkt an der abstrakten Komplexität
der Definition von Th.v. Aquin an, vielmehr sucht er anhand eines inhaltsreichen Teilbereichs derselbigen sein "Nachsinnen"
über "Wahrheit" zu entwickeln. In Auseinandersetzung mit W.v.
Ockham und Th. Hobbes über die Konsequenzen ihres Streitpunk-
tes, dem Komplex "Zeichen", benutzt er deren divergierende Aussagen in Hinsicht auf den Herkunfts-"ort" der universalen Zeichen, um für seine Thematik "Wahrheit" zu behaupten: es müsse
zweifelsohne "Etwas" - in Gestalt einer Entsprechung - "in re"
geben, dem "solche Wahrheiten", gemeint sind die Äußerungen der
eben genannten Philosophen, korrespondieren.[6] Auf diesen nicht
präziser in den geistigen "Griff" zu bringenden Zustand "in"
den Dingen selbst, welcher ein abstrakt-wesentlicher Bestandteil der "Realität" ist, richtet sich seine gespannte Aufmerksamkeit, - vermittels der beachtenswerten "Tatsache": Ein Satz
("proposition") wird unweigerlich benötigt, um die "Natur" des
Zustands in den Dingen zu repräsentieren, ja, bedarf dieses Zustands, um überhaupt erst gebildet zu werden.[7]

Zur weiteren Beachtung seien an dieser Stelle schwerwiegende
Bedenken von Philosophen gegen die "adaequatio"-Bestimmung der
Wahrheit eingeflochten:

a) An diversen Stellen des Werkes Th.v. Aquin's wird der Begriff "adaequatio" mittels anderslautender Termini, wie z.B. "conformitas", "convenientia", "correspondentia" u.a.m. ersetzt.[8] Folglich erweist sich jene Standardformel wegen ihrer Vagheit als kaum widerlegbar sowie "befriedigend".[9]

b) Eine "congruentia" zwischen "res" und "intellectus" wirft kraft des parallelen Einsatzes eines geistigen Aktes die Frage auf: "Aber wie könnte man etwas, was im Geiste ist, mit etwas, was nicht im Geiste ist, vergleichen? - Die Erkenntnis dessen, was nicht im Geiste ist, kann also sicher nicht durch Vergleich gewonnen werden."[10]

c) Die Satzkopula "ist" findet auch auf solches Anwendung, was kein "res" genannt werden kann. Unterscheide z.B.: "ein Ding ist", als Ausdruck einer Anerkennung; "Gott ist" meint dagegen nicht ein als "wahr" zu bezeichnendes Urteil über Gott.[11]

d) Wie ist eine Erkenntnis des daseienden Soseins, z.B. eines "A" neben dem "A selbst", erst möglich und rechtfertigbar?[12]

In Wiederaufnahme des Peirce'schen Gedankenganges stellen sich somit zwei weiterführende Fragen: Weiß ich ohne Beweisführung ("reasoning") um das Sein einer a priorischen Wahrheit, die den "Keimraum" für unsere Erkenntnis perzipiert[13] und dessen Vorgang in der "formaliter"-Definition von Th.v. Aquin sichtbar wird? Wo befindet sich dann der "Ort" der Wahrheit?
1873 schreibt Peirce in einer überspannten Erwartungshaltung, die er in späteren Jahren revidiert, nachstehende, enthusiastische Erklärung nieder: "Logik ist die Lehre von der Wahrheit, ihrer Natur und der Art und Weise, in welcher sie entdeckt zu werden vermag."[14] 1903 relativiert er jene Aussage, indem er das Dreigespann der normativen Wissenschaft einführt. Ästhetik als normative Grundwissenschaft, auf der Ethik aufbaut, welche ihrerseits von der Logik gekrönt wird, räumt der letzteren den "Platz" für eine Darstellung der Wahrheit ein, d.h. sie sollte in der Lage sein, verschiedene Arten der einen Wahrheit zu erkennen.[15] Davon abgesehen besitzt die Logik eine hochbedeutsame Eigenschaft. Im Gegensatz zur Mathematik, die lediglich die im Zustand der Dinge mitenthaltenen Gleichheiten und Verschiedenheiten betrachtet, vermag sie kraft ihrer Anwendungsmöglichkeiten wenigstens, das Prädikat "wahr" oder "falsch" als kei-

nesfalls absolut sicheres Faktum zur Qualifikation des beleuchteten Untersuchungsbereichs zu verleihen.[16] Der späte L. Wittgenstein umgreift treffender, ganz der Intention Peirce's gerechtwerdend, den Bezugsrahmen "Logik" und verhilft zu einer aufschlußreicheren Interpretation: "Das Denken ist mit einem Nimbus umgeben. - Sein Wesen, die Logik, stellt eine Ordnung dar, und zwar die Ordnung a priori der Welt, d.i. die Ordnung der Möglichkeiten, die Welt und Denken gemeinsam sein muß. Diese Ordnung aber, scheint es, muß höchst einfach sein. Sie ist vor aller Erfahrung; muß sich durch die ganze Erfahrung hindurchziehen; ihr selbst darf keine erfahrungsmäßige Trübe oder Unsicherheit anhaften."[17] Welcher Denkweg führte Peirce nunmehr zu einer Umänderung der zitierten Aussage in der "Logik" von 1873, woraus sich parallel sein nächster Denkschritt erschließt?

Griffe ich einzig auf den Ansatzpunkt Wittgenstein's zurück, würde das in die Überlegungen eingebrachte Merkmal der Qualifikation , kraft Logik, bei Peirce auf der Strecke bleiben. Zugestandenermaßen benötigt das Denken eine unstrukturierte, aber formal-logisch einfangbare Bezugsbasis , die infolge einer gemeinsamen Ordnung der Möglichkeiten eine Entfaltung von Welt-Denken zu eröffnen erlaubt; die Ordnung der Möglichkeiten selbst bedarf freilich ihrerseits wiederum einer materialen Grundlage, die den Möglichkeiten erst die Möglichkeit zur Ordnung verschafft. Dieser folgenschwere Gedankengang liest sich bei Peirce so: "Consequently, the only difference between material truth and the logical correctness of argumentation is that the latter refers to a single line of argument and the former to all the arguments which could have a given proposition or its denial as their conclusion" ("Folglich ist der einzige Unterschied zwischen materialer Wahrheit und logischer Richtigkeit der Argumentation der, daß die letztere sich auf einen einzigen Beweisgang bezieht und die erstere auf all die Argumente, die einen gegebenen Satz oder seine Verneinung als ihre Konklusion haben könnten").[18]
Mit vorgenannter Festlegung stellt sich Peirce zunächst gänzlich in die Fußstapfen kantischer Tradition, welche die klassische Bezeichnung[19] der Materie mit "das Allgemeine", deren spezifische Differenzierungen mit "Form" dahingehend überwindet: Materie bedeutet von nun an das "Bestimmbare" überhaupt, Form deren "Bestimmung".[20] Dementsprechend versteht er den lo-

gischen Beweisgang zur Richtigkeit oder Falschheit einer Argumentation als Form, - ein Vermögen, das dem Menschen "a priori" zur "Verfügung" steht und seine Inhalte z.B. auf dem hier angesprochenen Gebiet der Logik kontinuierlich, kraft wissenschaftlicher "Evolution", entwickelt. Das Erreichen der formallogischen Richtigkeit einer Beweisführung weist sich infolgedessen durch einen einzig möglichen korrekten Beweisgang aus. Die materiale Wahrheit stützt sich im Gegensatz dazu auf die unabdingbare Existenz unendlich vieler Argumente als dem "Mittel" zur Bestimmbarkeit eines gegebenen, die Frage stellt sich "lediglich" wie gegebenen, Satzes. Dieser Satz wiederum dient als "Schlußfolgerung" für die Nachweisbarkeit der Gültigkeit der Beweisgründe. Gleichsam durch das Hintertürchen schiebt sich allerdings mit der Prädikation "ist wahr" eines formallogisch-richtigen Urteils eine ansatzweise qualitative - das bedeutet, den Inhalt, der mittels Logik gewonnenen Erkenntnis, betreffende - Bewertungsgrundlage über dasjenige Urteil ein; sie gibt nicht nur der logischen Untersuchung, die ansonsten einer fortdauernden Verirrung ausgesetzt wäre, ihre Richtung, sondern läßt auch etwas von der inhaltlichen Natur der Beweisgründe erahnen.

Das Zwischenresultat: Ohne materiale objektive Wahrheit, einschließlich ihrer Wirkmöglichkeiten, sind wir nicht imstande, uns einen Zugang zu der Ordnung der Möglichkeiten, die Welt und Denken gemeinsam sein muß, zu erschließen; ohne die allgemein-notwendigen Verstandesregeln der Logik verbliebe unserem Erkennen die Existenz der inhaltlichen Fülle der Welt vollständig verborgen. Eine derartige Interdependenz verdeckt nicht die gewichtige Tatsache, daß die bloße Form der Erkenntnis, die sich in den Regeln des Verstandes als der Kriterien für formallogisch-herausgearbeitete Wahrheit ausdrückt, zwar die Conditio sine qua non repräsentiert, desgleichen jedoch nicht für das Begreifen der materialen Wahrheit hinreicht.[21]

Bekanntlich richtet Ch.S. Peirce sein Augenmerk insbesondere auf eine präzise Ausarbeitung wie kritische Interpretation der drei Schlußverfahren, die nicht nur zur Argumentation bezüglich einer nachprüfbaren Darstellung des Denkprozesses herangezogen werden, der aus einer "unendlichen" Kette von Schlußfolgerungen besteht. Vielmehr beinhalten Induktion, Deduktion und Abduktion ihre jeweils zulässigen Kriterien für eine logisch gute Beweisführung[22], um mit deren Hilfe die logische Richtigkeit, im Sinne formaler Wahrheit oder Falschheit, von Schlüssen zu eruieren. Die Beschreibung der Schlußverfahren von Peirce in Form von Syllogismen weist zwei Prämissen (Ober- und Untersatz), die selbst zwei Urteile sind, auf. In diesen Beiden ist bereits die Entscheidung zwischen dem bipolaren Verhältnis Wahrheit-Falschheit[23] getroffen, so daß jedes die "conclusio" grundlegend beeinflußt. Demgemäß bedeutet für uns Menschen das Vermögen der Unterscheidbarkeit zwischen "truth" und "falsity" eine unentbehrliche Vorbedingung. In Abwandlung M. Heidegger's[24] halte ich ebendeshalb fest: Wir müssen die logische Wahrheit voraussetzen, sie muß als ermöglichbare Erschlossenheit des logischen Daseins sein. Wahrheit verlangt also eine Übereinstimmung des Urteils mit den Gesetzen des formallogischen Denkens, und wir erhoffen uns daraus, im Urteil eine Kongruenz mit dem "Gegenstand" dieses Denkens zu finden.

Eine weitere Perspektive der Logik unterzieht Ch.S. Peirce einer kritikwürdigen Hinterfragung, indem er den Gedanken des nachstehend genannten, deutschen Logikers als Ausgangspunkt benutzt: "Sigwart sagt, daß die Frage, was gute Logik ist und was schlechte letzten Endes auf die Frage hinausläuft, wie wir fühlen; es ist eine Sache des _Gefühls_, das heißt, eine Empfindungsqualität. Und das versucht er zu beweisen. Denn er sagt, wenn irgendein anderes Kriterium benützt wird, muß die Richtigkeit dieses Kriteriums durch Schließen begründet werden, und bei diesem Schließen, das der Begründung jeden rationalen Kriteriums vorausgeht, müssen wir uns auf das _Gefühl_ verlassen; so daß letzten Endes jedes andere Kriterium auf das _Gefühl_ bezogen werden muß."[25]

Scheint nicht infolge einer derartigen Argumentation eine fundamentale Verwechslung der Problemstellung, was "gute Logik" ist, auf? Denn, "die psychologische Frage lautet, welche Prozesse durchläuft der Geist. Aber die logische Frage lautet, ob die Konklusion, die man erreicht, indem diese oder jene Maxime angewendet wird, mit der _Tatsache_ übereinstimmt oder nicht"[26]. Ein Rückgriff auf das Gefühl als Plattform für die Begründung der Richtigkeit eines rationalen, formallogischen Prozesses des Schließens würde in Konsequenz das Urteil auf die Basis des

Gefühls stellen, d.h. die Vernünftigkeit eines Arguments in nichts anderem als dem Gefühl für das Logische gründen lassen. Der Beweisgang, den jedes Urteil "kurzfristig" bis zu seinem erneutem Aufnehmen zum Zwecke der Verifikation oder Falsifikation abschließt, wohnt freilich einem Urteilenden inne, der sich bewußt auf "etwas" anerkennend oder verwerfend bezieht, wobei unter "etwas" eine "Sache" zu verstehen ist. Alles, was hier ein Urteil U leistet, ist, mir eine Prämisse, die einer Tatsache entspricht, zu liefern, um meine Behauptung, U ist wahr, rechtfertigen zu können. Dem immer mittels eines Urteilenden im Urteil aufgezeigten Sachverhalt wird durch dieses Urteil der Geltungsanspruch "ist wahr" verliehen; z.B. ist der Sachverhalt, "Sirius ist weiß", mit dem implizierten Urteil, "daß Sirius weiß ist, ist (wahrscheinlich) wahr", verbunden. Der daraus resultierende Geltungsanspruch ist erst mit Hilfe einer (pragmatischen) Herausarbeitung imstande, seine "Aufgabe", "wahr" zu sein, zu erfüllen. Das Gefühl, wie es Ch. Sigwart fordert, erweist sich als Fundament für die Vernünftigkeit eines Prozesses des Schließens jeder "guten" Logik durch dazu Befähigte fehl am Platze. Da mittels formallogischer Verfahren eine Sachstruktur nebst deren Geltungsanspruch in Absicht der Übereinstimmung mit einer Tatsache methodisch eingefangen wird, benötigt Logik nicht ihre Konstituens durch ein Gefühl. Das Urteil im Entwicklungsverlauf des Schließens repräsentiert allerdings eine eingegrenzte Einzelaussage, die aus einer spezifischen Fragesituation heraus uns Menschen ein entsprechend gewichtetes Verhältnis zwischen Realität und Urteil eröffnet; sodann ermöglicht es, das "Ganze" der Welt in der Komplexität einer unendlichen Kombinierbarkeit von Aussagen zu erfassen.

Verbleibt nach dem "Ort" oder besser nach dem "Medium" zu fragen, in dem logische Wahrheit ihren formallogisch-strukturierten Begriffsgehalt einer adäquat-möglichen Formulierung überantwortet. Als Auftakt hierfür vermag die These M. Heidegger's ein einleitendes, gewiß zugespitztes Leitmotiv für eine Orientierung in dem zu analysierenden Themenkomplex abzugeben: "Satz ist nicht der Ort der Wahrheit, sondern Wahrheit der Ort des Satzes."[27] Aus dem Blickwinkel des Gedankengutes von Ch.S. Peirce (wie Heidegger's) repräsentiert der Satz selbstverständlich nicht das wie auch immer geartete "Ganze" der

Wahrheit, denn er befähigt "lediglich", als einem Teil ihres
Unterbaus, dem Urteil eine Strukturierungsbasis zu verleihen,
deren sich das Urteil bedient, um kraft ihrem inneren, logischen Aufbau und vermittels der zur Erkenntnis Befähigten der
formalisierten Wahrheit ans Licht zu verhelfen.
Kurz: Der Satz setzt qua Setzenden das Urteil in die Welt; erst
das auf materialer Grundlage stehende Urteil selbst vermittelt
Sachverhalt und Geltungsanspruch zur nachfolgend möglichen Verifizier- respektive Falsifizierbarkeit.[28]
Die daraus resultierende Bedeutungsdimension: Der gesetzte Satz
ohne das formallogische Urteil ist leer, das formallogische Urteil ohne den gesetzten Satz ist blind. Ohne die vorgenannte,
beiderseitige Verwobenheit wäre ja auch eine Rückführung allen
Denkens auf den methodischen Verlauf jenes Denkens in "Sätzen",
kontrollierbar vermöge syllogistischer Schlußfiguren, haltlos.

Die nachstehende bipolare Betrachtungsweise von Peirce eröffnet
und erweitert die eben allgemein-abgefaßte Feststellung: "Wahrheit besteht in der Existenz eines realen Faktums, das dem wahren Satz korrespondiert"[29]; und: "Wahrheit ist ein Merkmal,
das sich an einen schwerverständlichen Satz anbindet und welches eine Person äußern könnte"[30]. Das Ineinandergreifen von
der "Äußerung" des das Urteil im Satz Setzenden mit der dem
Satz korrespondierenden Wahrheit spiegelt die derart ermöglichte "Verzahnung" der Bezugsebenen "Wahrheit" und "Satz" als
dem eigentlichen Medium für "Die Wahrheit" wider.
Beide Bereiche fängt im Vergleich mit Peirce L. Wittgenstein
ein. Zum einen mit dem, seiner Ansicht nach, schlechten "Sprachbild": "Was in den Begriff der Wahrheit _eingreift_ (wie in ein
Zahnrad), das ist ein Satz."[31] Zum anderen: "Der Satz, der Gedanke (scheint schon zu wissen), was ihn wahr macht."[32] Im Kern
muß diese Verflechtung nach der Ansicht von Peirce zwar nicht
dem "Bild-Abbild"-Paradigma[33] Wittgenstein's genügen, jedoch
wird eine Übereinstimmung, nicht gleichzusetzen mit Identität,
unabdingbar zur Voraussetzung benötigt.

Ein einfaches Beispiel von Peirce soll seine Überlegungen auf
dem Gebiet der Physik verdeutlichen: Der allgemeine Satz, daß
alle festen Körper beim Fehlen einer nach oben gerichteten
Kraft oder eines Druckes fallen, verkörpert eine Art der Repräsentation, die nicht ipso facto real ist. Ein Stein, den ich

im Experiment loslasse und erwarte, daß er fällt, was er darauf tatsächlich tut, ist demgegenüber ein Reaktionsobjekt und ipso facto real. Die Transformation des Wirklichseins des fallenden Steins in die entsprechende Formel der Physik anstelle des festen Körpers verschafft dem nicht-realen Objekt der Repräsentation (jetzt dem fallenden Stein im Satz) eine Übereinstimmung mit der Realität.[34] Das Wahrsein drückt sich hier wie folgt aus: "Jeder allgemeine Satz ist auf eine endliche Zahl von Gelegenheiten beschränkt, in denen er denkbar falsifiziert werden könnte, vorausgesetzt, daß er eine Behauptung ist, die sich auf das beschränkt, was menschliche Wesen erfahren können; und folglich ist es denkbar, daß es, obgleich er ohne Ausnahme wahr sein sollte, noch immer zufällig ist, daß er sich als wahr erweist."[35] Des weiteren sind wir imstande, ein aktives, allgemeines Prinzip schlußzufolgern, das mittels der Interdependenz von Wirklichsein und Repräsentiertsein erkannt wird, welches wirklich in der Natur wirksam ist.[36] Kurz zusammengefaßt: "... logische Wahrheit, das heißt, die Übereinstimmung (concordance) eines Satzes mit Realität."[37]

Diese bereits geläufige Konstituensfunktion übernimmt bei Peirce die unauflösbare semiotische Relationstriade des Zeichens, die einen ontologischen Leitfaden hinsichtlich des Grundes des Repräsentamens, für den es steht, abgibt. Das ganze Universum, auf das wir uns beziehen, wenn wir gewöhnlich von der Wahrheit reden, ist durchdrungen von Zeichen, welche sich im Satz als deren "Aussage"-möglichkeit widerspiegeln[38]: "Wahrheit gehört ausschließlich zu Sätzen. Ein Satz hat ein Subjekt (oder eine Reihe von Subjekten) und ein Prädikat. Das Subjekt ist ein Zeichen; das Prädikat ist ein Zeichen; und der Satz ist ein Zeichen, daß das Prädikat ein Zeichen davon ist, von welchem das Subjekt ein Zeichen ist. Wenn er so sein sollte, ist er wahr."[39] Aufgrund einer derartigen Explikation darf ich mit Peirce folgern: "Die wirkliche Wahrheit der Dinge muß gewissermaßen vertreten werden."[40]

Das Medium für eine Ausdrucksmöglichkeit der Wahrheit mittels Zeichen stellt demzufolge der Satz dar, der kraft des in ihm das Urteil Setzenden - dessen Denken selbst ausschließlich ein Denken in Zeichen ist - Wirkraum des formallogischen Prozesses des Schließens und Sinneröffnungsbereiches für ein Objekt der Reaktion durch das Objekt der Repräsentation[41] ist. Das Resultat der herausgeschälten Gedanken aus den veröffentlichten Bruchstücken Peirce's liegt nunmehr einprägsam vor Augen: "Wahrheit ist die Übereinstimmung (conformity) eines Repräsentamens mit seinem Objekt, *seinem* Objekt, SEINEM Objekt, beachten Sie. ... Es muß eine Wirkung des Objekts auf das Zeichen geben, um das letztere wahr anzugeben. Ohne jenes ist das Objekt nicht das Objekt des Repräsentamens. ... So muß folglich ein Zeichen durch sein Objekt erzwungen werden, um seine Pflicht zu erfüllen, seine Mächtigkeit zu aktualisieren. Dies ist offensichtlich der Grund der Zweiteilung in das Wahre und das Falsche."[42]

Die kategorialen Ingredenzien "das Erste", "das Zweite", "das Dritte" der semiotischen Relationstriade durchwalten diese, angesprochen in Abschnitt 2.6., und bilden den Grund wie die fundamentale Struktur für ein qualitatives Erkennen-Können des Wahren und des Falschen, da es insbesondere der Kategorie "Drittheit" zu verdanken ist, daß das Zeichen als Repräsentamen Materie und Form mediiert, - zum Zwecke des Verstehen-könnens der Welt schlechthin. Ein Begreifen-wollen der Welt allein durch "Materie" oder "Form" hebt uns Menschen nicht auf die "Stufe" des Verstehens.

Zur allgemeinen Erleichterung der Logiker und Wissenschaftstheoretiker und vielleicht nicht wissentlich in der Tradition Peirce's stehend griff A. Tarski den Gedanken, Wahrheit sei eine Übereinstimmung des Repräsentamens mit seinem Objekt, in seiner Dissertation von 1933 anhand des folgenden Beispiels auf: "'es schneit' (1) ist eine wahre Aussage dann und nur dann, wenn es schneit (2)."[43] Zudem vollzieht der junge polnische Logiker Tarski den gleichen, ergänzenden Denkschritt wie Peirce: "Ein Zeichen ist nur ein Zeichen *in actu*, aufgrund seiner Annahme einer Interpretation, das heißt, kraft seiner Fähigkeit zur Bestimmung eines anderen Zeichens des gleichen Objekts."[44] Ausgedrückt mit Hilfe der Terminologie von Peirce bedeutet in diesem Zusammenhang die sog. Tarski'sche Wahrheitskonvention: Das im Bereich der Metasprache angesiedelte Objekt der Repräsentation (Drittheit) "es schneit" (1) korrespondiert einzig im situativen Vollzug mit dem Objekt der Reaktion (Zweitheit) "es schneit" (2), das im objektsprachlichen

Bereich liegt, um zur wahren Aussage der Einheit (Erstheit) eines Wirklich-seins und Repräsentiert-seins zu gelangen. Im Gegensatz zu Tarski behandelt Ch.S. Peirce sein eigenes Beispiel, in dem er den Terminus "es regnet" statt "es schneit" verwendet, allerdings ausführlicher: "Um wahr oder falsch zu sein, muß sich diese Behauptung auf eine gewisse Zeit und einen gewissen Ort beziehen, und die Verhältnisse, unter denen die Behauptung gebildet wurde, müssen auf Ort und Zeit hinweisen. Jener hinweisende Sachverhalt, von welchem Sprecher und Hörer eine Erfahrung hatten, war das Subjekt-Zeichen; und wir können annehmen, daß die Behauptung in ihrer Bedeutung gleichwertig gegenüber diesen Zwei war: Erstens, es gibt eine bestimmte Zeit und einen bestimmten Ort, angezeigt durch diese Verhältnisse, auf welche die Beschreibung 'es regnet' anwendbar ist; und zweitens, welchen Ort und welche Zeit diese Verhältnisse auch immer andeuten, es ist ein Anlaß, auf welchen die Beschreibung 'es regnet' anwendbar ist."[45]
Wie wir wissen, verfolgt A. Tarski indes einen anderen Denkweg, der ihn wegführt[46] von den Schwierigkeiten der Umgangssprache und den mit ihr verbundenen, stets fehlschlagenden Versuchen, um eine strukturelle Definition des Terminus "wahre Aussage" aufzubauen; hingegen erarbeitet er eine Konzeption für eine formalisierte Sprache, in welcher "der Sinn jedes Ausdrucks durch seine Gestalt eindeutig bestimmt ist"[47]. Es gilt, eine Formalsprache zu erreichen, die in bezug auf die Umgangssprache nicht ihre Geltung verliert. Der Grund: der Universalismus der Umgangssprache.[48] Auch Ch.S. Peirce suchte eine freilich andersgeartete Formalisierung zum Zwecke der Transparenz logischer Prozesse mit Hilfe seiner "Konventionen und Regeln der Existentiellen Graphen"[49] zu erlangen, vergaß darüberhinaus aber nie, daß er weder eine Reduktion aller Wissenschaften auf formalisierungsfähige Wissenschaften anstrebte, noch den Kernpunkt: Unsere logisch kontrollierbaren Gedanken machen lediglich eine bloße Blüte eines sich weit erstreckenden Feldes aus, - den "instinktiven Geist"[50]. Aufgrund eines bewußten Offenhaltens der Philosophie für jegliche Denkanstöße wie -richtungen sollte uns überdies L. Wittgenstein's eindringliche Warnung im Ohr nachklingen, "daß wir bei den Dingen des alltäglichen Denkens bleiben müssen, um nicht auf den Abweg zu geraten, wo es scheint, als müßten wir die letzten Feinheiten beschreiben, die

wir doch wieder mit unsern Mitteln gar nicht beschreiben könnten. Es ist uns, als sollten wir ein zerstörtes Spinnennetz mit unsern Fingern in Ordnung bringen."[51]

Die vorstehenden Erläuterungen bedürfen keiner weiteren Hinzufügungen, da die nachstehenden Zitate von Ch.S. Peirce für den sich herauskristallisierenden Zielpunkt meines ersten Abschnitts unmißverständlich für sich alleine sprechen.

a) "Das Arbeitsgebiet des Denkens (Thought) ... ist in jedem Gedanken (thought), der bekennt, ein Zeichen jener großartigen äußeren Kraft, jenes Universums zu sein, der Wahrheit (the Truth)."[52]

b) "Schließlich, und insbesondere, bekommen wir eine Vorstellung (Seme) von jenem höchsten aller Universen, welches als das Objekt jedes wahren Satzes angesehen wird, und das wir, wenn wir es überhaupt benennen, mit dem ziemlich irreführenden Titel 'die Wahrheit' ('The Truth') bezeichnen."[53]

c) "Die Wahrheit (The Truth), die das Universum aller Universen ist, wird von allen Seiten als real seiend vorausgesetzt."[54]

Oder zugespitzt:
Würden wir Menschen den Gedanken an die e i n e Wahrheit aufgeben, leugneten wir Wahrheit überhaupt.[55]

Abschließend sei ausdrücklich festgehalten: Der menschliche Denkprozeß gestaltet die Erschließung der Welt mittels seiner willensabhängigen Strukturierbarkeit und seiner sprachlogischen-semiotischen-formallogischen Methodik, d.h. aus der Sicht von Peirce dreht es sich um den Zusammenhang Denken-Welt, nicht[56] um eine bloße Verkürzung des Problems auf die Übereinstimmung von Sprache und Welt.

Zu einem Resümée verhilft zugutetletzt die Abwandlung der "formaliter"-Definition "veritas est adaequatio rei et intellectus" mit Hilfe der Begrifflichkeit von Peirce.

W a h r h e i t geht hervor aus der Übereinstimmung des, in der semiotischen Relationstriade des materie- und formbeladenen Zeichens vermittelten Ersten mit dem das formallogische Urteil im Satz dank Zeichengeleitetheit Zu-Setzen-Befähigten

Für Peirce ergibt sich des weiteren die Unmöglichkeit einer allgemeingültigen Bestimmung der Wahrheit. Vorab sei deswegen gesagt, daß die Überlegungen des vorliegenden, ersten Denkschritts eines kontinuierlichen Mitbedenkens für die folgenden zwei bedürfen.

3.3. Behandlung der Wahrheit unter dem Gesichtspunkt des "effectus consequens"

Im Zuge der Herausarbeitung der vielgestaltigen Perspektiven des Komplexes "Wahrheit" bei Ch.S. Peirce wird dieser zweite Reflexionsschritt an der dritten Bedeutungsdimension des Th.v. Aquin angelehnt, welche jenen Aspekt der Wahrheit unter dem Gesichtspunkt des "effectus consequens", d.h. desjenigen, was aus der "adaequatio" folgt, aufrollt: "Verum est manivestativum et declarativum esse"[1] ("das Wahre sei das sich offenbarende und erklärende Sein"; nach Hilarius) und "Veritas est qua ostenditur id quod est"[2] ("Die Wahrheit ist es, wodurch das, was ist, gezeigt wird"; nach Augustinus). Wahrheit wäre demgemäß an der Enthüllung einer kostbaren Statue zu exemplifizieren; das Standbild steht bereits da, erst mittels des Entbergungsprozesses offenbart es sich als das, was es ist.

Gewiß wurde im Verlauf von 3.2. der philosophische Gehalt der "adaequatio rei et intellectus" mit dem Gedankengang von Peirce ausgefüllt, jedoch suche ich weitergehend die ihm einseitig-zugeschriebene und nicht gerecht werdende Einordnung unter die Korrespondenztheorie, kraft dem Vollzugsbereich der obigen Äquivalenzfunktion, zu ergänzen. Zum Einstieg in die vorliegende Thematik führt das nachfolgende Zitat aus dem Jahre 1903 das nicht nur mögliche, sondern inhaltlich-notwendige Zusammendenken der zuerst abgehandelten Bedeutungsdimension des Th.v. Aquin mit der jetztgenannten plastisch vor Augen; zu beachten ist allerdings nach wie vor das eigenständige philosophische Gepräge von Peirce, welches anhand von Thomas nicht unabdingbar eine stringente, viel eher eine deskriptiv-veranschaulichende Ableitung zuläßt: "For truth is neither more nor less than that character of a proposition which consists in this, that belief in the proposition would, with sufficient experience and reflection, lead us to such conduct as would tend to satisfy the desires we should then have. To say that truth means more than

this is to say that it has no meaning at all. - 1903" ("Denn die Wahrheit ist weder mehr noch weniger als der Charakter eines Satzes, der darin besteht, daß die Überzeugung von diesem Satz uns bei genügender Erfahrung und Reflexion zu einem Verhalten führen würde, das darauf zielen würde, die Wünsche, die wir dann haben würden, zu befriedigen. Sagt man, daß Wahrheit mehr bedeutet als das, so heißt das, daß sie überhaupt keinen Sinn hat. - 1903").[3]
Eine derartige Äußerung durchstößt - wie bereits angedeutet - die mancherorts als triumphalen Fortschritt bejubelte, bewußtaufgebaute "Barriere" einer Reduktion menschlichen Denkens auf die "Formel gültigen Schlußfolgerns" ("formula of valid reasoning")[4]. Der Unterbau für die Richtigkeit einer solchen Annahme findet sich in der verwendeten Kombination der "Termini technici" mit der hinreichend bekannten, Peirce eigenen, inhaltlichen Ausprägung sowie dem ausdrücklichen Gebrauch des "Contrary-to-fact"-condicionalis, woraus sich die Bedeutungsdimension eröffnet: Die sprachliche Niederlegung der bislang erfaßten Wahrheit im Satz dient als Bedingung und Leitfaden für eine umgreifendere und tiefgehendere Auslotung der sich "hinter" dem Satz verbergenden, noch "unbekannten" Wahrheit. Diese angesprochene "Befriedigung" der "Wünsche", welchen der, jeder "verifizierbaren" oder "falsifizierbaren" Analyse offene, Charakter eines Satzes zur potentiellen Erfüllung desselben zugrundeliegt, darf nicht mit der Intention des Wortes "Befriedigung" bei W. James verwechselt werden: "... wenn Wahrheit in Befriedigung besteht, kann es keine gegenwärtige Befriedigung sein, sondern muß die Befriedigung sein, welche zuguterletzt darin begründet sein würde, wenn die Forschung zu ihrer letzten und unveräußerlichen Streitfrage gedrängt wurde. Dies, ich bitte, darauf hinweisen zu dürfen, ist eine wirklich verschiedene Position von der des Herrn (F.C.S.) Schiller und der heutiger Pragmatisten."[5] Allerdings betrachtet W. James "Wahrheit" unter dem Blickwinkel der "Veri-fikation"[6], d.h. als einen Vorgang des Sich-Geltend-Machens, der die Wahrheiten (im Plural) kraft des besagten, permanenten Prozesses des Vorwärts-Bringens eines Tages im "idealen Punkt"[7] der einen Wahrheit konvergieren läßt. Zudem sei noch der oftmals irreführende Gebrauch[8] der Termini "wahr" und "nützlich" richtiggestellt:

"'Wahr' ist der Name für jede Vorstellung, die den Verifikationsprozeß auslöst und 'Nützlich' der Name für die in der Erfahrung sich bewährende Wirkung."[9]
Ch.S. Peirce will vielmehr auf eine mit Hilfe des Satzes hervorgerufene, zukünftige "Befriedigung" der Neugier der Forschenden abzielen, die auf einer "unendlichen", (natur-)wissenschaftlich abgesicherten Fortentwicklung des Denkens gründet. Der Anlaß: In Anlehnung an seine Reflexionen bezüglich der vier Methoden zur "Festlegung einer Überzeugung"[10] ruft er sich die enormen Fortschritte der "wirklichen Wissenschaften"[11] ("true sciences"; 1.40) ins Gedächtnis zurück, deren Methoden und Forschungsergebnisse von der Theologie, als der "Königin der Wissenschaften" ("queen of sciences"; 1.40), mit "Feuer und Schwert" bekämpft sowie der Häresie bezichtigt wurden. "Wahrheit" erfüllte zu jener Zeit die zweifelhafte Aufgabe einer unveränderbaren, ewigen, bereits im Besitz weniger "Erleuchteter" sich befindenden, "religiösen Wahrheit" ("religious truth"; 1.40). Jedoch, so fragt sich Peirce, verbindet sich nicht mit Wahrheit die Freiheit des Menschen zur möglichen, fortwährenden Entdeckung neuer Erkenntnisse über die Natur und in der Mathematik? Spiegelt sich nicht in den Denkresultaten der "Männer der Wissenschaft" - jahrhundertelang einer mehr oder minder intensiven Verfolgung ausgesetzt - das tatsächliche, kontinuierliche Wachstum des Wissens unter dem Leitstern der Wahrheit wider? Wenn nicht da, wo sonst?
Aufgrunddessen begreift er seinen Ansatz zu dem gerade besprochenen Aspekt der Wahrheit als eine Wiedererweckung[12] der Philosophie Hegel's, wenngleich in fremder Kleidung: "... als der Seminarist Hegel entdeckte, daß das Universum überall mit kontinuierlichem Wachstum durchdrungen wird (dies, und nichts anderes, ist das Geheimnis Hegel's), wurde angenommen, daß es eine völlig neue Idee, eineinhalb Jahrhunderte nach Inkrafttreten der Differentialrechnung, sei. Während Hegel Männer der Wissenschaft mit Geringschätzung betrachtete, machte er die Bedeutsamkeit der Kontinuität zu seinem Hauptthema, welches gerade die Idee war, mit deren Weiterverfolgung die Mathematiker und Physiker hauptsächlich seit drei Jahrhunderten beschäftigt waren. Dies machte Hegel's Werk in sich selbst weniger korrekt und hervorragend, als es sein könnte; und zur gleichen Zeit ver-

barg sich dessen wirkliche Verwandtschaftsform vor dem wissenschaftlichen Denken, in welches das Leben einer Rasse [Gattung] hineingelegt war. Es war ein Unglück für Hegel's Lehre, ein Unglück für 'Philosophie', und ein Unglück (in geringerem Maße) für Wissenschaft."[13]
Vorstehendes Zitat gestattet zumindest drei zentrale Intentionen herauszukristallisieren, die die Transparenz einer weitergehenden Betrachtung erhöhen helfen, bevor ich auf das Verständnis von Wahrheit, unter dem Blickwinkel des zweiten Denkschrittes, zurückkomme:
- Die, Hegel entlehnte, Anschauung: "ein wirkliches Wachstum in den Ideen der Menschen"[14], beinhaltet für Peirce den "Fruchtbarkeits-Effekt" I. Kant's. Jede im Verlauf von Erfahrungsgrundsätzen gegebene Antwort gebiert immer neue Fragen, was die Vernunft keine Befriedigung finden läßt; "denn durch ins Unendliche immer wiederkommende Fragen wird ihr alle Hoffnung zur vollendeten Auflösung derselben benommen"[15]. Überhaupt zeugt es von großer Einsicht, vernünftige Fragen zu stellen, ja, befähigt zu sein, ebensolche stellen zu können.[16] Freilich wird die menschliche Vernunft in der Mathematik und Naturwissenschaft in Schranken, niemals aber in Grenzen, gewiesen; das bedeutet keine Chance für eine Entdeckung des Inneren der Dinge durch beide Disziplinen, - dies bleibt allein der Metaphysik vorbehalten.
- "Das Wahre - das ist jetzt nicht mehr der gegebene Kosmos, die Wahrheit schlechthin ist nicht mehr Gott, d.h. aber: das Wahre, im Sinne der wahren Sache, ist nicht mehr eigentlich das ontisch Wahre, sondern der systematisch-vernünftig gedachte Gedanke; die Wahrheit selbst ist nicht mehr ein Seiendes, sondern das spontane, frei schwebende Tun des Nachdenkens. Denn auch bei der Einsicht in das Nachdenken dürfen wir nicht mehr im alten Sinne das Verhalten des Denkenden aus seinem Wesen heraus verstehen wollen."[17]
- Die Bedeutung von Wahrheit als Ideal: "das Ganze der möglichen erkennbaren Wahrheiten."[18]

Eingedenk des "Fruchtbarkeits"-Effekts I. Kant's formte Ch.S. Peirce die, in 2.5. eingehend abgehandelte, "doubt-belief-inquiry-doubt"-Theorie mit der Zielorientierung aus, die Methode der Festlegung einer interimistischen Meinung des Individuums treffend zu beschreiben. Parallel zur Erläuterung des Realitätsbegriffs eignet sie sich gleichfalls für die Erklärung des Wahrheitsbegriffs.[19] Infolgedessen setzt er die Termini "belief" ("Überzeugung") und "doubt" ("Zweifel") mit dem Wortpaar "truth" ("Wahrheit") und "falsity" ("Falschheit") gleich[20], um die Verhaltenssicherheit des Einzelforschers in seiner jeweiligen Denksituation im Vergleich zu dessen erlangten Grad der "Wahrheit" einzufangen. Unschwer ist aus der Peirce'schen Sichtweise die Betonung einer nie enden wollenden Wahrheitssuche herauszuhören, kraft der der zu sich selbst ehrliche[21] Einzelwissenschaftler die Hoffnung auf das Erreichen der einen, ewigen Wahrheit aufgibt, ebenso, daß er alleine Wahrheiten zu entdecken vermag. Er befindet sich "lediglich" in der Lage - dieses Vermögen verkörpert allerdings für jeden Menschen einen gewaltigen Schritt vorwärts -, ein, zumindest zeitweiliges, Fürwahrhalten ("belief") hinsichtlich seines Forschungsgegenstandes erarbeiten zu können; darüberhinaus gewinnt er nicht nur einen unschätzbar wertvollen Anhaltspunkt für sein weiteres Vorgehen, sondern dieser Moment des Fürwahrhaltens vermittelt ihm desgleichen das "Gefühl" der Gegenwärtigkeit[22] eines Mosaiksteinchens der Wahrheit. Im Zuge der "doubt-belief-inquiry-doubt"-Theorie beleuchtet Ch.S. Peirce das menschliche Vermögen des Fallibilismus[23] als ein wesentliches Ingrediens eines derartigen Prozesses der Suche[24] nach Wahrheit, denn die Ungenauigkeit und Einseitigkeit, die in der zu erkennenden Wahrheit ruhen, verhelfen wiederum zum Ansporn[25] für eine unermüdliche Erkundung[26] des "Terrains" Wahrheit.

Eine allgemeine Zusammenfassung des bisherigen Gedankenganges stellt für Peirce die vage Maxime des Pragmatizismus: "Gib gemachte Überzeugungen auf"[27], dar; vage insofern, weil seine theoretische Beschreibung des "doubt-belief"-Kontinuums eine philosophische Reflexion über Wahrheit selbst nicht ermöglicht. Nicht umsonst verwirft er die Scheinüberlegenheit des festgefügten Wahrheitsbesitzes des einzelnen, endlichen Menschen zugunsten einer unablässigen Überprüfung mittels möglichst vieler "in the long run"[28], dem ein Anwachsen der Sicherheit im Urteil über das eigene Fürwahrhalten einhergeht. Die Bedeutung des Postulats "auf lange Sicht" ergänzt - völlig im Sinne von Peirce - der treffliche Gehalt der Aussage von K. Jaspers:

"Die Endgültigkeit einer vermeintlichen Wahrheit verliert die Grenze des Fragens, des Fragenkönnens und des Hörenkönnens. Sie verliert damit den Raum, in dem die Richtung auf die eine ursprüngliche Wahrheit freibleibt."[29]
Unser aller Aufgabe steht somit unverrückbar fest: Die Wahrheit ist zu ent-hüllen, zu ent-decken, die Verborgenheit muß von ihr weggenommen werden[30], und der Wahrheit ist ohne Rücksicht auf zeitgebundene, gesellschaftspolitische Begleitumstände "geradewegs" ins Gesicht zu schauen[31]. Bleibt die "unendliche" Hoffnung für alle in diesem Kosmos existierenden, denkbefähigten Wesen übrig, daß sich die Wahrheit in der Funktion eines normgebenden[32] Ideals durchsetzen möge, ohne sie machen[33] zu müssen. Desungeachtet wird die These aufrechterhalten: Jedes "Ding" ist erkennbar, aber alles wird niemals erkannt werden.[34]

Angesichts der eben eruierten Argumentation von Peirce bedarf sein im folgenden zitiertes, großartiges Gedankenexperiment keines Kommentars mehr: "Es ist leicht zu sehen, was Wahrheit für einen Verstand, der nicht zweifeln könnte, sein würde. Ein solcher Verstand könnte nichts außer dem, wovon er überzeugt wäre, für möglich halten. Unter dem Begriff aller existierenden Dinge würde er nur das verstehen, was nach seiner Überzeugung existierte, alles übrige würde zu dem gehören, was er mit nichtexistent meinen würde. Dieser Verstand würde daher in seinem Universum allwissend sein [wie ein instinktgeleitetes Tier oder ein Gott!]. Zu behaupten, daß ein allwissendes Wesen notwendigerweise des Denkvermögens ermangelt, klingt paradox; doch wenn ein Denkakt auf ein Ziel gerichtet sein muß, dann muß er natürlicherweise unmöglich werden, sobald das Ziel erreicht ist."[35]
Da unser menschlicher Verstand nicht mit der Geistesverfassung eines gerade beschriebenen Wesens zu vergleichen ist, sollten wir uns die wissenschaftliche Methode aneignen, die auf das Erforschen des Wahren hinzielt. In jenem Bezug sei nochmals die Absicht des Pragmatismus - in der Ausprägung von Peirce - unmißverständlich herausgehoben, keine metaphysische Lehre sein zu wollen, sondern eine Methode zur Ermittlung der Bedeutung schwieriger Wörter und "intellektueller"[36] Begriffe.

Das äußere Merkmal der Ergründung der Wahrheit spiegelt sich in der Einteilung der Philosophie in Phänomenologie als "prima philosophia", Normative Wissenschaft (Logik, Ethik,

Ästhetik) und Metaphysik wider. Die Klassifikation wie wissenschaftstheoretische Darlegungsmöglichkeit der Einzeldisziplinen fängt die Ausformung der verschiedenen Arten der einen Wahrheit ein, ohne Philosohie durch eine Aufgliederung in eigenständige Wissenschaftsbereiche rückstandsfrei aufzulösen. Wenn es sich nicht dementsprechend verhielte, würde Philosophie, als das ganze Gefüge Umspannende, zumindest das Vertrauen auf die Existenz einer sachlichen Gesamtwahrheit preisgeben. Sie darf, laut Peirce, freilich nicht bloß Wissenschaft sein; vielmehr übersteigt sie diese durch ihr Bemühen, Phänomene wie deren Eingebettetheit in eine komplexe Struktur (Kategorien) zu ergründen. Trotzdem ist das äußere Kriterium einer Untergliederung der Philosophie vonnöten, denn wir sind nicht imstande, die gleiche Strenge und Genauigkeit[37] des Wissens auf dieselbe Art in allen ihren Teilbereichen, allein aufgrund deren qualitativer Unterscheidbarkeit, walten zu lassen. Ihm allerdings ein modernes Wissenschaftsverständnis[38] unbewußt unterschieben zu wollen, hieße, auf der Argumentationsebene des Artikels "How to Make Our Ideas Clear" (1878) stehenzubleiben, in dem die naturwissenschaftlich-experimentelle Testmethode - Stichwort "Diamantenbeispiel" - die Koinzidenz der externen Fakten mit dem Fürwahrhalten des Einzelforschers aufzeigte. Der Philosophie als das Umgreifende der Wissenschaft liegt demzufolge ein andersgearteter Wahrheitsbegriff zugrunde, der sich von dem ermittelten Wahr-sein des Forschungsgegenstandes einer festgelegten Experimentier- und Versuchsreihe abhebt. Nichtsdestoweniger hat Wissenschaft Wahrheit als "Objekt" der Untersuchung, so daß unumgänglich berücksichtigt wird: "'Wissenschaft und Wahrheit' - das 'und' ist kein Verlegenheitswort. Wissenschaft ohne Wahrheit hat keinen Sinn. Das 'und' hat substantielle und vitale Bedeutung."[39] Welcher Gradmesser zur Beurteilung des Wissenschaftsfortschritts herangezogen werden könnte, verbleibt die Streitfrage. Peirce "löst" sie nicht. Vermag sie überhaupt "gelöst" zu werden?
Letztendlich ist zu beachten: Das einzig mögliche Ende der Wissenschaft, insbesondere der Naturwissenschaft, würde sein, die "Lektion" ("lesson")[40] des Universums, die es lehrt, gelernt zu haben; ein Ende[41] der Philosophie, verbunden mit der Suche nach Wahrheit, wäre indes noch lange nicht in Sicht.
Abgesehen von dem äußeren Charakteristikum einer Einteilung der

Philosophie in die Bereiche, in welchen die Wahrheitssuche aufgenommen wird, benötigt das ganze philosophische Forschen an erster Stelle den menschlichen Geist, der den Wissenschaften ihr Leben einhaucht und als entwicklungsfähiger Bestandteil des Universums die Hoffnung auf stetige Fortschritte bzw. die Verkleinerung der vielfältigen Irrtümer bei der Untersuchung der Wahrheit repräsentiert.[42] Obgleich wir in der "Form" endlicher wie fallibler Individuen nicht in der Lage sein werden, alles zu erkennen, geschweige denn, die Wahrheit zu erreichen, auf die wir aus sind, vermag die zeitlich-unbegrenzte Gemeinschaft aller Philosophierenden sie zu erlangen trachten.[43] Welcher philosophischen Dimension der Wahrheitssuche stößt eine derartige Reflexion von Ch.S. Peirce die "Türe" auf?

Die angenommene Existenz einer "unendlichen" Gemeinschaft gebiert die Möglichkeit für einen durch die Zeit fortschreitenden, sich qualitativ-weiterentwickelnden, intersubjektiv erzeugten Konsens aller freiwillig Forschen-Wollenden, die dadurch der Wahrheit weitgehendst nahezukommen bestrebt sind. Das Fundamentum jenes Konsensusmodells der Wahrheit auf der Ebene eines intersubjektiven Diskurses zur "öffentlichen Einlösung" eines individuellen, vielleicht wahren, Urteils im Satz wurde im Blick auf nachstehende Überlegung - 1905 prägnant zusammengefaßt - entworfen: "Das erste ist, daß eine Person nicht unbedingt ein Individuum ist. Ihre Gedanken sind das, was sie 'zu sich selbst sagt', d.h. jenem anderen Selbst sagt, das im Strom der Zeit gerade ins Leben tritt. Wenn man Schlußfolgerungen vollzieht, ist es jenes kritische Selbst, das man zu überzeugen versucht; und alles Denken ist Zeichen und hauptsächlich sprachlicher Natur. Als zweites ist zu behalten, daß der gesellschaftliche Umkreis eines Menschen (wie weit oder wie eng man diesen Ausdruck verstehen mag) eine Art lose verbundener Person ist, die in verschiedener Hinsicht von höherem Rang ist als die Person eines individuellen Organismus. Diese beiden Dinge allein ermöglichen es - wenn auch nur im Abstrakten und im Pickwickschen Sinne -, zwischen absoluter Wahrheit und dem, was man nicht bezweifelt, zu unterscheiden."[44] Die Beurteilung und gegebenfalls Berichtigung der eigenen Gedanken kraft ihrer Überprüfung im Verstande vieler, um die ihnen anhaftende Subjektivität partiell abzustreifen, findet sich z.B. bereits bei

I. Kant[45] und verleitet Ch.S. Peirce zur vorschnellen, in den Konsequenzen undurchdachten Schlußfolgerung, eine überindividuelle Person in den Rang der "Richterfunktion" "absoluter" Wahrheit zu erheben. Wird das Einzelwesen infolge einer derartigen Vorstellung nicht zum bedeutungslosen Statisten degradiert? Für Ch.S. Peirce verkörpert dieses scheinbar schwächste "Glied" gleichzeitig das stärkste in der zu einer Gemeinschaft verknüpften, endlosen "Kette" der Forscher. Ein Widerspruch in sich selbst? Keineswegs! Dreh- und Angelpunkt der menschlichen Seinsweise ist und bleibt das freie[46], kreativ-produktive Subjekt, das im Vertrauen auf den anderen nicht völlig unbeteiligt "außerhalb" jedes gemeinsamen Erkenntnisfortschritts steht und sich seinen Denkweg mühsam bahnt; vielmehr begreift es sich als Gemeinschaftswesen, das als Denkendes zwar souveränes Subjekt, aber dennoch stets Mitgestaltendes der einen Welt ist. Reduziert man beispielsweise das Phänomen der Sprache - wie u.a. bei A. Tarski absichtlich geschehen - nicht auf eine logisch-eindeutige Ausdrucksform, so wird das unwiederbringbare Element der Freiheit des Individuums in seiner Sprache bewahrt und der "Funke" zur Einbringung vielschichtiger, neue Sichtweisen eröffnender, Denkanstöße nicht ausgelöscht. Gleichwohl darf sich jeder Einzelne durch die Forderung nach einer Gemeinschaft der Philosophierenden nicht aus der moralisch-ethischen Verantwortung seiner, mancherorts unbeabsichtigt böse Früchte tragenden, Denkhandlungen einfach heraustehen, da es gilt, sich immerwährend folgende drei Fragen zur - möglichst vorurteilsfreien - Beantwortung zu stellen: "Auf was bin ich bewußt vorbereitet, um das, was ich tun will, als die Darstellung (meines Tuns) anzunehmen, auf was ziele ich ab, was bin ich danach? Auf was ist die Kraft meines Willens gerichtet?"[47]
Bedingt durch das realistisch angenommene Ende der Gattung Mensch transzendiert Ch.S. Peirce die Suche nach der Wahrheit, vermittels der menschlichen Gemeinschaft, auf die Idealvorstellung einer "unendlichen" Gemeinschaft aller existierenden, denkbefähigten Wesen in der "unendlichen Weite" der räumlichen und zeitlichen Ausdehnung des Kosmos. Der schwerwiegende Problemkomplex rein technischer Machbarkeit bezüglich einer interstellaren Vermittlung des jeweiligen Gedankengutes einer vielleicht

schon lange erloschenen Zivilisation sollte allerdings bei einem solchen theoretischen Ansatz nicht zum Tragen kommen. Außerdem nimmt bei gewissenhafter Analyse die Position Peirce's selbst Abstand von dem obigen Wunschdenken: Erst wenn eine unendlich-offene, niemals endende Gemeinschaft aller jemals existierenden Wesen real würde, wäre in unendlich-weiter Zukunft ein Konsensus über die Wahrheit herbeiführbar. Setzt sich demnach sein Argumentationsgang nicht einer gerechtfertigten Kritik aus?
Der Terminus "Unendlichkeit" birgt in sich die dogmatische Wesensart einer permanenten Verschiebung der jetzt da-seienden Übereinstimmung in das immer existierende Zukünftige. Zudem bleibt ein intersubjektiv erzielter Konsens subjektiv, d.h. ihm wohnt keine Objektivität inne. Kant nennt ihn aufgrunddessen nicht zu Unrecht "Probierstein des Fürwahrhaltens"[48].
Nichtsdestoweniger geht von der Peirce'schen Anschauung einer idealen Gemeinschaft ein regulatives Prinzip für die Gegenwart aus, dessen philosophischer Ansporn nicht wegdiskutiert werden sollte. Diese Idee hat ferner im philosophischen Sinne einen "emanzipatorischen" Charakter, als sie das Bestehen eines interindividuellen Verhältnisses auf der Basis konkreter Freiheit des Subjekts anzeigt und die Verwirklichung der Denkhandlungen des Subjekts nach dessen Vorstellungen mit denen gleichberechtigter anderer verknüpft. Jedenfalls gibt sie dem Menschen die Hoffnung, daß Wahrheit mitteilbar sei, indem sie die christliche Lehre der, im Inneren des Menschen angelegten, Wahrheit, kraft des Verbotes nach "draußen" zu gehen, relativiert[49], sowie den allgemeinen Begriff der Evidenz für eine kritische Hinterfragung öffnet.
Zur Hinführung an den abschließenden Reflexionsschritt von Ch.S. Peirce bin ich jetzt ohne weitere Erläuterungen in der Lage, den einfachen, klaren und unmißverständlichen Kern seiner Gedanken, mittels Zitat, aufzuzeigen: "Wahrheit ist die Übereinstimmung einer abstrakten Feststellung mit dem idealen Grenzwert, an den unbegrenzte Forschung die wissenschaftliche Überzeugung anzunähern die Tendenz haben würde; jene Übereinstimmung kann die abstrakte Feststellung vermöge des Bekenntnisses ihrer Ungenauigkeit und Einseitigkeit besitzen; dieses Bekenntnis ist ein wesentliches Ingrediens der Wahrheit."[50] Die in

der grammatikalischen Konstruktion des "würde-sein" ausgedrückte Idee einer Konvergenz der einen ewigen Wahrheit mit der evolutionären Tendenz einer schrittweisen Annäherung an dieselbe beinhaltet die Vorstellung einer "letzten Meinung" ("final opinion") der imaginären Forschergemeinschaft.[51] Die, aus der mathematischen Terminologie entlehnte, Überlegung eines idealen Grenzwertes deckt sich mit der "letzten Meinung", eine "Meinung", die ihren Namen gar nicht mehr "verdient". Wahrheit selbst stellt eine nicht mehr korrigierbare[52] Überzeugung des gemeinschaftlichen Konsenses, nichts anderes verkörpert ja der Gedanke der "final opinion", dar; sie dürfte demzufolge gar nicht als Meinung, erst recht nicht mit dem Adjektiv "letzte", bezeichnet werden, befindet sie sich doch im "Zustand" der ganzen Wahrheit. Warum trotzdem der Gedanke einer "Meinung" und nicht die erleichterte Bekanntgabe Peirce's, mit Hilfe dieses philosophischen Konzepts endlich die Wahrheit erreicht haben zu können?

Zum einen wird die Geschichte der Wissenschaft[53] niemals fähig sein, so etwas wie eine ansatzweise Entwicklung hin zur Konvergenz mit der Wahrheit zu beweisen. Zum anderen gibt uns allen lediglich das Wissen um eine Metaphysik, und zugleich Ethik, der Hoffnung auf ein ewig-unveränderliches Leitprinzip der Wahrheit den Anlaß zur Vermutung, daß sich die Wahrheit "stückweise" zeigt.[54] Wollen wir das "summum bonum" Wahrheit nicht aufgeben, müssen wir uns in unserer menschlichen Idealvorstellung mit dem Gedanken der "letzten Meinung" unabdingbar zufriedengeben, denn er vermittelt durch seine ideale Grenzbestimmung den immer noch bestehenden ungeheuren Abstand zwischen sich und der Wahrheit.[55] Ein Abstand, der auf der anderen Seite freilich bereits auf ein Minimum verkürzt wurde und keine neuerliche Überwindung gestattet. Die menschliche Vernunft überstieg zwar ihre erbärmliche Endlichkeit und modale Abgegrenztheit, vermag indes allein kraft einer freiwilligen Eingrenzung ihrer selbst Sinn in die Existenz der einen Wahrheit, und deren Suche, hinzulegen.

Ohne die, im ersten Denkschritt festgehaltene, Auslegung der "adaequatio rei et intellectus" mittels des Gedankenguts von Peirce wäre ein Übergang zur zweiten Interpretation des "veritas est qua ostenditur id quod est" unmöglich. Ausschließlich durch das zeichenvermittelte Erste im Urteil des Individuums bietet sich ein weiterführender Weg, der in idealer Konsequenz in den Konsens der "letzten Meinung" mündet.

Das Resümée des zweiten Abschnitts kann also dementsprechend gezogen werden: D i e   W a h r h e i t offenbart sich in der Hoffnung auf eine kosmisch-unendliche Forschergemeinschaft, deren zukünftiger Konsens sich in einer irreversiblen "letzten Meinung" niederschlagen und mit der Wahrheit konvergieren würde, das bedeutet jedoch nicht: gleichzusetzen wäre.

3.4. Die "fundamentale" Bestimmung der Wahrheit bei Peirce

Anhand der bislang interpretierten Ausführungen von Ch.S. Peirce bezüglich des Komplexes "Wahrheit" wurde vielleicht die fundamentale Bestimmung desselben Begriffs vermißt, so daß die Grundlegung einer ontologisch-transzendentalen Dimension der Wahrheit in seinen Gedankengängen lediglich zu vermuten ist. Th.v. Aquin drückt die Problemstellung, die sich in meinem dritten Denkschritt aufwirft und das Wahrsein des Seienden betrifft, mit Hilfe der "Definition" von Augustinus[1] aus: "Verum est id quod est"[2] ("Das Wahre ist das, was ist"); die "definitio magistralis" ergänzt den Gehalt des ersten Zitats: "Verum est indivisio esse, et eius quod est"[3] ("Das Wahre ist die Ungeteiltheit des Seins und dessen, was ist").

Von Peirce unbestritten dient der Weg, die Wahrheit selbst erfahren zu wollen, der Eröffnung des sehnlichsten Wunsches jedes Anhängers des Pragmatizismus, gerade weil "... die Substanz dessen, was er denkt, in einer konditionalen Entschließung liegt ..."[4]. In Anbetracht der Annahme wie der ihr innewohnenden Hoffnung, daß unser Universum - das sich uns trotz aller menschlichen "Schwächen" im Erkenntnisprozeß durch Denken erschließt - alle anderen umgreift[5], hält der amerikanische Philosoph fest: "Wir alle stimmen darin überein, daß wir uns auf das gleiche reale Ding beziehen, wenn wir von der Wahrheit (the truth) sprechen, ob wir von ihm richtig denken oder nicht. Aber wir haben keine Erkenntnis von seinem Wesen, das, genauge-

nommen, eine <u>Vorstellung</u> (concept) von ihm genannt werden kann:
Wir haben nur eine direkte Wahrnehmung (direct perception),
die unserer eigenen Kontrolle, von außen, der Materie unseres
Denkens (Thought) aufgezwungen wurde."[6]
Welche Charakteristika vermögen wir Menschen nun an dieses reale, zugleich wahre "Ding", das ist, was es ist, aus unserer
Sichtweise zu seinem besseren Verständnis heranzutragen? Ohne
die Existenz von so etwas wie Wahrheit wären wir ja nicht der
Überzeugung, permanent Fragen stellen zu können. Desungeachtet
erhebt Peirce die Forderung, Wahrheit sei einzig unabhängig
von der Meinung des Einzelnen, wie der "letzten Meinung" der
Forschergemeinschaft vorstellbar.[7] Die Möglichkeit der Vermittlung einer so-daseienden Wahrheit wird allerdings kraft der
Kategorienlehre zum Ausdruck gebracht, independent davon, daß
sie menschlicher Erkenntnis repräsentiert wird. Ist die Wahrheit frei von der Beeinflussung durch das jeweilige Denken von
uns Menschen, greift die Lehre des "konditionalen Idealismus",
d.h., "daß sie das schicksalhaft vorherbestimmte Resultat ist,
zu dem ausreichendes Forschen letztlich führen <u>würde</u>"[8]. Deutlich bricht spätestens an dieser Stelle die Differenz zwischen
der transzendental-ontologischen Vorstellung "das, was ist"
und der des "Vorbestimmt-sein's" mittels des vorwegnehmenden
"Würde-sein's" auf; insofern folgt die Frage auf dem Fuße: Von
wem oder was wurde sie in den Rang eines vorherbestimmten Resultats erhoben? Zusätzlich verbleibt weiterzufragen: Wenn die
Wahrheit unabhängig von uns ist, außer unserer Kontrolle, vorherbestimmt, wie "gelangt" sie, laut des konditionalen Idealismus, zum bloßen Nachvollzug durch unser Denken, günstigenfalls
zum Konsens einer "final opinion"?
Im Verlauf des Klärungsversuchs streiche ich nochmals heraus,
daß Beweisführung und Denken nicht ohne Ziel und Zweck vonstatten gehen. Es existiert für Peirce "etwas", das "SO"[9] ist; eine derartig unabdingbare Voraussetzung erlaubt die Schlußfolgerung: "The essence of truth lies in its resistance to being
ignored."[10] Desgleichen bedeutet das Postulat des "Unabhängigsein's" jenes Dinges von dem Denken des Individuums oder der
"unendlichen" Forschergemeinschaft nicht, es befinde sich außerhalb allen Denkens schlechthin.[11] Würde die vorgehende Argumentation beiseitegeschoben, käme niemals der inhaltsschwere
Leitgedanke zum Zuge: "Mein Artikel vom November 1877 ... er-

reichte schließlich die Idee der Wahrheit als einer Idee, die sich dem Verstand in der Erfahrung als Wirkung einer unabhängigen Realität überwältigend aufzwingt."[12] Oder ebenso: "I myself believe in the eternal life of the ideas Truth and Right. ... They have life, generative life."[13]
Das Kennzeichen der Idee der Wahrheit, ihr Vermögen, sich aufzuzwingen, zu befehlen, zu lehren, leuchtet die ersten beiden Denkschritte mit einem anderesgearteten Licht aus. Nachdrücklich wird deswegen dargelegt: Die Wahrheit besitzt das bedeutungsvolle Charakteristikum, dem sie suchenden Menschen "auf halbem Weg" entgegenzukommen. Wir alle haben nicht nur notwendigerweise Freiheit inne, um zum "Hören" und "Sehen" von ihr imstande zu sein, wenn wir wollen; wir alle vermögen nicht nur aus freien Stücken dem unsagbar schweren Entbergungsprozeß der einen Wahrheit beizutreten; erst die Idee der Wahrheit hilft uns mittels ihres nicht verhinderbaren, ungefragten Entgegentretens, sie - zumindest schrittweise - zu erkennen.
Lange vor Ch.S. Peirce kleidet z.B. Augustinus - aus der emotionalen Getragenheit seines Denkhintergrundes heraus - seine Gedanken in nachstehende Worte: "O Wahrheit, du thronst überall. Alle fragen dich um Rat, und allen zugleich antwortest du, so Verschiedenes sie auch fragen. Klar ist deine Antwort, aber nicht alle hören klar. Alle fragen und wollen Rat hören, aber nicht immer bekommen sie zu hören, was sie wollen. Der ist dein bester Diener, der nicht so sehr darauf denkt, von dir zu hören, was er selber will, als vielmehr das zu wollen, was er von dir hört."[14]
Ein solcher Zusammenhang zwischen dem Einwirken der Idee der Wahrheit auf den Forschungsprozeß des Menschen, der Perzeption des Gedachten und demgegenüber die zeichengeleitete Aussagbarkeit des Urteils im Medium "Satz" zur Ermöglichung einer sukzessiven Approximation an die Wahrheit wird ausschließlich durch die Annahme einer Übereinstimmung der Seins- und Denkgesetzlichkeiten erreicht. Zwar trifft der festschreibende Gehalt des Terminus "Gesetzlichkeit" nicht ganz die Weise des Seins wie Denkens, Weisen, die wir niemals exakt herauszuarbeiten vermögen, jedoch eröffnet die Peirce'sche philosophische Intention ihren eigenen Blickwinkel zur "Gegebenheit" und zum "Zugang" der Idee der Wahrheit. Infolge der Interpretation seiner Kategorientriade als einer sich mannigfaltig wandelnden

Identität von Seins- und Denkbestimmungen ist das Fundament für eine Auffassung, wie in dem vorliegendem dritten Denkschritt eruiert, gelegt. Gerade die Kategorie "das Erste" verkörpert die Vorstellung einer Idee dessen, das so ist, wie es ist, welche durch das Verbindungselement des Phanerons, mit Hilfe von "Drittheit", der Idee Einlaß zum Verstand verschafft, um als das Sichzeigende eine Einbindung in das Denken des Menschen als auch dessen inhaltliche Wandlungen zu gestatten. Die Position Peirce's vereint dementsprechend in sich eine idealistische wie realistische Betrachtungsweise von Mensch und Welt, ohne daß beide Elemente seinen philosophischen Standort zureichend charakterisieren.[15] Wenn schon ein Begriff aufgrund dieser Analyse gefunden werden sollte, bezeichne ich den Wesensgehalt seiner Philosophie mit "sinnkritischer Phaneroskopie".

In Anlehnung an die Augustinische Definition "Verum est, quod id est" wird der dritte Denkschritt von Peirce dergestalt interpretiert: D a s W a h r e ist, was, mit Hilfe der Idee der W a h r h e i t, in der Kategorie "das Erste" durch keinerlei Zu- und Einteilung menschlichen Denkens so ist, wie es ist.

3.5. Fallen "Wahrheit" ("truth") und "Realität" ("reality") bei Peirce zusammen ? - Ein abschließender Ausblick

Nachdem in drei Denkschritten die Analyse des rekonstruierten Argumentationsfadens bezüglich Wahrheit bei Ch.S. Peirce seinen Gang genommen hat, greift M. Heidegger's Vorwurf an jegliche Philosophie seit Platon in die Diskussion ein: Die platonische ἰδέα verdunkelt die ursprüngliche ἀλήθεια, durch die die Wahrheit sich noch als "Unverborgenheit", als Grundzug des Seienden selbst, auszeichnete. Die "Zwischenschaltung" der ἰδέα erlaubt nunmehr einzig mittels ihrer "Überwindung" Zutritt zur "Unverborgenheit". Mit einer derartigen Verlagerung des Wesens der Wahrheit geht die Preisgabe ihres Grundzugs, der ἀλήθεια, verloren, d.h. das Wesen der Wahrheit vermag sich nicht länger aus eigener Wesensfülle zu entfalten.[1] Die Schau der Wahrheit wird infolgedessen kraft des Bemühens um das sie unnötig verstellende, richtige Erblicken ihres "Aussehens" (ἰδεῖν der ἰδέα) kompliziert, denn "an der ὀρθότης, der Richtigkeit des Blickes (d.h. dem permanenten Richtigerwerden des Blickes), liegt alles"[2]. Die Einführung der "adaequatio" bestätigt die Überlegung einer Angleichung der Sache an die Erkenntnis, und umgekehrt, im Sinne "eines Sichrichten nach ..."[3]. Zugleich wird diese Wahrheit als Richtigkeit der Aussage verflochten mit der "Subjektivität des menschlichen Subjekts"[4], die sich einer Erreichbarkeit der Objektivität zwar nicht entzieht, freilich die "Ebene" menschlicher Verfügung nicht übersteigt.

Welche philosophische Methode verhilft dem Denken, der erhobenen Forderung einer Rückwendung zur Wahrheit als ἀλήθεια - über das Griechische hinaus verstanden als "Lichtung des Sichverbergens"[5] - die Tür zu öffnen? Geht dies so einfach mit Hilfe der "unverstellten" Reflexion Heidegger's nach der angeblichen Verstellung der Wahrheit seitens Platon's? Es mag einmal dahingestellt bleiben, ob "the Idea" bei Peirce mit der ἰδέα Platon's einem Vergleich standhält.[6] Fest steht jedoch, daß das Bild des Höhlengleichnisses in der "politeia" den Ansatz von Peirce verdeutlichen hilft. Der sich widerstrebende, zwangsweise losgebundene Gefangene in der Tiefe der Höhle wird ja den langen und steilen Gang zur Oberfläche mühsam emporgeschleppt, ein für ihn schmerzhafter Weg, bis ihm das, seine Augen zuerst blendende, Licht der Sonne, der allgegenwärtigen Idee, das zeigt, was so ist, wie es ewig ist. Das Sich-ihm-Zeigende ist also nicht nur die Schau eines Sich-Lichtenden im Wechselspiel des Hellen und Dunklen der Lichtung ("clairière"[7]). Ebenso wird der Forscher bei Peirce unweigerlich gezwungen, seine permanenten Zweifel und Überzeugungen gegeneinander abzuwägen. Er besitzt zwar die "Freiheit" sich dem Sich-Zeigenden zu verschließen, sich in seine Denkwelt einzuigeln, jedoch führen andere sein abgebrochenes Werk weiter. Ihnen bleibt nichts anderes übrig, als sich ihrer Überzeugungen in Form von Verhaltensweisen - Strohhalme, an die es sich zu klammern gilt - zu bedienen. Vielleicht reicht ihre Reflexionsfähigkeit nicht einmal aus, den Begriff "Wahrheit" in ihrer Sprache zu artikulieren. Trotzdem werden Generationen um Generationen den steinigen Aufstieg zu ihr versuchen, wie von der Hoffnung auf das den Verstand erhellende Licht angezogen.

Seit Peirce's frühen Schriften baut dieser "evolutionäre" Entwicklungsprozeß nicht auf der Intuition eines originären Seienden im Sein auf, sondern hält sich mittels des Spannungsgefüges "doubt-belief" durch. Hierbei kommt der im Menschen, nicht im Wesen der Wahrheit, angelegten Wechselbeziehung Wahrheit-Falschheit die hochbedeutende Aufgabe eines sich permanent absichernden Fortschreitens jeglicher Forschung zu. Als Beispiel mag die nicht geringe Verwirrung stiftende Untersuchung des griechischen Wortes ἀλήθεια M. Heidegger's selbst dienen. Zwar sind sich viele darin einig, daß ἀλήθεια bei den Griechen in Verbindung mit einem Verb des Sagens, im Sinne "der, die besprochenen Gegenstände nicht verbergenden Rede"[8], verwendet wird; unzweifelhaft eröffnet Heidegger allerdings eine bisher nicht beleuchtete existential-ontologische Interpretation dieses Phänomens, wenngleich ἀλήθεια eventuell mißverstanden wird, geschweige denn, einer Zweifel ausräumenden Nachprüfung infolge unserer zeitlichen Distanz zur griechischen Lebens- und Denkwelt ausgesetzt werden kann. Die Herausarbeitung vielleicht faktisch falscher Sichtweisen demonstriert trotz allem an einem derartigen Beispiel die Möglichkeit neuer Weisen des "Sehens" in der Philosophie, die bislang verschlossen waren.

Für Heidegger verkürzt sich das Wesen der Wahrheit an dieser Stelle der Betrachtung auf die Dimension Wahrheit-Unwahrheit[9]; andererseits behauptet er "die Erschlossenheit des Daseins"[10] eines sich unverborgen von sich her zeigenden Seienden. Nehmen wir jene Position ernst, so liefert das Zusammendenken der drei Denkschritte von Peirce in bezug auf Wahrheit die Methode, die auf eine Erschließung, nicht Erschlossenheit, des Daseins im Lichte der Hoffnung abzielt, ohne freilich den Zustand der völligen "Unverborgenheit" erreichen zu wollen und zu können. Demzufolge erweist sich die unverstellte Selbstbeschränkung der Philosophie auf die Hilfsmittel Wahrheit und Falschheit in der Aussage lediglich als ein "Abfallprodukt" auf der Leitersprosse zu der Wahrheit hin.

Vorstehende Bemerkungen beanspruchen alles andere, als eine Destruktion des Heidegger'schen Ansatzes zu sein; sie deuten einzig die Schwierigkeiten an, die bei dem Entbergungsprozeß Peirce's hin auf die Zielorientierung der, möglicherweise ursprünglich nicht durch die ἰδέα verstellten, "Unverborgenheit" der Wahrheit durchlitten werden müssen. Mit der bloßen Feststellung der ἀλήθεια im vorplatonischen Verständnis Heidegger's allein ist es nicht getan; erst die eventuelle Rückführung auf sie zeigt die Wahrheit seiner Gedanken.

Zur Abrundung des vorliegenden Kapitels bedarf es noch des kurzen Aufzeigens einer Problematik, die gewiß ins Auge sprang. Ch.S. Peirce verwendet im Hinblick auf Wahrheit und Realität eine ähnlich strukturierte Argumentation. Insbesondere auf eine seiner zentralen Aussagen möchte ich daher zurückkommen, die im Jahre 1878 das Ineinandergreifen beider Begriffe schlaglichtartig illustriert: "The opinion which is fated to be ultimately agreed to by all who investigate, is what we mean by the truth, and the object represented in this opinion is the real. That is the way I would explain reality" ("Die Meinung, die vom Schicksal dazu bestimmt ist, daß ihr letztlich jeder der Forschenden zustimmt, ist das, was wir unter Wahrheit verstehen, und der Gegenstand, der durch diese Meinung repräsentiert wird, ist das Reale. So würde ich Realität erklären").[11]

Demgemäß verkörpert Realität die alles umspannende Wirksphäre, in welcher eine unendliche Forschergemeinschaft Wahrheit in Korrespondenz mit dem jeweilig Realen erzeugen würde, und selbst voll und ganz Realität wird. Kraft der Existenz einer Idee der Wahrheit enthält jene Position noch kein Leitprinzip, obgleich eine universalienrealistische Sichtweise bereits von Peirce abgesteckt ist. Die philosophische "Laboratoriums"-atmosphäre der pragmatischen Methode hebt jedoch das Reale im Wechselspiel Wahrheit-Falschheit zunehmend heraus, - sich stets gegenwärtig, daß es etwas völlig unabhängig vom jeweilig Gedachten gibt. Die Überlegungen zur Kategorienlehre in der späten Phase seines Gesamtwerkes betonen aufgrunddessen die Vermittlungsmöglichkeit dieses von uns independent-daseienden "Bereichs". Nicht umsonst bezeichnete ich die Zielorientierung der Peirce'schen, naturwissenschaftlich beeinflußten, Philosophie als sinnkritische Phaneroskopie; Pragmatismus/Pragmatizismus gestalten mittels der Denkmethode der Pragmatischen Maxime eine kontinuierliche Sinnkritik dessen, was dem Verstand in irgendeiner Weise gegenwärtig ist, - mathematische Problemstellungen ebenso wie metaphysische Gedankengänge.

Alle Anzeichen in seinen erhaltenen, vielartigen Fragmenten erlauben zuletzt die Schlußfolgerung, wenngleich das Vermögen zum Irrtum in meinen Darlegungen selbstverständlich genauso beinhaltet ist, daß nicht nur die Konvergenz mit dem, was so ist, wie es ist, gedacht zu werden vermag, sondern ebenfalls in Abwandlung des, der scholastischen Transzendentalienlehre entstammenden, Grundsatzes gefordert werden müßte: Veritas et realitas convertuntur. Worin? Im Sein ("ens")? Das verbleibt eine offene Frage, will man Ch.S. Peirce nicht die Rekonstruktion einer metaphysisch-teleologischen und/oder theologischen Weltsicht unterstellen.[12]

4. KAPITEL: Die Problematik der Frage nach der Realität eines "höchsten Wesens" und dessen philosophischer Begründbarkeit

> "Das Universum (ist) ein ausgedehntes Repräsentamen, ein großes Symbol für Gottes Absicht ..., das seine Schlußfolgerungen in lebendigen Realitäten herausarbeitet." (1)

Die in den vergangenen zwei Kapiteln aufgezeigten Gedankengänge wie deren gewichtige Einbindung in den Gesamtrahmen der Philosophie des Pragmatismus ließe unschwer den Schluß zu, daß die darin beinhalteten Problemlinien sich zuletzt in der fundamentalen Gottesfrage kreuzen. Jedoch bezeugt uns Ch.S. Peirce: Durch ein intensives und ernsthaftes Studium der Kosmologie und Psychologie, nicht durch Nachdenken über Gott, Freiheit und Unsterblichkeit, gelangte er zur Beschäftigung mit Philosophie.[2] Die weitverzweigte Bedeutung dieser Fragestellung erkennt er selbst erst in zunehmendem Maße in seinen letzten Lebensjahren ab der Jahrhundertwende, rückblickend auf sein bisheriges Werk. Unter dem Stichwort "Licht der Vernunft" ("light of reason"; 2.24, 1902) weist er nachdrücklich auf den Gottesbegriff in der chinesischen (Lao-tse) und babylonischen (Genesis) Philosophie hin, welche der europäischen Philosophie, als sie im 6. und 5. Jh.v.Chr. in den griechischen Kolonien entstand, "vorgegeben" war. Gleichzeitig meldet er Bedenken an, die vorab charkteristisch für die weitere Abhandlung jenes Problemkomplexes sind und seine kritische, sich selbst auferlegte, Distanz im Nachdenken über Gott illustrieren: "Ist überhaupt an einen Gott zu glauben nicht dasselbe, wie zu glauben, daß die Vernunft (reason) des Menschen verbunden ist mit dem erschaffenden Grund (originating principle) des Universums?"[3] Desungeachtet darf nicht vergessen werden, daß ein wissenschaftlich orientiertes und religiös geprägtes Elternhaus sowie das Umfeld der Bostoner Gesellschaft bleibende Spuren bei dem jungen Ch.S. Peirce hinterließen.

Einen inhaltsschweren Anhaltspunkt lernten wir bereits im Zuge der Erarbeitung seiner Kategorienlehre (Abschnitt 2.6.) kennen,

die bekanntermaßen mit dem Anspruch erstellt wurde, jeglichen
Bereich des Denkens durchziehen zu müssen. Aufgrund dieses An-
lasses traf er u.a. folgende "Einteilung": Der Ausgangspunkt des
Universums, Gott der Schöpfer ist das absolut Erste; der End-
punkt des Universums, Gott vollständig geoffenbart, ist das
absolut Zweite; jeder Zustand des Universums zu einem meßba-
ren Zeitpunkt ist das Dritte. Die Kategorie das Erste und das
Zweite vermitteln eine Sichtweise der Unumschränktheit Gottes,
die sich mittels der Kategorien repräsentiert; gerade jene
sich darin widerspiegelnde Absolutheit soll keinesfalls eine
zureichende "Beschreibung" von Gott liefern, vielmehr verdeutlicht sie lediglich die minimalste "Stufe", auf der Etwas mit
Namen "Gott" kraft Vernunft "einfangbar" wird. Das Erste als
auch das Zweite ist insofern nicht identisch mit Gott, noch
absolut, da etwas Unumschränktes sich nicht durch sich selbst
für uns Menschen zu entfalten imstande ist, sondern als ein-
heitlicher Grund zu seiner Identifikation des "Verwandt-seins"
bedarf.[4]
Allerdings sind noch weitere Fingerzeige aufzufinden:
1. Die Exemplifikation der Erkenntnis, anhand des Dreiecks-Bei-
   spiels, als ein Prozeß des Beginnens (Abschnitt 2.1.) wirft
   unweigerlich die Frage nach einer "prima causa" auf. Wir
   Menschen befinden uns ja von Beginn unserer Existenz an mit
   unserem Kenntnisstand immer schon im Zustand des teilweise
   in das Wasser eingetauchten Triangulums. Wer oder was ermöglicht indes, den "Anfang" für jegliches Erkennen in einen
   Prozeß des Beginnens - aus unserem eingeschränkten, geistigen Blickfeld heraus betrachtet - überzuleiten?
2. Das kontinuierliche, inhaltliche Antizipieren-Können des
   Denkproduktes - der "final opinion" - der "unendlichen Forschergemeinschaft", das sich vermöge des wechselseitigen Zusammenhangs zwischen Wahrheit und Realität schrittweise erschließt, versteht Peirce als ein bereits vorliegendes,
   schicksalhaft vorherbestimmtes Resultat. Im Nachvollzug des
   Vorherbestimmten eröffnen wir das für uns Bestimmbare. Zwar
   gehe ich nicht so weit, seinem Gedankengang ein personales
   Wesen als höchstes Prinzip "unterschieben" zu wollen; trotzdem steht im Raum die "Beantwortung" der Problematik, daß
   etwas existiert, das mit Sicherheit kommt, auf keine Weise
   vermieden werden kann und nicht von uns "geschaffen" wurde.

Eine letzte Vorbemerkung, die direkt auf seine Ausführungen bezüglich der grundsätzlichen Erkennbarkeit Gottes hinzielt, verbleibt anhand der "Answers to Questions concerning my Belief in God"[5] nachzuzeichnen. Ch.S. Peirce knüpft an D. Hume an, der den Begriff "Gott" in seinen Augen zu Recht mit Hilfe des Terminus "höchstes Wesen" in den "Dialogues concerning Natural Religion" zu ersetzen gedenkt, um u.a. die Assoziationen, die die "Gott" zugeschriebenen Attribute erwecken, gleichzeitig mit "auszuschalten". Die Ersetzung des landläufigen, gerade deswegen angeblich verständlichen, Wortes "God" durch "Supreme Being" verstärkt gewiß die Intenion eines vorurteilsfreien Nachdenkens über Gott, klärt demgegenüber nicht die tiefergehende Fragestellung ab, wie oder ob überhaupt mit derart "vagen" Termini - Gott, höchstes Wesen und dessen diversen Kennzeichen - eine philosophische "Antwort" mittels rationaler Denkstrukturen gewonnen bzw. angegangen werden kann. Aufgrunddessen behält Peirce den Begriff "God" bei und versucht seine eigene Stellungnahme auf nachstehender Reflexionsebene anzusiedeln: Glaube ich an die Realität Gottes, vermag ich überhaupt detaillierte, beschreibende Aussagen darüber abzugeben, ist menschliche Vernunft mit dem "Denken" und "Erkennen" Gottes, kraft dem wir wiederum erkennen können, verbunden, oder trennt sich der Fragenkomplex völlig davon ab und bleibt dem Glauben überlassen?

Grundsätzlich verwehrt sich Peirce zunächst gegen die "Methode" von R. Descartes, die auf die knappe Formel "ich zweifle, also ist Gott" reduziert werden könnte. Zudem würde seine pragmatische Vorgehensweise es ihm niemals gestatten, denselben cartesianischen Ansatzpunkt als feststehende Überzeugung, höchstens als geschichtliches Faktum, für eine Untersuchung der Gottesfrage in Anspruch zu nehmen: "Es ist indessen in meinem Denken eine alte Überzeugung verwurzelt, daß es einen Gott gebe, der alles vermag, und von dem ich so, wie ich bin, geschaffen wurde."[6] Das, von Augustinus aus dem "Gottesstaat"[7] entlehnte, schlußfolgernde Prinzip "ich denke, also bin ich" transformiert Descartes in die unendlich scheinende Spirale seines universal-radikalen Zweifels, den sich ausschließlich ein bewußt völlig isolierendes Subjekt zum deduktiven Nachweis Gottes zunutze macht. Gerade für Peirce spiegelt echter Zweifel

kein rational-methodisch-gesteuertes Beginnen mit Zweifeln wider, sondern verkörpert eine Kunst, die unter nicht geringen Schwierigkeiten erworben wird. Abgesehen davon, daß Descartes die alltäglichsten Dinge des Lebens zu bezweifeln sucht, welche kein reifer Mensch geneigt wäre anzuzweifeln, stellt Peirce Zweifel als einen Teil des Instinkts heraus, demgegenüber eine ausgesprochene Sensibilisierung benötigt wird, um ihn wahrzunehmen.[8] Einen derart essentiellen Zweifel vermag das Subjekt nicht willentlich beeinflußt hervorzurufen, geschweige denn, mit dessen Hilfe etwas logisch nachzuweisen, vielmehr befähigt das Bewußt-sein um den instinktiven Zweifel, eine wissenschaftliche Methode hinsichtlich des zu eruierenden Problemzusammenhangs anzusetzen, welche die Ebene dieses Zweifels reinweg verläßt. Überdies erweist es sich als nahezu unmöglich, einem Individuum mit schlüssigen Argumentationen entgegenzutreten, das sich kraft der Radikalität seines Zweifels entgegen allem und jedem als das einzig existierende Subjekt ansehen muß. Jener Solipsismus[9] erhebt den Anspruch, die dergestalt erlangten Beweise über die Wahrhaftigkeit Gottes mittels der Unterstützung des "Lichts der Vernunft" erreicht zu haben. Solcherart Argumente fordern jedoch, um ihren Beweischarakter überhaupt erhalten zu können, dasselbe "Licht der Vernunft", welches sie gebar. Ungeachtet der Anwendungsmöglichkeit des Kriteriums "clarus et distinctus" auf eine dermaßen komplizierte Fragestellung, das Descartes u.a. in den "Prinzipien der Philosophie"[10] vorschlug, bleibt es schlußendlich der Vernunft und deren Überzeugungen überlassen, in ihren eigenen Erklärungen die Antwort zu suchen, als den Anspruch auf Unfehlbarkeit ihrer selbst abzulegen.[11] Nichtsdestotrotz ist gerade das Anerkennen des "Kriteriums der Unfaßbarkeit" der geeignete Prüfstein für die Großartigkeit dessen, das wir mit dem Begriff "Gott" bezeichnen.
Der Denkrichtung des Einwandes, welchen Descartes im Vorwort zu den "Meditationes de prima philosophia" erwähnt, würde Ch.S. Peirce hingegen gewiß seine Zustimmung nicht verweigern: "... daraus, daß ich die Vorstellung eines vollkommeneren Dinges, als ich es bin, habe, folge noch nicht, daß diese Vorstellung vollkommener sei als ich und noch viel weniger, daß das durch diese Vorstellung Vorgestellte existiere."[12] Betrachten wir nur bei nächtlichen Spaziergängen in einsamen Gegenden den

überwältigenden Anblick des Himmelszelts, der sich uns bereits mit bloßen Augen bietet, so wird in uns unweigerlich die Idee der Realität Gottes aufkeimen. Wie aber denken Wesen in anderen Sonnensystemen, Wesen, die vergleichsweise wesentlich komplizierter aufgebaut sind als wir, über eine derartige Vorstellung?[13] Vielleicht haben sie eine gänzlich von uns abweichende, intellektuelle Macht entwickelt, die ihnen völlig andere Einblicke in jene Problematik erschließt? Mag ein Denker unseres Planeten seine Reflexionsfähigkeit noch so eindrucksvoll verbessern, wie z.B. ein Schriftsteller seine schriftliche Ausdruckskraft, werden wir trotzdem feststellen müssen, daß ein Wissen um Gottes Natur jenseits des geistigen Gesichtskreises unserer Vernunft liegen wird. Verliebten wir uns noch so sehr in den Gedanken einer Gottesvorstellung, die ein hinreichender Erklärungsgrund für das Dasein des physico-psychischen Universums wäre, würde unsere zwangsläufig anthropomorphistisch-gefärbte Wesensschau Gottes doch nicht die Grenzen unserer möglichen praktischen Erfahrung transzendieren können.

Das bedeutet für Peirce schlichtweg unmißverständlich die Außerkraftsetzung menschlicher Vernunft im Hinblick auf jenen Fragenkomplex.[14] Indes neigt er im Zweifelsfalle, dann nämlich, wenn es zu "entscheiden" gilt, ob die Vorstellung "zwischen einem altmodischen Gotte und einem modernen offenbaren Absoluten"[15] die wahrscheinlichere in bezug auf die Wahrheit ist, zu der anthropomorphen. In Auseinandersetzung mit F.C.S. Schiller's Humanismus, dessen Lehre die Zielsetzung einer moralisch-ethischen Dimension des "Humanismus" ausdrücken will, benutzt Peirce nicht denselben Begriff, sondern an dessen Stelle den Terminus "Anthropomorphismus", um seine Intention, "die wissenschaftliche Meinung"[16], in den Ausdruck hineinzulegen. Aus meiner Perspektive wäre freilich dem Verständnis des Peirce'schen Ansatzes eher gedient und würde ihn vor verständlichen Mißinterpretationen schützen, hätte er die dem Menschen entspringende Denkweise anthropogen genannt, welche dank ihrer Allgemeinheit und Grundsätzlichkeit auf anderes Seiendes als auf "Gott", wie wissenschaftliche Überprüfung zeigt, zutrifft und somit kaum vermenschlichend-verfälschend wirkt. Der Charakter unseres Unvermögens, die uns Menschen eigenen "Grenzen" nicht überschreiten zu können, würde in dem von Peirce intendierten Sinne bewahrt: Wir vermögen uns niemals die "Handlungen" Gottes vorzustellen, noch gar den vermessenen Anspruch zu erheben, sein Wirken zu "errechnen", - denn dies würde bedeuten, seine "geistige Gesundheit"[17] anzufechten.

Bevor ich allerdings die Betrachtung der drei potentiellen Erkenntnisweisen respektive der daraus resultierenden Konsequenzen beginne, sei ein kurzes Wort zu dem bewußt gewählten Ausdruck "Realität Gottes" verloren. Peirce nimmt sich nach eigenem Bekunden die Freiheit heraus, "existence" durch "reality" zu ersetzen, da bekanntermaßen von ihm "exist" in der Bedeutung der Reaktion eines Dinges mit anderen seiner Umwelt gebraucht wird[18], - ein Terminus, der in jenem Sinngehalt dem Begriff "Gott" niemals gerecht werden könnte.

Aufgrund des absichtlichen Ausklammerns des menschlichen Vermögens der Vernunft sollte sich derjenige, welcher desungeachtet über die Gottesfrage nachgrübeln möchte, dem "Reinen Spiel" ("Pure Play")[19] der Gedanken rückhaltlos hingeben. Spiel ist nichts anderes als die lebendige Übung der Fähigkeiten eines Einzelnen; insbesondere das "Reine Spiel" kennt keine Spielregeln außer der unbedingt-erforderlichen, der Freiheit, kein Ziel, außer den Zweck der Erholung. Einen derartigen Zeitvertreib bezeichnet Peirce mit "ästhetischer Kontemplation" oder besser "Musement"[20]. Ein Mensch, der demgemäß über den Wahrheitsgehalt von Religion nachsinnt, darf keinesfalls z.B. mit einem Physiker verglichen werden, welcher über, eingestandenermaßen vorläufige, Modelle des Atomaufbaus nachgrübelt. Erlaubt man jedoch seiner eigenen, religiösen Meditation, spontan aus dem "Reinen Spiel" - ohne Bruch der Kontinuität - heranzuwachsen, behält der Nachsinnende die vollkommene Offenheit, die dem "Musement" eigentümlich ist. Gerade das Bewußtsein um ein stetiges Wachstum der frei-spielenden Gedanken im Prozeß des Nachsinnens, legt die Hypothese der Realität Gottes nahe, ein Gott, der, gedacht als "Ens necessarium"[21], erst die Voraussetzungen für ein derartiges Anwachsen schafft. In einem dergestalt "Reinen Spiel" des "Musements" über die Idee einer Realität Gottes mag der Nachgrübelnde sicherlich früher oder später eine reizvolle Neigung gründen, die er in den verschiedensten Weisen entwickeln wird. Der Begriff "Hypothese" verbirgt freilich die Unsicherheit, die in diesem Konnex bezüglich ihres Gebrauchs angebracht wäre, da ihr ein unendlich-unbegreif-

liches Objekt innewohnt, das es zu erschauen gilt; jede andere
logische Gebrauchsform der hypothetischen Annahme vermutet wenigstens, daß das Denkziel ihres zugrundegelegten Objekts in
der Hypothese selbst enthalten ist, - hier ist dies nicht der
Fall.
Als Resultat der Reflexionslinien des "Reinen Spiels des Nachsinnens" könnten, laut Ch.S. Peirce, drei "Argumente"[22] näher
betrachtet werden:
1. Das sogn. "bescheidene Argument" ("humble argument"; 6.486, 1908): Als wir Menschen das erste Mal unsere Gedanken hinterfragt haben, fanden wir die Idee Gottes bereits in unserem Geist vor. Sie repräsentiert nicht mehr als eine starke, befriedigende, instinktive Überzeugung. Ist jemand eine solcherart religiöse Erfahrung, die eher einem Instinkt entspringt, noch nicht widerfahren, bleibt ihm einzig übrig, ruhig auf ihr Kommen zu warten. Spekulation ersetzt nicht ihren Platz[23]. Über kurz oder lang führt die Meditation im Verlauf des "Pure Play of Musement" zu der Idee von Gott und entwickelt nicht nur eine tiefe Verehrung ihrer selbst, sondern erzeugt auch einen wahrhaft religiösen Glauben von Seiner Realität und Seiner Nähe. Peirce schreibt dazu folgende Darlegung nieder: "Dies ist ein vernünftiges Argument, weil es natürlicherweise auf die stärkste und lebendigste <u>Bestimmung</u> [sic!] der Seele hinausläuft, um das ganze Verhalten des Nachsinnenden (Muser) auf die Übereinstimmung (conformity) mit der Hypothese anzupassen, daß Gott (God) Real (Real) und sehr vertraut ist; und eine solche Bestimmung der Seele hinsichtlich irgendeines Problems (proposition) ist das wirkliche Wesen (essence) eines lebendigen Glaubens (Belief) in so einem Problem. Dies ist jenes bescheidene Argument, offen für jeden aufrichtigen Menschen, welches, wie ich vermute, mehr Verehrer Gottes gewonnen hat, als irgendein anderes."[24] Würde der Einzelmensch dementgegen nun beginnen, diesen Glauben mit vernunftentspringenden Beweisstücken in eine "präzisere Form" zu transformieren, weil ihm die ursprüngliche zu vage scheint, würde er analog dazu seine Grundstimmung dahingehend verfälschen, daß sie ihren entscheidenden Charakter gänzlich verliert. Der instinktive Glaube ist mehr als das, was wir erhoffen durften.

2. **Das "vernachlässigte Argument"** ("the neglected argument; 6.487, 1910): Obwohl Peirce die Abkürzung "the N.A." manchmal für alle drei "Argumente" zusammen gebraucht, steht sie eigentlich seinem Bekunden nach allein für den vorliegenden Denkschritt. Das "N.A." besagt nicht mehr, als daß es daraus besteht, verstärkt darauf hinzuweisen, daß das "bescheidene Argument" die natürliche Frucht freier Meditation ist, da jedes "Herz" durch die Schönheit und Verehrung der Idee der Realität Gottes, wenn ihr ausgiebig nachgegangen wurde, entzückt sein wird. Wären die Theologen ernsthaft vorbereitet, die Kraft jenes Arguments zu verstehen, würden sie eine dergestaltige latente Tendenz, gerichtet auf den Glauben in Gott, zu einem starken Beweisgrund für Gott, als dem fundamentalen Bestandteil der Seele jedes Menschen, ausbauen. Zudem beinhaltet es des weiteren einfach den natürlichen Niederschlag der Meditation über den Ursprung der drei Universen, d.h. der drei Kategorien Peirce'scher Prägung, und entbehrt infolgedessen des religiösen Wertes der Lebendigkeit des "humble argument's".

3. **Das "Studium der logischen Methodeutik"** ("study of logical methodeutic"; 6.488-490, 1910): Es wird aus dem Blickwinkel einer direkten Kenntnis des echten wissenschaftlichen Denkens beleuchtet, dessen "Werkzeuge" nicht nur die Idee mathematischer Exaktheit erfassen, sondern auch den täglichen Gebrauch der Gerätschaft eines geschickten Manipulators (im physikalischen Sinne). Ein solcherart "ausgerüsteter" Student vergleicht nun den Prozeß des Denkens eines "Nachsinnenden" ("Muser") über die drei Kategorien mit bestimmten, eigenen, wissenschaftlichen Entdeckungen und findet verblüfft heraus, daß das "humble argument" nichts anderes als die erste Stufe jeglicher Wissenschaftstätigkeit darstellt, die beinhaltet: Beobachtungen von Tatsachen, deren verschiedenartige Neuorganisation wie deren permanentes gegeneinander Abwägen. Das Ziel dieses ersten Schrittes: Eine Übereinstimmung der daraus resultierenden Ergebnisse mit denjenigen früherer wissenschaftlicher Untersuchungen herbeizuführen. In dieser Weise wird eine erklärende Hypothese, eine Abduktion, entwickelt.[25]

In dreierlei Hinsicht müssen jedoch inhaltsschwere Unterschiede festgehalten werden: **a)** Die Glaubwürdigkeit jener

Hypothese gewinnt ein beispielloses Gewicht unter den anderen besonnen gebildeten. So hart es auch sein mag, Gottes Realität zu bezweifeln, wenn diese Idee erst einmal dem Nachsinnen entsprungen ist, wäre die große Gefahr eines Stehenbleibens auf der vorgenannten ersten Stufe gegeben, denn die "Gleichgültigkeit" des Grübelnden würde jeden weiteren "Beweis" verhindern. b) Obwohl die Hauptaufgabe der Abduktion aus der Anregung besteht, sich ein klares Bild, das mittels experimentell-feststellbarer Bedingungen und deren Konsequenzen erreicht wird, verschaffen zu wollen, darf im Beispiel der Gottesfrage die Hypothese einzig als solcherart verborgen und vage begriffen werden, daß allein in Ausnahmefällen bestimmte direkte, deduktive, abstrakte Interpretationen von ihr vorgenommen werden sollten. Es gilt, sich nämlich stets bewußt zu sein: "Wie, zum Beispiel, können wir jemals annehmen, befähigt zu sein, vorherzusagen, was das Verhalten, selbst eines allwissenden Wesens (being), sein würde, das nicht mehr als ein einziges, armseliges Sonnensystem seit nur einer Million Jahre oder so lenkt? Wieviel weniger (können wir vermuten), wenn es ebenso allmächtig sei und dadurch von jeder Erfahrung, jedem Verlangen, jeder Absicht befreit wäre! Da Gott (God), in Seinem (His) Grundzug eines <u>Ens necessarium</u> [sic!], ein entkörperter Geist ist, und da es einen schwerwiegenden Grund gibt, die Ansicht zu vertreten, daß das, was wir Bewußtsein nennen entweder bloß die allgemeine Sinnesempfindung des Gehirns oder irgendeines Teiles von ihm ist, oder auf alle Fälle irgendein Eingeweide- oder Körpergefühl, hat Gott wahrscheinlich kein Bewußtsein. Viele von uns (Pragmatisten) verharren in der Denkweise, daß Bewußtsein und Seelenleben dasselbe sind und überschätzen ansonsten die Aufgaben des Bewußtseins."[26] c) Die Annahme der Idee Gottes verhilft demjenigen, der sie sich zu eigen macht, zu einem bestimmenden Einfluß auf seine Lebensführung.[27]

Infolgedessen äußert Ch.S. Peirce Zweifel, ob es überhaupt statthaft ist, Gott bestimmte Attribute zuzuordnen. Bezieht man sich auf die Tradition, mag es angehen, das höchste Wesen als "Ens necessarium" und "Schöpfer von Allem" zu "definieren";[28] indes erhebt die jetzt anstehende interpretative Be-

trachtung nachfolgender Fragestellungen nicht den Anspruch, irgend etwas mit Religion zu tun zu haben.
Glaubst Du, dieses höchste Wesen ist der Schöpfer des Universums gewesen?[29] Zuerst streicht Peirce deutlich hervor, daß die Formulierung "ist gewesen" unzutreffend ist, denn seiner Ansicht nach befindet sich das Universum in dem kontinuierlichen Erschaffungsprozeß Gottes. Zwar versuchen wir vergeblich, eine präzise Auffassung über diese Idee ans Licht zu befördern, nichtsdestotrotz ist wahr: die ganze Realität wird berührt von der kreativen Kraft Gottes. Außerdem beinhaltet der Werdegang der Schöpfung die ganze vergangene Zeit, kennt keinen definiten Beginn, sondern erwuchs aus der Entwicklung. Die Zeit, eine Realität, verdankt sich überdies derselben Kraft. Zusammenfassend bekennt er sich zu der kreativen Tätigkeit Gottes als eines seiner unabtrennbaren Attribute.
Was stellst Du Dir vor, sind die vorhandenen Aufgaben dieses höchsten Wesens im Blick auf das Universum?[30] Allgemein gesprochen, erschafft Gott uns fortwährend, d.h. Er entwickelt wirkliches Menschentum, unsere geistige Realität. Wie ein guter Lehrer ist Er beschäftigt, uns von einer falschen Abhängigkeit von ihm abzulösen.
Glaubst Du an seine Allwissenheit?[31] Gottes Wissen ist gegenüber dem unsrigen gänzlich unähnlich, so daß wir eher von reinem Wollen als Wissen sprechen können.[32] Daher stellt es den weisesten Weg dar, zu sagen, wir erkennen und wissen nicht, wie Gottes Denken verrichtet wird; ebenso ist es vergeblich, den Versuch dazu zu starten. "Wir können nicht einmal eine Vorstellung davon entwerfen, was die Redewendung 'das Werk des Geist Gottes', bedeutet. Nicht die blasseste! Die Frage ist leeres Gerede."[33] Diejenigen Befürworter des menschlichen freien Willens vermeinen allerdings, eine Überlagerung mit dem Attribut der Allwissenheit Gottes zu sehen. Wenngleich wir nun den unzulänglichen Terminus "Wissen" verwenden, müssen wir ihn in einem überzeitlichen Sinn verstehen, das bedeutet, Er wußte niemals, weiß niemals, wird niemals wissen; Begriffe wie z.B. "substantial necessity" oder "substantial possibility"[34] beziehen sich kraft unserer alleinigen Aussagemöglichkeit in der Gegenwart auf die Gegenwart. Eine Kollision mit dem Wissen Gottes, das unseren freien Willen dergestalt beschneidet, daß

er nicht länger mit dem Adjektiv "frei" kennzeichenbar ist, dürfte demzufolge nicht existieren.

Glaubst Du an Seine Allmacht?[35] Unzweifelhaft mag dem vage so sein. Jedoch was passiert, denkt z.B. Leibniz diese Welt als die beste aller möglichen. Bedeutet eine solche Aussage nicht eine Beschneidung Seiner Allmacht? Woher nehmen wir das Recht und die Einsicht, die Unsrige allein als die beste zu bezeichnen? Den anderen wird ihre Existenz zumindest ja nicht abgesprochen, wie sind sie indes zu "bewerten"? Es wird ersichtlich, auch das ist leeres Gerede.

Glaubst Du an seine Unfehlbarkeit?[36] Warum nicht? Vielleicht nur ein Ausrutscher der Schreibmaschine für den Begriff "makellos", - meint Peirce. Jedenfalls impliziert Er nicht mit Sicherheit "Sittenlehre", da Er über aller Selbstbeschränkung oder Gesetzen steht, aber "Unfehlbarkeit" bzw. "Makellosigkeit" schließen eine ästhetisch-geistige Vollkommenheit ein.

Glaubst Du an Wunder?[37] Bei dieser Frage sieht sich Peirce ebenfalls außerstande, eine eindeutige Antwort zu geben. Eigentlich ist es ja lediglich eine Frage des Beweises. Gerade das fällt ihm schwer. Aus der Perspektive der Wissenschaft betrachtet, resultiert weder eine kategorische Bejahung noch eine Verneinung[38]. Einzig eine wirkliche Religion benötigt seiner Überzeugung nach wahre Wunder.[39]

Glaubst Du an die Wirksamkeit des Gebets?[40] Ob wir Menschen nun allein oder in Gruppen beten, Peirce zeigt sich zunächst befriedigt darüber, daß zumindest der einflußreiche Klerus nicht daran zu glauben scheint.[41] Abgesehen von jenem Seitenhieb, repräsentiert das Gebet für ihn eine Einladung Gottes, eine "Beziehung" zu Ihm herzustellen, wobei es weniger um der "Linderung" ("soulagement"; 6.516) willen geschieht, sondern wegen der großen geistigen und moralischen Stärkung des Menschen.

Glaubst Du an ein zukünftiges Leben?[42] Eine Art zukünftiges Leben kann nicht bezweifelt werden: Der Charakter eines Menschen hinterläßt nach seinem Tod einen lebendigen Einfluß. Ausgenommen von einer derartigen Ansicht, darf ich lediglich zufrieden sein, mich in Gottes Hand zu befinden. Sicherlich wäre es von großem Interesse, in ein "anderes Leben" einzutreten, jedoch fehlt mir dazu jegliche Vorstellung. Folglich bleibt es auch müßig zu fragen: Erhält sich mein Erinnerungsvermögen ungetrübt nach meinem Dahinscheiden aufrecht? Wie soll ich das wissen? Wenn nein, fehlt mir jegliche Beziehung zum früheren Leben, vielleicht ebenfalls zum Tod; wenn ja, belastet mich vergangenes Leid möglicherweise zu sehr. Im "Tractatus logico-philosophicus" knüpft L. Wittgenstein trefflich an den vorstehenden Gedanken an: "6.431 Wie auch beim Tod die Welt sich nicht ändert, sondern aufhört. 6.4311 Der Tod ist kein Ereignis des Lebens. Den Tod erlebt man nicht. Wenn man unter Ewigkeit nicht unendliche Zeitdauer, sondern Unzeitlichkeit versteht, dann lebt der ewig, der in der Gegenwart lebt. Unser Leben ist ebenso endlos, wie unser Gesichtsfeld grenzenlos ist. 6.4312 Die zeitliche Unsterblichkeit der Seele des Menschen, das heißt also ihr ewiges Fortleben nach dem Tode, ist nicht nur auf keine Weise verbürgt, sondern vor allem leistet diese Annahme gar nicht das, was man immer mit ihr erreichen wollte. Wird denn dadurch ein Rätsel gelöst, daß ich ewig fortlebe? Ist denn dieses ewige Leben dann nicht ebenso rätselhaft wie das gegenwärtige? Die Lösung des Rätsels des Lebens in Raum und Zeit liegt _außerhalb_ von Raum und Zeit."

Ch.S. Peirce verkürzt aus seinem, bisher gewiß verständlichen, Denkhintergrund heraus die Gottesfrage auf die Thematik: Das Innehaben des Begriffes von "Gott" eröffnet eine Dimension der unbedingt-vollkommenen Freiheit, die sich im endlichen freien Willen, Denken, Wollen und Handeln widerspiegelt; "endlich" infolge der Endlichkeit des jeweiligen Individuums, dem eine unbedingt-unendliche Freiheit, auf der Basis einer derartigen Gottes-"vorstellung", dieses Vermögen verleiht. In Konsequenz wird das höchste Wesen als das die Freiheit Ermöglichende und als das, im endlichen Freiheitsvollzug des Menschen, Freiheit Erfüllende - aufgrund unseres hoffnungsvollen "geistigen Vorgriffs" auf es selbst - gedacht. Darüber hinaus fühlt Peirce sich außerstande, die manchen bedrängenden Fragen zu beantworten, ob die mannigfaltige Spezialisiertheit des Universums bei dessen "Aufbruch" hineingelegt wurde, ob Gott die Welt in unendlich weit entfernter Vergangenheit geschaffen hat und sich dann selbst überließ, oder ob es ein unaufhörliches Einströmen Seiner Kraft auf die Differenzierung des Universums gibt.
Woher würde uns Menschen jedoch eine solche Idee, daß es über-

haupt so etwas wie Gott geben mag, zukommen? Wenn keine vernunftgemäße Erkenntnisart existiert, teilt uns dann nicht "direkte Erfahrung" das Vorhandensein eines höchsten Wesens mit? Das Kennzeichen der "direkten Erfahrung" wäre in jenem Nexus aber gerade eine personale "Kommunikation" mit einem "Gott", den wir uns lediglich mit Hilfe der anthropomorph-gefärbten Anschauungsweise als "Person" vergegenwärtigen. Angenommen, die Hypothese ist desungeachtet richtig, wie erklärt sich hieraus die Tatsache, daß es trotz allem Zweifler an Gott gibt? Bei einem solcherart beschriebenen "Kontakt" jeder Einzelperson wäre das eigentlich unmöglich. Die einzig denkbare Antwort auf diese Argumentation sieht Peirce in der permanent-anzutreffenden Tatsache, daß uns die "Lösung" einer Sache direkt vor Augen steht, uns geradezu ins Gesicht schaut, freilich von uns Menschen in Form jener Art der Einfachheit schlichtweg nicht erkannt wird. Derartiges wurde seit unerdenklichen Zeiten beobachtet.[43] Die Folge erhellt sein nachstehendes Postulat: "... öffnen Sie ihre Augen - und ihr Herz, welches ebenfalls ein Wahrnehmungsorgan ist - und Sie sehen ihn (Gott). Jedoch könnten Sie fragen, lassen Sie nicht zu, daß es irgendwelche Täuschungen gibt? Ja: Ich denke vielleicht, ein Ding ist schwarz, und bei eingehender Prüfung könnte sich herausstellen, daß es flaschengrün ist. Aber ich vermag nicht zu denken, daß ein Ding schwarz ist, wenn es nicht ein solches Ding gibt, das als schwarz angesehen wird. Keines von beiden kann ich denken, nämlich, daß eine bestimmte Handlung selbstaufopfernd ist, wenn nicht so ein Ding wie Selbstaufopferung existiert, obwohl es sehr selten sein könnte."[44] Inwieweit sich der Reflexionsgang der "direct experience" mit der 1868 entschieden abgelehnten Intuition deckt, deren Negation einen Grundpfeiler seiner Philosophie verkörpert, verbleibt ungeklärt im Raum stehen. Die einzig mir einsichtig scheinende Erklärung resultiert aus der feststellbaren Tatsache, daß eine dergestaltige Denkmöglichkeit der "direkten Erfahrung" aus der bewußt angesetzten Fragestellung in Form des "contrary-to-fact"-condicionalis erarbeitet wurde und demgemäß die Konklusion einer hypothetischen Prämisse präsentiert.
Eng verknüpft mit der vorhergehenden Thematik beachtet Peirce den Begriffsrahmen "Offenbarung", der von vielen, rein wissenschaftlich orientierten Forschern als eine theologische "Evi-

denzlehre" verlacht wird. Ein Philosoph dürfe sich indes eine solche intellektuelle Blöße nicht geben und muß die Offenbarung, die sporadisch und ans Übernatürliche grenzend aufzutreten vermag, ernst nehmen. Fraglos läßt sich auf sie niemals die Vorstellung einer mathematischen Exaktheit anwenden, obgleich die Offenbarung doch ein Kriterium erfüllen muß: "gewiß" zu sein.
Drei beweiskräftige Betrachtungen stehen dem entgegen:[45]
a) Wir können niemals absolut sicher sein, ob eine gegebene Meinungsäußerung wirklich eingegeben wird.
b) Selbst wenn sie inspiriert wurde, können wir niemals, oder nahezu niemals, sicher sein, daß die Darstellung wahr ist.
c) Eine Wahrheit, die auf der Basis der Autorität der Inspiration erzeugt wurde, hat das Merkmal einer etwas unbegreifbaren Natur; wir werden niemals gewiß sein, ihren Gehalt richtig verstanden zu haben.

Ch.S. Peirce gesteht trotzdem ein, Offenbarung versetze uns in die Lage, Einblicke zu erhalten, die freilich weniger zuverlässig als andere Informationsquellen sind. Dementgegen sollte Peirce bedenken, daß ein durch den Begriff der Ursache gedachter Gott noch lange nicht als sich-offenbarend, geschweige denn, sich kraft einer "direkten Erfahrung" geoffenbarthabend, angesehen werden kann. Ebenso erweist sich die möglicherweise vom Leser gehegte Vermutung, seine drei Kategorien könnten Peirce zur weitergehenden Klärung der Gottesfrage verhelfen, als unzutreffend. Die Realität Gottes hat ihr Sein außerhalb der Kategorientriade - die an dieser Stelle auch mit den drei "Universen" bezeichnet wird - und ist deren "Quelle".[46]

Kein "wissenschaftlicher" Verstand, das bedeutet, einer der des Erfahrungslernens mächtig ist, würde jemals in die Denkweisen eines Gottes einzudringen vermögen, stellte er die Frage nach Ihm selbst nicht von vorneherein außerhalb eines derartigen Erkenntnisvermögens. Peirce verdeutlicht seine philosophische Haltung gegenüber jener Überlegung, indem er nicht ein vorbereitendes Beweismittel für eine derartige Problemstellung zeitlebens eruiert zu haben vermeinte.[47] Dagegen neigt er offenkundig zur Überzeugung, viele seiner "Kollegen" zeigten einen mehr oder minder sich und anderen eingestandenen Glauben an die Realität Gottes, verwässerten diese wundervolle

Grundeinstellung jedoch mit ihrem Hang zur wissenschaftlichen "Präzision". Infolgedessen darf die Form eines solchen "halbheuchlerischen Glaubens" ("hemi-hypocritical faith")[48] keinesfalls dem wahren Glauben vorgezogen werden, - besser ist es da, keinen zu haben. Desungeachtet sei nicht verhohlen, daß die Analogizität zwischen menschlichem Geist und der Natur dem Forschungserfolg eine unübersehbare Argumentationsbasis gibt, die manchen veranlaßt, unser Geburtsrecht als Gotteskinder zu verleugnen und sich von einer anthropomorphen Konzeption des Universums beschämt hinwegzuschleichen.[49] Indes spiegelt sich die Wohltätigkeit eines höchsten Wesens gerade in nichts anderem wider, als daß wir begreifen sollten: Seit Anbeginn der Wissenschaft lenkt Er unsere Aufmerksamkeit von "leichteren" Phänomenen zu immer "schwierigeren".[50] Insbesondere im Zusammenhang mit der Pragmatischen Maxime sind wir imstande zu sagen, "daß es der Prozeß ist, wodurch der Mensch, in all seiner erbärmlichen Unbedeutendheit, mehr und mehr vom Geiste Gottes erfaßt wird, von dem Natur und Geschichte erfüllt sind"[51].

Kann demzufolge noch der leiseste Zweifel bestehen, Gott habe nicht das Vermögen zum Verständnis in den Menschen eingepflanzt, um das Fortbestehen der Menschheit zu sichern?[52] Die uns umgebende und erforschbare Natur, von der wir selbst einen winzigen "Teil" verkörpern, begreift Peirce daher in Form eines "Katalysators", der uns in seiner Großartigkeit, Schönheit, Heiligkeit, Ewigkeit und Realität ein ständiger "Gegenstand" der Anbetung sowie Bestrebung ("aspiration") ist.[53] Gott selbst vereinnahmt er nicht, im Vergleich zur Interpretation Mary Mahowald's[54], zu einem Objekt wissenschaftlicher Forschung, - ermöglicht mittels einer religiösen Hinneigung zur Wahrheit. Im Sinne seines Bruders Benjamin Peirce zieht er vielmehr nachstehende Konsequenz: Es gibt nur einen Gott, und die Wissenschaft ist das Wissen um Ihn.[55] Zu dem in seinen Augen weiterführenden Trugschluß eines R. Descartes ließ er sich niemals hinreißen: "Und so sehe ich ganz klar, daß die Gewißheit und die Wahrheit jeder Wissenschaft einzig von der Erkenntnis des wahren Gottes abhängt, so sehr, daß ich, bevor ich ihn nicht erkannte, nichts über irgendeine andere Sache vollkommen wissen konnte. Jetzt aber kann Unzähliges sowohl von Gott selbst und den anderen Gegenständen des reinen Verstandes als auch von der gesamten körperlichen Natur, die den Gegenstand der reinen Mathematik bildet, mir vollkommen bekannt und gewiß sein."[56]

Für Peirce versteht sich indes das Studium von Philosophie und (Natur-)Wissenschaft im Geist der Freude, zu erlernen, wie wir und andere mit den "Herrlichkeiten Gottes" ("the glories of God")[57] bekannt zu werden vermögen. Aufgrunddessen würde der Pragmatist antworten, wenn er nach Gott gefragt würde, er könne Ihn sich lediglich als einen "Mann" von beachtenswertem "Format" vorstellen, der mit seinem enormen Einfluß die gesamte Lebensweise einer Person zu beeinflussen imstande ist.

Das Resümée in Hinsicht auf das vorliegende Kapitel resultiert im Lichte des Peirce'schen Denkansatzes aus seinen beiden zentralen Anliegen:

1. "Ich bin der Ansicht, daß die Existenz Gottes, soweit wir sie uns vorstellen können, darin besteht, daß eine Tendenz auf Ziele hin ein so notwendiger Bestandteil des Universums ist, daß die bloße Aktion des Zufalls auf unzählbare Atome ein unvermeidbares teleologisches Resultat hat. Eines der Ziele, die so zustandekommen, ist die Entwicklung der Intelligenz und des Wissens; und daher würde ich sagen, daß Gottes Allwissenheit, menschlich gedacht, in der Tatsache besteht, daß die Erkenntnis in ihrer Entwicklung keine Frage unbeantwortet läßt."[58] Mit diesem evolutionären Progreß geht Schritt für Schritt das Wachstum der kosmischen Vernünftigkeit einher, so daß Peirce in späteren Jahren abschließend schreibt: "... Gott hat keine Launen oder gehätschelte Schwächen: es gehört im Gegenteil zur essentiellen Natur eines Zweckes, daß er sich nicht auf sich selbst richten kann, sondern sich selbst im Erschaffen entwickelt."[59]

2. Allerdings glauben wir Menschen nicht an eine reine Entwicklung. Vielmehr ist nicht bloßes Handeln idealer Zweck der Schöpfung, sondern die Entfaltung einer Idee im Denken, d.h., "daß das wahre Ideal eine lebendige Kraft ist, ... Nun ist das Ideal nicht ein endliches Existierendes. Mehr noch, der menschliche Geist und das menschliche Herz haben ein Kindschaftsverhältnis zu Gott. Das ist für mich die tröstlichste Lehre"[60].

Die, Ch. Darwin entlehnte, evolutionäre Theorie enthält bei Peirce des weiteren einen letzten, entscheidenden Zielpunkt:

Der Tychismus wie der Synechismus werden zwangsläufig von der Lehre des Agapasmus umspannt, wodurch sie ihre ethisch-ästhetische Komponente eines qualitativ-gesellschaftlichen Fortschritts, nicht allein einer kontinuierlich-sinnleeren Fortentwicklung, gewinnen. Das Wachstumsprinzip "Liebe" vereinnahmt in sich ebenfalls alle dialektischen Gegensätzlichkeiten, z.B. gut-schlecht, im Sinne eines alles umgreifenden Moments; hierbei steht, wie so oft, seine Kategorienlehre Pate, die er - ich erwähnte es mehrfach - deutlich von Hegel abgrenzt.[61] Inbesondere der Teilaspekt der Nächstenliebe darf im Zuge dieser Randbemerkung nicht ausschließlich aus dem christlichen Ursprung heraus interpretiert werden, obgleich die höchste Entwicklungs-"stufe" des Menschen sozialer Natur ist.[62] Die Idealvorstellung Peirce's gipfelt infolgedessen in dem Postulat, daß die ganze Welt mit einem Band der gemeinsamen und gemeinschaftlichen Liebe zu Gott umspannt sein sollte, das selbstverständlicherweise begleitet wird von der Nächstenliebe jedes einzelnen Menschen. Leider trägt die Überzeugung des 19. Jh. indes völlig entgegengesetzte Früchte, indem eine individualistisch-egoistische Ellenbogengesellschaft heranwächst, die nicht nur auf den rigorosen Vorteil der eigenen Person, sondern auch auf die Unterwerfung jedes anderen, wenn möglich, abzielt.[63] Die von aller Logik abgehoben zu betrachtende Aussage des Hl. Johannes: "Gott ist Liebe" und "Gott ist das Licht und in ihm ist keine Dunkelheit" verdeutlicht die Intention von Peirce, seiner Hoffnung Ausdruck zu verleihen, daß das unvollkommene Wesen des Menschen einschließlich all seiner Widersprüche sich im Fortgang zur absoluten Liebe befindet.[64] In Entsprechung obiger Charakteristika der Durchdrungenheit des Universums von einem höchsten Wesen und vielleicht doch seinem alles kennzeichnenden Attribut, der Liebe, resultiert für Peirce die religiös-betonte, moralische Lebensführung eines Lebens der Anstrengung, des Geführtwerdens, der Liebe, des Handelns und der Wiedergutmachung.

Zuguterletzt muß hervorgehoben werden, daß der Leitgedanke einer universalen Kirche nichts mit dem institutionellen Aufbau z.B. der katholischen Kirche zu tun hat. Vielmehr leitete diese gerade eine Degeneration in der Religion ein, die von der individuellen, direkten Wahrnehmung Gottes zu Vertrauen in Gott, von da zu bloßem Glauben absank. Zusätzlich geriet sie als blanke öffentliche Angelegenheit in die Hände der Theologen, welche ihr ihren Stempel durch bloße Parolen aufdrückten und sie infolge endloser Dispute rationalisierten und aufsplitterten.[65]

Zum Abschluß dieses Kapitels käme es fast einem Krämerstandpunkt gleich, zu fragen, welche Quellen bezüglich der Gottesfrage benennt er, woher könnte er weiteres Material entnommen haben? Ch.S. Peirce erwähnt ja genau die Abkunft seiner Reflexionsanregungen, wobei ich generell festhalte: Weder der Aufweis des augustinischen Verfahrens, ein qualifiziertes Wahrheitsbewußtsein als Bedingung des geistigen und sittlichen Lebens freizulegen, wird von ihm nachvollzogen, noch versucht er, sich die Gottesbeweise eines Th.v. Aquin zunutze zu machen, die mittels des vergänglich-kontingenten So-Daseienden auf eine nicht-verursachte erste Ursache namens Gott verweisen. Das Kausalitätsprinzip für einen Beweis der Realität eines höchsten Wesens, das sich aufgliedert in die Argumentationen "ex motu", "ex ordine causarum", "ex corruptibilitate", "ex gradibus perfectionum", "ex finalitate" (bei Kant "physikotheleologisch"), findet in Sonderheit wegen unseres anthropomorphistisch-fallibilistischen Erkenntnisvermögens und der Unmöglichkeit, Gott bestimmte Attribute zusprechen zu können, keine Verwendung. Das Finalitätsprinzip, welches die Ausrichtung der Natur, zu der wir ebenfalls gehören, auf die unbedingte Realität eines Zieles - Gott - beinhaltet, mag auf den ersten Blick für Peirce eher in Betracht kommen, jedoch würde dabei die Entwicklung des Universums aus sich selbst heraus wie die permanente Schöpfung Gottes vergessen, die kein einfach vorgegebenes Ziel mittels gewisser Zwecke erreichen soll. Gerade die Offenheit und unbestimmte Unausgefülltheit jener ideal gedachten Konvergenz im Ziel-"punkt" des Universums ermöglicht eine evolutionäre, kontinuierliche Neuschaffung der Welt, wie sie aus der Hoffnung des Menschen heraus Gottes Wirken erst gerecht würde.

Ebensowenig würde ich den Schluß ziehen, daß ein Gott für die angenommene Konstitution von "reality" und "truth", gleichwie deren interdependente Verschränkung, in Betracht gezogen wird. Speziell die Folgerung Mary Mahowald's[66] entbehrt jeglichen Fundamentums, weil zwar die ideale Konvergenz in Realität-Wahrheit ein "Ende" der Wissenschaft bedeuten würde, keinesfalls jedoch mit Gott identifizierbar wäre; ein Ende dieser Disziplinen würde gerade erst die Tür zur "Erforschung" eines höchsten Wesens aufstoßen, die des Innehabens des Verständnisses einer agapastischen Wesensschau bedarf, um Gott einen Anteil seiner selbst abzugewinnen. Eine Äquivalenz der Idee der Realität und der Wahrheit mit der Idee Gottes darf allein aufgrund der verschiedenartigen "Gegenstände" nicht deduziert werden. Desungeachtet ist die Lehre des Agapasmus wohl nicht zu Unrecht als der einzig mehr oder minder verdeckte kosmisch-ontologische Gottesbeweis bei Peirce anzusehen.

Am ehesten entsprächen seine Darlegungen I. Kant, für den im Bereich der objektiven Erkenntnis Gott nicht vorkommt.[67] Dennoch sieht sich Kant genötigt, Gott zumindest zu postulieren, da die Einheit der praktischen und theoretischen Vernunft des Menschen als Vernunft- und Naturwesen denkbar sein muß. Die Bildung eines hypothetischen Imperatives im Hinblick auf die Korrespondenz möglicher Sittlichkeit und Glückseligkeit repräsentiert das Ideal der Vollkommenheit aller Vernunft schlechthin.[68] Weder theoretische noch praktische Vernunft allein gewährleisten diese zu denkende Einheit, weswegen infolgedessen eine Wirklichkeit, eine "moralisch-ethische Welturache", Gott, die postulierte Einheit, hervorzubringen vermag. Trotz aller Anstrengungen Kant's wie Peirce's verbleibt festzuhalten, daß beide die Gottesfrage als philosophisch nicht lösbares Lebens- und Welträtsel behandeln, wobei sich für Peirce die "Erkenntnis" des Nachsinnenden ("Muser") in der Hoffnung auf ein dergestaltiges, Liebe-spendendes, Wesen niederschlägt.

Ob allerdings das entschiedene Urteil L. Marcuse's zutrifft, möchte ich als offene Frage im Raum unkommentiert stehen lassen: "... das harte Beieinander von subtilster, der Mathematik nachgebildeter Logik - und kindlichster Theologie, (leben bisweilen) in Personalunion; das größte Beispiel ist der Pragmatist Peirce."[69]

5. NACHBEMERKUNG: Eine Philosophie in Bescheidenheit

Wenn L. Wittgenstein im Vorwort zu seinen "Philosophischen Untersuchungen" eingesteht: "Ich hätte gerne ein gutes Buch hervorgebracht. Es ist nicht so ausgefallen; aber die Zeit ist vorbei, in der es von mir verbessert werden könnte"[1], eröffnet sich ein Vergleich zweier eigentlich in diesem zentralen Punkt nicht-vergleichbarer Philosophen, die jeweils unterschiedlichen Generationen angehören.
Niemals hätte Ch.S. Peirce zu Papier gegeben, eine Verbesserung seines eigenen Werkes könne nicht mehr, weder von ihm selbst, noch von irgend jemand anderem, zu seinen Lebzeiten geleistet werden; - nein, die Lebensgeschichte von Peirce wie der Pragmatismus/Pragmatizismus in der Ausprägung des vielseitig interessierten und orientierten Denkers verdeutlichen durch sich selbst, daß die Methode seines Philosophierens immer schon den unabdingbaren Keim für eine permanente Vervollkommnung alles je Gedachten und zu Denkenden in sich trägt, die eigenen Beiträge eingeschlossen.
Beiden maßgeblichen Beeinflussern geistiger Strömungen ist jedoch gemeinsam: Sie setzen einen Markstein philosophischer Bescheidenheit.

Infolgedessen belegt meine Arbeit in ihrem Verlauf selbst die Abweisung ungerechtfertigter Kritikansätze an Peirce, aufgezeigt in der Vorbemerkung, und beabsichtigt im Peirce'schen Sinne nicht, sich gegen differenzierend-vervollkommnende Fortentwicklung zu wehren.
Zudem findet gerade mit Hilfe von Ch.S. Peirce der Denkhintergrund des, in unzähligen Büchern verwendeten, Pluralis majestatis, auf der Basis seiner "unendlichen" Forschergemeinschaft, einen fruchtbaren Nährboden: Wir alle vermögen ihm unsere angemessene Anerkennung zu zollen, indem wir tatkräftig dazu beitragen, der ungebrochenen, geistig-vitalen Gemeinschaft der Forscher beständiges Leben einzuhauchen und uns seine Bitte fest einzuprägen, niemals zuzulassen, daß der Weg der Forschung, von wem auch immer, blockiert wird. Eingedenk seiner Unsterblichkeitsvorstellung - der charakterliche wie wissen-

schaftliche Einfluß eines Menschen hinterläßt seine unauslöschbaren Spuren - sollte sich jeder noch so unbedeutend fühlende Forscher mit der kommunizierbaren Wirkung seiner - vorläufigen - Denkresultate als nicht-wegdenkbares Mitglied und Stütze der "science community" begreifen.
Insbesondere der Geltungsbereich des Peirce'schen Denkansatzes führt und verführt nicht zu der unmißverständlich-geäußerten Konsequenz Paul Feyerabend's: "Was ist so ein Intellektueller? Er sitzt irgendwo an einer Universität, in einer Bibliothek, liest den Marx, den Lenin, den Popper, oder was immer halt so seine Helden sind und entwickelt seine 'Konzeptionen'. Wozu verwendet er diese 'Konzeptionen'? Um sich mit anderen Intellektuellen zu streiten."[2]
Vielmehr resümiert Peirce die Idee des Pragmatismus wie folgt: "Philosophisches Forschen besteht, ... in der Reflexion auf das Wissen, das alle Menschen sozusagen bereits besitzen; und tatsächlich ist es so, daß der Anfänger im Studium der Philosophie bereits ein Wissen besitzt, dessen Gewicht weit größer ist als alles, was die Wissenschaft ihn jemals lehren kann. ... Das Überlegen besteht in solchem Fall darin, daß wir uns so gut wie möglich klar machen, als was sich das Ergebnis unserer Anstrengungen wahrscheinlich erweisen wird. Ich will vorführen, daß Pragmatismus nichts anderes ist als ein Überlegen dieser Art. ... Was die Operationen der Reflexion betrifft, die die Grundstruktur philosophischer Forschung ausmachen, besteht die Methode des Pragmatismus darin, zu untersuchen, <u>wofür</u> das Denken geschieht und keinen Reflexionsschritt zu unternehmen, der nicht durch diesen <u>Zweck</u> gefordert ist. ... Ich bin überzeugt, daß fast jede Person, die ohne grobe Vorurteile ist, mir weit genug zustimmen wird, um zugeben zu müssen, daß ein Gedanke ein Zweck ist und daß wir, wenn wir die für das Ordnen der Gedankenverbindungen und für ihre systematische und gleichgerichtete Darlegung notwendigen Reflexionen vornehmen, hauptsächlich oder zumindest als allererstes für uns selbst zu definieren haben, was der Zweck bezwecken soll und welchem Nutzen, theoretischer oder praktischer Art, er zu dienen entworfen ist; und das ist Pragmatismus."[3]
Ch.S. Peirce charakterisiert mit jener Darlegung treffend, daß seine philosophische Grunddisposition selbst niemals dem Dog-

matismusvorwurf ausgesetzt sein kann, da gerade autoritär auftretende Denkschulen angesichts ihrer einseitig-philosophiegeschichtlichen Gebundenheit wie Originäres verfremdenden Auffassung den kreativen "Zündfunken" neuartiger Argumentationsrichtungen im Ansatz ersticken. Einzig eine Methode, die als Rahmenbedingung ihre jeweilig fallible Ausformung im entsprechenden Wissenschaftsbereich einkalkuliert und sich kontinuierliche Selbstreflexion auferlegt, zeigt den Weg zu einem emanzipatorisch-vorurteilsfreieren Denken; ein Denken, das sich intellektuellen Höhenflügen im Gefolge hochtrabender Spekulationen und weitausholenden Würfen, Ganzheit beanspruchender, Systemkonzeptionen verweigert. Bevorzugt wird die mühevolle Knochen- und Puzzlearbeit, entlehnt aus der Laboratoriumswissenschaft, welche kraft realistisch-selbstbeschränkender Maßnahmen die philosophischen Problemhorizonte komplexer Fragestellungen, wie z.B. nach Gott oder Wahrheit, in die Schranken begrenztmenschlicher Erkenntnisart verweist, - sofern überhaupt noch die Fähigkeit des Erkennens an dieser Stelle am Platz ist. "Horizonte" bedeutet freilich nicht, festgeschriebene Grenzlinien anzuerkennen, sondern lediglich im Bewußtsein derselben solide Denkarbeit zu ihrer Auflösung, zu ihrer Durchlässigkeit zu leisten, um die "Horizonte" von uns durch uns selbst langsam, aber stetig zu erweitern. Ob nun unbemerkt-kontinuierliche Veränderungen oder ein Paradigmenwechsel infolge wissenschaftsrevolutionärer Prozesse[4] den Fortschritt in der Forschungsarbeit antreiben, tritt für Peirce eher in den Hintergrund gegen die Forderung, zum "Nutzen" des Einzelnen, dadurch immer auch der Gemeinschaft, autoritäre Denkungsarten und einäugiges Beharrungsvermögen als "Blockaden" der geistigen "Evolution" zu überwinden zu trachten. Mit Blick auf ein gemeinsames Band der Liebe, Fundament aggressionsloser Begegnung - hier eher Gedankenaustausches - schöpft seine Philosophie Hoffnung in bezug auf eine ethisch-ästhetische Dimension der Vervollkommnung allen Denkens und Handelns.

Ch.S. Peirce, Mathematiker, Logiker, Philosoph, Naturwissenschaftler, nach eigenem Bekunden schlichtweg ein "Mann der Wissenschaft", erkor die Wissenschaft nur zum zweitwichtigsten in seinem Leben: Er erkannte, daß sie bloß einen Weg zu Realität, Wahrheit, Gott, u.v.m. verkörpert und sich nicht zum Herrn aufschwingen darf, der eines Tages den Menschen, den Einzelforscher ob ihrer bewundernswerten Resultate und Möglichkeiten regiert, und uns neue "Götter" vorgaukelt, die ursprünglich "bezwungen" werden sollten. Im Zuge dessen erlangt für ihn die Kraft des Glaubens eine Höherschätzung als die des Wissens und strebt die Vermittlung zweier Bereiche an, die nie im Widerspruch zueinander standen, ja stehen konnten: Glauben und Wissen. Hoffnung auf Zukunftsoffenheit und "unendlich" schrittweise Annäherung an geglaubte Ziel-"punkte" kennzeichnen deren Grundlinien.

6. Abkürzungsverzeichnis

CP	Collected Papers of Charles Sanders Peirce (siehe unter 8.1.)
SPP	Schriften zum Pragmatismus und Pragmatizismus (siehe unter 8.1., Karl-Otto Apel, ²1976)
HMOIC	How to Make Our Ideas Clear (siehe unter 8.1., Klaus Oehler, 1968)
PV	Pragmatismus-Vorlesungen (siehe unter 8.1., Elisabeth Walther, 1973)
PLZ	Phänomen und Logik der Zeichen (siehe unter 8.1., Helmut Pape, 1983)
TCSP	Transactions of the Charles Sanders Peirce Society, University of Massachusetts Press, 1965ff.
DCSP	Der Denkweg von Charles S. Peirce (siehe unter 8.2., Karl-Otto Apel, 1975)
(z.B.) 5.268	Stellen in den CP werden durch die international gebräuchliche Angabe von Band und Paragraph, z.B. 5.268 (Band 5, Paragraph 268) gekennzeichnet.
(z.B.) Übers. v. mir ≙ 1.354	Die Übersetzung von mir entspricht Band 1, Paragraph 354 der Collected Papers
(z.B.) SPP, 44/5.268 (1868)	Die Übersetzung der Stelle 5.268 der CP findet sich auf S. 44 von SPP und stammt aus dem Jahre 1868.

- Unterstreichungen oder g e s p e r r t e Schrift in Zitaten bedeutet eine Hervorhebung im Original. Andernfalls wird meine eigene Hervorhebung (Herv. v. mir) entsprechend kenntlich gemacht.

- Bei wichtigen Zitaten wird außer der Übersetzung zur besseren Überprüfbarkeit auch der jeweilige Originaltext in Klammern angeführt.

- Die Jahreszahlen in Klammern hinter den angegebenen Stellen von Peirce dienen zur besseren zeitlichen Zuordnung und Transparenz, um oft Jahrzehnte auseinanderliegende Gedanken kenntlich zu machen.

7. ANMERKUNGEN

Anmerkungen zu 0. Vorbemerkung, S. 1 - 14

1. Siehe Harry K. Wells, Der Pragmatismus, Eine Philosophie des Imperialismus, Berlin 1957.
2. Howard Selsam, Einleitung, in: Harry K. Wells, a.a.O., 5.
3. Ebd., 7.
4. Ebd., 10.
5. Zitate ebd.
6. Siehe Howard Selsam, a.a.O., 6, Anm. 1: "big stick - der große Stock. Mit 'Big Stick' wurde die während der Regierungszeit des Präsidenten Theodore Roosevelt eingeschlagene Aggressions- und Eroberungspolitik des USA-Imperialismus bezeichnet. Die Red.."
7. Ebd., 6.
8. Ebd., 8.
9. Siehe Harry K. Wells, a.a.O., 257.
10. Ebd., 255.
11. Ebd., 257.
12. Ebd., 274.
13. Ebd., 12.
14. Wilhelm Seeberger, Wahrheit in der Politik? - Pragmatismus in Theorie und Praxis, Stuttgart 1965, 45.
15. Ebd., 25.
16. Ebd.
17. Ebd., 32.
18. Ebd., 29.
19. Ebd., 42.
20. Ebd., 43.
21. Ebd., 33.
22. Ebd., 36.
23. Ebd., 53.
24. Ebd., 35.
25. Ebd., 41.
26. Ebd.
27. Ebd., Zitate 51f.
28. Hermann Lübbe, Philosophie nach der Aufklärung, Düsseldorf 1980, 197.
29. Ebd., 163.
30. Ebd.
31. Ebd., 207.
32. Ebd.; alle vorhergehenden Zitate 205-208.
33. Constantin Gutberlet, Der Pragmatismus, in: Philosophisches Jahrbuch XXI (1908), 435.
34. Ebd., 450.
35. Ebd., 441.
36. Ebd., 435.
37. Ebd., 445.
38. Ebd., 439.
39. Ebd., 443.
40. Ebd., 457.
41. Günther Jacoby, Der Pragmatismus - Neue Bahnen in der Wissenschaftslehre des Auslands, Leipzig 1909, 3.
42. Ebd.
43. Ebd., 7.
44. Ebd., 8.

45. Ebd., 15.
46. Ebd., 17.
47. Ebd., 27.
48. Ebd., 29.
49. Ebd., 27.
50. Ebd., 37.
51. Ebd., 44.
52. Ebd., 42.
53. Jürgen von Kempski, Der Pragmatismus, in: Deutsches Adelsblatt, 1937, 1502-1504.
54. Siegfried Marck, Der Pragmatismus in seinen Beziehungen zum kritischen Idealismus und zur Existenzphilosophie, in: Schriftenreihe der Nordwestdeutschen Universitätsgesellschaft, (1951) 11, 3.
55. Ebd.
56. Ebd., vorstehende Zitate 3-13.
57. Hans Lipps, Die Wirklichkeit des Menschen, Fr.a.M. 1954, 39f.
58. Ebd.
59. Ebd., 41.
60. Ebd., vorstehende Zitate 41-43.
61. Ebd., 45.
62. Ebd., 48.
63. Ebd., 50.
64. **DCSP**, 11f.
65. Stephan Körner, Grundfragen der Philosophie, München 1970, 317.
66. Roderick M. Chisholm, Die Lehre Peirce's vom Pragmatismus und "Commonsensismus", in: Unser Weg, (1961) 16, 129.
67. Ebd., 130f.
68. Ebd., 131.
69. Franz Wiedmann, Baruch de Spinoza - Eine Hinführung, Würzburg 1982, 12f.

Anmerkungen zu 1.1., S. 15 - 27

1. **PV**, 5.14 ≙ 3 und 5.16 ≙ 5 (1903): "Eine gewisse Maxime der Logik, die ich Pragmatismus genannt habe, bot sich mir aus verschiedenen Gründen und aus mannigfaltigen Überlegungen an. Nachdem ich sie zur Richtschnur für den größten Teil meines Denkens nahm, stellte ich fest, daß ich, je länger ich sie kenne, von ihrer Wichtigkeit mehr und mehr beeindruckt bin. Falls sie wahr ist, ist sie sicher ein wunderbar wirksames Instrument. Sie ist nicht nur auf Philosophie allein anwendbar. Ich fand sie für jeden Zweig der Wissenschaften, den ich studierte, von beachtlicher Tauglichkeit. Mein Mangel an Geschicklichkeit in praktischen Angelegenheiten hindert mich nicht daran, den Vorteil, in der Lebensführung vom Pragmatismus durchdrungen zu sein, wahrzunehmen." ...
"Außerdem sind Pragmatismus und Persönlichkeit (des Wissenschaftlers Ch.S. Peirce) mehr oder weniger vom selben Schlag."
2. Übers. v. mir ≙ 2.663 (1910).
3. Siehe James K. Feibleman, An Introduction to the Philosophy of Charles S. Peirce - Interpreted as a System, Cambridge/Mass. and London/Engl. 1970, 10.
4. Vgl. z.B. Thomas A. Sebeok/Jean Umiker-Sebeok, "Du kennst meine Methode - Ch.S. Peirce und Sherlock Holmes", Fr.a.M. 1982, 15: "Wer ist der originellste und fruchtbarste Geist, den Amerika bislang hervorgebracht hat? Die Antwort 'Charles S. Peirce' ist deshalb unumstritten, weil jeder andere erst in einem so großen Abstand folgt, daß es sich nicht lohnte, ihn zu erwähnen."
5. Siehe James K. Feibleman, a.a.O., 9.
6. **PV**, XXXIII, Anm. 1.
7. Übers. v. mir ≙ Ch.S. Peirce, in: Paul Weiss, Biography of Charles S. Peirce, in: Richard J. Bernstein (Hg.), Perspectives on Peirce - Critical Essays on Charles Sanders Peirce, New Haven and London 1965, 1.
8. Siehe 4.533 (1906).

9. Übers. v. mir ≅ Irwin Lieb (Hg.), Charles S. Peirce's Letters to Lady Welby, New Haven 1954, 37, in: Murray G. Murphey, The Development of Peirce's Philosophy, Cambridge/Mass. 1961, 12.
10. Übers. v. mir ≅ Wyck van Brooks, New England: Indian Summer, New York 1941, 38, in: James K. Feibleman, a.a.O., 8.
11. Übers. v. mir ≅ 1.4 (1897).
12. Siehe 1.560 (1905).
13. Siehe 6.292 (1893).
14. Siehe Walter B. Gallie, Peirce and Pragmatism, New York 1966, 38.
15. **PV**, 77/5.65 (1903).
16. Siehe **SPP**, 6 u. 251-312.
17. Siehe 2.625 (1878).
18. Bezüglich Peirce's Pariser Begegnungen mit Henry James siehe Walter B. Gallie, a.a.O., 18f.
19. Estanislao Arroyabe, Peirce - Eine Einführung in sein Denken, Königsstein/Ts. 1982, 8. Vgl. Th.A. Sebeok/J. Umiker-Sebeok, a.a.O., 18.
20. Siehe **SPP**, 141.
21. Estanislao Arroyabe, a.a.O., 8.
22. Siehe Paul Weiss, Biography of Ch.S. Peirce, in: Richard S. Bernstein (Hg.), a.a.O., 3.
23. Ebd., 5 (Übers. v. mir).
24. **SPP**, 432/5.414 (1905).
25. Siehe ebd., 8.
26. **PV**, XXf.
27. Gustav E. Müller, Charles Peirce, in: Archiv für Geschichte der Philosophie, 40 (1931) 2, 227.
28. Vgl. a) Paul Weiss, a.a.O., 9.
    b) James K. Feibleman, a.a.O., 16-21.
    c) Ludwig Marcuse, Amerikanisches Philosophieren, 1959, 31.
29. Siehe Walter B. Gallie, a.a.O., 39.
30. Siehe Gustav E. Müller, a.a.O., 227.
31. Siehe Peter Skagestad, The Road of Inquiry - Charles Peirce's Pragmatic Realism, New York 1981, 14.
32. Siehe ausführlicher bei Max H. Fisch, a.a.O., 28.
33. Übers. v. mir ≅ Ralph B. Perry, The Thought and Character of William James, Bd. 1, Cambridge/Mass. 1974, 292.
34. Siehe Paul Weiss, a.a.O., 10.
35. Siehe Walter B. Gallie, a.a.O., 36.
36. Siehe Paul Weiss, a.a.O., 10.
37. Siehe 5.614 (1906).
38. Übers. v. mir ≅ Ch.S. Peirce, Vorwort von **CP** 2, S. 2.
39. Siehe Paul Weiss, a.a.O., 12.
40. Siehe Richard S. Robin, Annoted Catalogue of the Papers of Ch.S. Peirce, Amherst 1967 und ders., The Peirce Papers, A Supplementary Catalogue, in: **TCSP**, VII (1971) 1, 37-57.
41. **SPP**, 8.
42. Übers. v. mir ≅ Murray G. Murphey, a.a.O., 3f.
43. **SPP**, 5f.
44. Übers. v. mir ≅ 6.9 (1891).
45. Immanuel Kant, Kritik der reinen Vernunft, A 823f/B 860f.

Anmerkungen zu 1.2., S. 27 - 28

1. Herbert W. Schneider, Geschichte der amerikanischen Philosophie, Hamburg 1957, VIII.
2. Josef L. Blau, Philosophie und Philosophen Amerikas - Ein historischer Abriß, Meisenheim 1957, 7.

Anmerkungen zu 1.2.1., S. 28 - 33

1. Josef L. Blau, a.a.O., 10.
2. Siehe a) Herbert W. Schneider, a.a.O., 10.
       b) Josef L. Blau, a.a.O., 11.
3. Josef Blau, a.a.O., 17.
4. Ebd., 56.
5. Ebd., 96.
6. Herbert W. Schneider, a.a.O., 135.
7. Josef L. Blau, a.a.O., 99.
8. Siehe Ludwig Marcuse, a.a.O., 15.
9. Josef L. Blau, a.a.O., 141.
10. Ebd., 131.
11. Siehe 5.213-263 (1868).
12. Siehe 6.39ff. (1892).
13. Siehe z.B. 6.63 (1892).
14. **SPP**, 304/6.58 (1892).
15. Siehe 5.379f. (1877).
16. Siehe z.B. 5.384.
17. Siehe 1.180-202 (1903).

Anmerkungen zu 1.2.2., S. 33 - 37

1. Siehe **CP** 8: Bibliography G-1909-1, S. 300.
2. 7.313, Anm. 1.
3. Max H. Fisch ermittelte, daß zwei Klauseln bestanden; siehe Max H. Fisch, Was There A Metaphysical Club in Cambridge, in: Edward C. Moore/Richard S. Robin (Hg.), Studies in the Philosophy of Charles Sanders Peirce, Second Series, Amherst 1964, 16.
4. Ebd., 24 ≅ **SPP**, 141.
5. Siehe Max H. Fisch, a.a.O., 3 und 29, Anm. 1.
6. Siehe Klaus Oehler, Einleitung, in: William James, Der Pragmatismus, Ein neuer Name für alte Denkmethoden, Hamburg 1977, IX.
7. **SPP**, 543/8.253 (10.11. 1900).
8. Ebd., 566f., Anm. 10; siehe auch William James, Der Pragmatismus, a.a.O., 2 u. 28.
9. Siehe 5.17 (1903) u. 5.414 (1905).
10. Siehe Philip Wiener, Evolution and the Founders of Pragmatism, Cambridge 1949, 20 u. 24f..
11. Siehe Max H. Fisch, a.a.O., 24 u. 25/**SPP**, 124 u. 144.
12. Siehe Max H. Fisch, a.a.O., 19-23.
13. Siehe ebd., 17 u. 19/conclusion (2).
14. Ebd., 21/conclusion (19).
15. Ebd., 19/conclusion (12).
16. Vgl. z.B. mit 6.36 (1892) u. 6.58.
17. Max H. Fisch, a.a.O., 20/conclusion (13).
18. Max H. Fisch, Was There A Metaphysical Club in Cambridge? - A Postscript, in: **TCSP**, XVIII (1981), 129.
19. Siehe 6.605 (1893).
20. 6.25 ≅ **SPP**, 278.
21. Siehe Edward H. Madden, Chauncy Wright and the Foundations of Pragmatism, Seattle 1963, 85.
22. 6.302 (1893).
23. 5.4. (1902) ≅ **SPP**, 317.
24. Vgl. z.B. 5.407 (1878).
25. Vgl. z.B. 5.373 (1877).
26. Vgl. z.B. 5.411ff. (1878).
27. Vgl. z.B. 6.39ff. (1892).

28. Vgl. z.B. 5.413 (1878).
29. Vgl. z.B. 5.283f. (1868).
30. Siehe auch **DCSP**, 37 u. 110-112.

Anmerkungen zu 1.3., S. 38 - 44

1. **SPP**, 534, Anm. 11 (1906): "Die Philosophie ist jener Bereich der positiven Wissenschaft (d.h. einer forschenden theoretischen Wissenschaft, die Fakten untersucht, im Gegensatz zur reinen Mathematik, die nur zu erkennen sucht, was aus gewissen Hypothesen folgt), der keine Beobachtungen unternimmt, sondern sich mit soviel Erfahrung begnügt, wie auf jeden Menschen während jeder Stunde seines wachen Lebens einströmt. Das Studium der Philosophie besteht daher in der Reflexion, und der Pragmatismus ist jene Methode der Reflexion, die davon geleitet wird, daß sie ständig ihren Zweck im Auge behält und dem Zweck der Ideen, die sie analysiert, gleichgültig ob diese Ziele von der Natur und zum Nutzen des Handelns oder des Denkens sind."
2. 5.206 (1903) ≅ **SPP**, 415.
3. Siehe 8.254 (25.11. 1902).
4. **SPP**, 545/8.259 (07.03. 1904).
5. Siehe 5.13, Anm. 1 (1906).
6. Siehe 8.206 (1905).
7. 8.258 (07.03. 1904) ≅ **SPP**, 544.
8. Siehe 5.412 (1905).
9. **SPP**, 429/5.412 (1905).
10. Immanuel Kant, Kr.d.r.V., A 800/B 828; vgl. mit A 824/B 852. Siehe ebenso ders., Erste Einleitung in die Kritik der Urteilskraft, Theorie-Werkausgabe, Bd. IX, 178.
11. Vgl. ders., Anthropologie in pragmatischer Hinsicht, Theorie-Werkausgabe, Bd. XII, 400.
12. Vgl. ders., Logik, Theorie-Werkausgabe, Bd. VI, 466. Die Zitatangabe befindet sich in einem Notizbuch von Peirce aus dem Jahre 1865 unter dem Stichwort "pragmatisch" (**SPP**, 318).
13. **SPP**, 315/5.1 (1902).
14. Siehe 5.11 (1906).
15. **SPP**, 427/5.411 (1905).
16. 5.402 (1878) ≅ **HMOIC**, 63. Die Pragmatische Maxime erwähnt selbst nicht den Begriff "Bedeutung" (meaning); vgl. hierzu Bruce Altshuler, The Nature of Peirce's Pragmatism, in: **TCSP**, XIV (1978), 156.
17. 5.402, Anm. 3 (1906) ≅ Ebd., 65, Anm. 3.
18. Vgl. 5.18 (1903), 5.442 (1905), 5.467f. (1903), 5.548 (1908), 8.191 (1903). Der Pragmatismus, als Bedeutungstheorie verstanden, zerfällt nach Bruce Altshuler, a.a.O., 149 in sechs verschiedene Teilbereiche.
19. **HMOIC**, 67, Anm. 3/5.402, Anm. 3 (1906).
20. Siehe 1.184ff. (1903).
21. 5.212 (1903) ≅ **SPP**, 420.
22. Siehe 1.183 (1903).
23. Siehe 1.234 (1902).
24. 1.186 (1903).
25. Zur Entlehnung des Terminus "normativ" siehe auch 1.575 (1902/3) und 2.7, Anm. 1 (1902).
26. Siehe 1.191 (1903).
27. **PV**, 39/5.40 (1903).
28. Siehe z.B. 8.213 (1905).
29. Zur Definition der Kategorien siehe 5.66 (1903).
30. Siehe 8.256 (25.11. 1902).
31. Siehe 5.436 (1905).
32. Siehe 5.196ff. (1903).
33. **SPP**, 544/8.257 (25.11. 1902).
34. Siehe 5.3 (1902) und 5.433 (1905).
35. 5.311 (1868) ≅ **SPP**, 76.
36. Siehe z.B. 8.12 (1871).
37. Siehe z.B. 2.655 (1878) und 8.43 (1885).
38. Gerd Wartenberg, Logischer Sozialismus. Frankfurt a. M. 1971, 21.
39. Siehe 5.257 (1868).

40. Vgl. Bruce Altshuler, The Nature of Peirce's Pragmatism, in: **TCSP**, XIV (1978), 169.

Anmerkungen zu 1.4.1., S. 45 - 47

1. William James, Der Pragmatismus, a.a.O., 12.
2. Siehe auch S. 21 dieser Arbeit.
3. Siehe Eduard Baumgarten, Der Pragmatismus, Frankfurt a.M. 1938, 190.
4. William James, Der Pragmatismus, a.a.O., 31.
5. Ebd.
6. Ebd., 27.
7. Siehe ebd., z.B. 32.
8. Siehe ebd., 34.
9. Siehe ebd.
10. Ebd., 46.
11. Ebd., 29.
12. Ebd.
13. Übers. v. mir ≅ Ralph B. Perry, a.a.O., Bd. 2, 409.
14. Siehe William James, Der Pragmatismus, a.a.O., 33.
15. Ebd.
16. Siehe ebd., 41.
17. Ebd., 48.
18. Siehe ebd., 126.
19. Siehe ebd., 128.
20. Siehe ebd., 125.
21. Ebd., 147.
22. William James, Der Wille zum Glauben, in: Ekkehard Martens (Hg.), Texte der Philosophie des Pragmatismus, Stuttgart 1975, 149.
23. Ebd., 136.
24. Siehe ebd., 156.
25. William James, Das pluralistische Universum, Leipzig 1914, 211.
26. Siehe Ralph B. Perry, a.a.O., Bd. 2, 575ff.

Anmerkungen zu 1.4.2., S. 48 - 51

1. John Dewey, The Quest for Certainty, London 1930, 26, in: Harry K. Wells, a.a.O., 199.
2. Siehe Ludwig Marcuse, a.a.O., 125f.
3. Siehe z.B. 5.370ff. (1877).
4. John Dewey, The Development of American Pragmatism, in: ders., Philosophy and Civilisation, New York 1931, 26.
5. Ders., Logic: The Theory of Inquiry, New York 1983, 104f.
6. Siehe John Dewey, Reconstruction in Philosophy, New York 1950, 106.
7. Siehe ebd., 45.
8. Ebd., 107.
9. Siehe John Dewey, Pragmatismus und Pädagogik, in: Ekkehard Martens (Hg.), a.a.O., 209.
10. John Dewey, Reconstruction in Philosophy, a.a.O., 128f.
11. Siehe ebd., 130.
12. Siehe ebd., 49.
13. John Dewey, Pragmatismus und Pädagogik, a.a.O., 234.
14. Ekkehard Martens, Amerikanische Pragmatisten, in: Otfried Höffe (Hg.), Klassiker der Philosophie, München 1981, 246.
15. John Dewey, Pragmatismus und Pädagogik, a.a.O., 217.
16. **SPP**, 570/8.239 (09.06. 1904).
17. Ebd., 572/8.240.

Anmerkungen zu 2., S. 52 - 53

1. Michael Schoenenberg, Die Entwicklung der Fundamental-Kategorien von Charles S. Peirce - Eine historisch-systematische Darstellung, Phil. Diss. Stuttgart 1980, 6.
2. René Descartes, Discours de la Méthode, Dritter Teil, 1.

Anmerkungen zu 2.1., S. 54 - 66

1. Platon, Timaios, 28a.
2. Th. Kobusch, INTUITION, in: Joachim Ritter (Hg.) u.a., Historisches Wörterbuch der Philosophie - Völlig neu bearbeitete Ausgabe des "Wörterbuchs der Philosophischen Begriffe" v. R. Eisler, Bd. 4, Darmstadt 1976, 524.
3. L. Eley, INTUITION, in: Hermann Krings (Hg.) u.a., Handbuch philosophischer Grundbegriffe, Bd. 2, München 1976, 748.
4. Immanuel Kant, Kritik der Urteilskraft, Theorie-Werkausgabe, Bd. X, 525.
5. Ebd.
6. Ebd., 523.
7. **SPP**, 13/5.213 (1868).
8. Siehe z.B. Justus Buchler, Charles Peirce's Empiricsm, New York 1939, 9.
9. Siehe **SPP**, 37, Anm. 2.
10. **DCSP**, 51; siehe auch ebd., Anm. 67.
11. Siehe z.B. 5.525 (1905).
12. Richard J. Bernstein, Praxis und Handeln, Frankfurt a. M. 1975, 21; siehe hierzu auch Murray G. Murphey, a.a.O., 23ff. und **DCSP**, 51f., Anm. 68.
13. **SPP**, 13/5.214 (1868).
14. Siehe ebd., 13-21/5.214-223.
15. Mittelbare Erkenntnis: eine Erkenntnis, die durch eine andere Erkenntnis bestimmt ist; siehe 5.213.
16. Siehe **SPP**, 21/5.224.
17. Ebd.
18. Ebd., 21/5.225.
19. Ebd., 22/5.225.
20. Ebd.
21. 5.225 ≅ **SPP**, 22.
22. Siehe Immanuel Kant, Kr.d.r.V., B 405ff.
23. Siehe **SPP**, 25/5.235.
24. **SPP**, 33.
25. Ebd./5.259 (1868).
26. 5.262 ≅ **SPP**, 34.
27. G.W.F. Hegel, Phänomenologie des Geistes, Theorie-Werkausgabe, Bd. 3, 88.
28. Siehe Richard J. Bernstein, a.a.O., 42.
29. **SPP**, 35f./5.263 (1868).
30. Siehe 5.267 (1868).
31. Entnommen aus dem Manuskript von Peirce: "Josiah Royce, The Religious Aspects of Philosophy", 8.41; geschätzte Entstehungszeit ca. 1885. Vgl. den Begriff "unmittelbares" Bewußtsein mit Immanuel Kant, Kr.d.r.V., A 372f..
32. **SPP**, 258/8.41.
33. 7.560; siehe allgemein 7.539-564 (diese unbetitelten Manuskripte sind wahrscheinlich um 1900 geschrieben worden; CP 7, S. 325, Anm. 7); speziell 7.540, 7.545, 7.551.
34. Joachim Christian Horn, Freuds 'Grundsprache' und Schellings Philosophie, in: Hans-Georg Gadamer (Hg.), Das Problem der Sprache, München 1967, 234.
35. 5.263 (1868) ≅ **SPP**, 36. Vgl. mit 5.267 (1868).
36. Siehe Alfred North Whitehead, Prozeß und Realität, Frankfurt a. M. 1979, 393.
37. Übers. v. mir ≅ 2.337 (1895).
38. Übers. v. mir ≅ 1.501 (1896).

39. Ein kurzer Hinweis auf die Ansicht von Peirce zu diesem Fragenkomplex: "... there are three things to which we can never hope to attain by reasoning, namely absolute certainty, absolute exactitude, absolute universality" (1.141, 1897; Herv. v. mir).
40. Siehe 5.380 (1877); vgl. mit dem vorliegenden Artikel 5.215 (1868).
41. Vgl. **DCSP**, 90ff.
42. Übers. v. mir ≙ 6.170 (1903); siehe auch 6.166.
43. Übers. v. mir ≙ 6.168 (Datum unbek.).
44. Vgl. hierzu Franz Brentano, Philosophische Untersuchungen zu Raum, Zeit und Kontinuum, Hamburg 1976, 56: "1. Jedes Kontinuum ist ins Unendliche differenziert, und darum homogen" (Herv. v. mir). Gerade, weil Peirce die konditionale Teilbarkeit des Kontinuums annimmt, verlöre es bei bereits angenommen erfolgter Differenzierung kraft "definite parts" (6.168; Datum unbek.) seine Kennzeichen und könnte aus seiner Geteiltheit heraus nicht mehr erkannt werden. Es ist - in sonstiger Übereinstimmung mit Brentano - dagegen unendlich differenzierbar.
45. Immanuel Kant, Kr.d.r.V., A 169/B 211; vgl. mit A 142f./B 182f.. Vgl. hierzu auch den profunden Artikel von Vincent G. Potter und Paul B. Shields, Peirce's Definitions of Continuity, in: **TCSP**, XIII (1977), 20-34.
46. Ebd., A 170/ B 212.
47. Vgl. hierzu auch die Theorie Isaac Newton's vom absoluten/relativen Raum und der absoluten/relativen Zeit, in: Isaac Newton, Mathematische Prinzipien der Naturlehre, Darmstadt 1963, 25-31.
48. Siehe Immanuel Kant, Kr.d.r.V., A 23/B 38 - A 30/B 45 und A 31/B 46 - A 36/B 53.
49. Siehe 1.171 (1897).
50. René Descartes, Meditationes de prima philosophia, I, 4.
51. Ebd., II, 3.
52. Vgl. hierzu die von der Quantentheorie aufgeworfene Problematik, z.B. in: Alfred North Whitehead, a.a.O., 158-160.
53. Vgl. mit 6.174-184 (1911), wo Peirce eine mathematische Explikation des Beispiels gibt. Vgl. hierzu Murray G. Murphey, a.a.O., 284f.. Allgemein vgl. zu diesen Ausführungen Franz Brentano, a.a.O., Xff.; speziell bei Brentano die Termini "Plerose" und "Teleiose", XXff. und 15 bzw. 32f..
54. Vgl. hierzu meine Ausführungen zum Peirce'schen Gedanken der "unendlichen" Forschergemeinschaft. Siehe ebenfalls zu Kontinuum/Kontinuität **DCSP**, 92. Apel reduziert an dieser Stelle die Erkenntnis auf einen Anfang und ein Ende, um, im Hinblick auf die Kategorienlehre von Peirce, Erkenntnis auszuleuchten. Jedoch verstehen sich auch die Kategorien gemäß ihrer Funktion im Kontinuum wie in Kontinuität stehend. Vgl. **DCSP** mit Jürgen Habermas, Erkenntnis und Interesse, Frankfurt a. M. 1981, 100, Stichworte: Unabgeschlossenheit und Relativität unserer Erkenntnis.
55. Nicolai Hartmann, Zum Problem der Realitätsgegebenheit, Berlin 1931, 27.
56. Siehe 5.436 (1905).
57. Die Auffassung von Peirce deckt sich in diesem Zusammenhang zunächst mit Immanuel Kant, Kr.d.r.V., A 169/B 211: "So hat demnach jede Empfindung, mithin auch jede Realität in der Erscheinung, so klein sie auch sein mag, einen Grad, d.i. eine intensive Größe, die noch immer vermindert werden kann, und zwischen Realität und Negation ist ein kontinuierlicher Zusammenhang möglicher Realitäten, und möglicher kleinerer Wahrnehmungen. Eine jede Farbe, z.E. die rote, hat einen Grad, der, so klein er auch sein mag, niemals der kleinste ist, und so ist es mit der Wärme, dem Momente der Schwere usw. überall bewandt." K.-O. Apel (**DCSP**, 91) weist darauf hin, daß - gemäß dem Dreiecksbeispiel - alle unsere Erkenntnisprozesse sich unterhalb einer gewissen Schwelle im Unbewußten verlieren und unterhalb dieser die Schlußprozesse der Erkenntnis nur noch mit Hilfe mathematischer Veranschaulichung zu begreifen wie nachzuweisen sind. Als einen derartigen, unbewußten, synthetischen Schluß sieht Peirce - in Nachfolge G. Berkeley's - die Erkenntnis des dreidimensionalen Raumes an (vgl. z.B. 5.219). Die Anmerkung 166 von Apel (**DCSP**, 91) klärt darüberhinaus den Zusammenhang von Peirce (siehe 5.223) und der, "später von der 'Gestalt'-Psychologie nachgewiesenen Leistungen der Phänomen-Vereinheitlichung, die Peirce auf unbewußte synthetische Schlüsse zurückführt". Der amerikanische Philosoph teilt jedoch nicht Kant's Lehrmeinung (A 169/B 211; vgl. mit A 659/B 678), daß im Kontinuum Kontinuität durch deren Teilbarkeit in unendlich viele, unausgedehnte Punkte existieren kann: "Kant defined its continuity as consisting in this, that between any two points upon it there are points. ... It is one of the defining character of a continuum. We had better define it in terms of the algebra of relatives. Be it remembered that continuity is not an af-

fair of multiplicity (though nothing but an innumerable multitude can be continous) but is an affair of arrangement (Herv. v. mir) also. We are therefore to say not merely that there can be a quantitative relation but that there is such, with reference to which the collection is continous" (4.121; 1893).

58.   5.257 ≙ **SPP**, 33.

59.   Im Kontext des, im gleichen CP Paragraphen, von Peirce angeführten - hier nicht zitierten - Samenbeispiels, gebraucht er den Terminus "being" zur Explikation der Differenz von "existence" und "reality". "Reality" versteht sich an dieser Stelle als "a special mode of being, the characteristic of which is that things are real are whatever they really are, independently of any assertion about them" (Herv. v. mir). Allerdings intendiert 5.257 (1868) - "Erkenntnis und Sein ... sind synonyme Begriffe" - ein anscheinend gänzlich von obiger Ausführung differentes Verständnis. Eine Klärung erbringt 1.551 (1867): "The conception of being arises upon the formation of a proposition. A proposition always has, besides a term to express the quality of that substance; and the function of the conception is to unite the quality to the substance." Peirce weiß jedoch um Hegel's Auffassung von Sein: "Hegel teaches that the whole series of catagories or universal conceptions can be evolved from one - that is, from Seyn - by a certain process, the effect of which is to make actually thought that which was virtually latent in the thought. So that this reflection which constitutes Daseyn lies implicitly even in Seyn, and it is by explicitly evolving it from Seyn that Daseyn is evolved from Seyn. (Hegel's Werke, Bd. 3, S. 107) The Term 'What is' has reference to pure Seyn only; the term 'What is somehow' has reference to Daseyn" (6.626; 1868). Gleichzeitig kritisiert aber er in Verbindung mit seiner Kategorienlehre Hegel scharf: "Wenn irgend etwas dem Geist gegenwärtig ist, was ist dann die allererste und einfachste Beschaffenheit, die dabei in jedem Fall, ungeachtet dessen, wie wenig das Objekt vielleicht hervorgehoben ist, bemerkt wird? Bestimmt ist es seine Gegenwärtigkeit (presentness). So weit hat Hegel ganz recht. Unmittelbarkeit (immediacy) ist sein Wort. Wenn er jedoch sagt, daß Gegenwärtigkeit, Gegenwärtigkeit, wie sie gegenwärtig ist, gegenwärtige Gegenwärtigkeit, abstrakt, reines Sein (Pure Being; Herv. v. mir) ist, so ist das eine so offenkundige Falschheit, daß man nur sagen kann, daß Hegels Theorie, daß das Abstrakte ursprünglicher ist als das Konkrete, seine Augen blind machte für das, was vor ihnen lag" (**PV**, 45/5.44; 1903). Wohl am klarsten entwickelte Peirce sein philosophisches Vermögen bezüglich des Terminus "being" in einem Brief von 1868 auf die Aussage ("Being is the pure Simple") von Paul Carus, des späteren Herausgebers von "Open Court" und "Monist" (6.619-624). Im dialektisierend-verfahrenden Argumentationsfeld der Begriffe "being", "nothing", "non-being", "Ens" und "Non-ens" eröffnet er elementare Schritte hin zu Heidegger's "Vollzug" der ontologischen Differenz.

60.   Übers. v. mir ≙ 6.349 (1902/3).

Anmerkungen zu 2.2., S. 67 - 76

1.   Immanuel Kant, Kr.d.r.V., A 51/B 75.
2.   Siehe 1.7 (1897).
3.   5.250 (1868).
4.   Von Peirce's - nach eigenen Angaben - intensiver Beschäftigung mit Kant leitet sich wahrscheinlich seine genetische Entfaltung der Zeichentheorie her: "After a series of inquiries, I came to see that Kant ought not to have confined himself to divisions of propositions, or 'judgements', as the Germans confuse the subject by calling them, but ought to have taken account of all elementary and significant differences of form among signs in all sorts, ..." (1.561; 1905). Zudem siehe z.B. Thomas A. Sebeok, Theorie und Geschichte der Semiotik, Frankfurt a. M. 1979, 11.
5.   Vgl. mit **SPP**, 55/5.284 (1868).
6.   **SPP**, 31/5.252 (1868). Beachte auch 4.6 (1906; Übers. v. mir): "... Denken geschieht immer in der Form eines Dialogs - eines Dialogs zwischen verschiedenen Phasen des ego - so daß es aufgrund seiner dialogischen Natur wesentlich aus Zeichen zusammengesetzt ist ... ."
7.   Thomas Hobbes, Leviathan, Neuwied/Berlin 1966, 22.
8.   Immanuel Kant, Kr.d.r.V., A 138/B 177.
9.   Ebd., A 146/B 185.
10.   Literaturhinweise:
   a) Eugenio Coseriu, Die Geschichte der Sprachphilosophie von der Antike bis zur

Gegenwart - Eine Übersicht, 2 Bde., Tübingen 1970/1972.
b) Elisabeth Walther, Allgemeine Zeichenlehre - Einführung in die Grundlagen der Semiotik, Stuttgart 1974, bes. 9-43.
c) Klaus Oehler, Idee und Grundriß der Peirce'schen Semiotik, (1979) 1, 9-22, bes. 9f.

11. 2.228 (1897) ≅ Übers. v. mir; vgl. **PLZ**, 64.
12. Siehe 2.308 (Datum unbek.). In Anlehnung an das Beispiel der Spracherlernung des Menschen bei Johann Gottfried Herder (Abhandlungen über den Ursprung der Sprache, Stuttgart 1979, 32-34; Stichwort: "Das Blöckende") fungiert die Peirce'sche Semiotik nicht, wie von Gottfried Seebaß (Das Problem von Sprache und Denken, Frankfurt a. M. 1981, 31f., Anm. 14) beschrieben, als ein "Anzeigeverhältnis einer natürlichen Verbindung" zwischen Zeichen und Bezeichnetem im Sinne eines zeichentheoretischen Assoziationismus. Vielmehr greift das Zeichen bei Peirce auf die erkenntnistheoretisch-analysierbare, für Denken unabdingbare, Einheit von Objekt, Zeichen und Interpretant zurück. Der Mensch, selbst ein Zeichen, wird hierbei zum Zeichenrezipienten und -produzenten eines idealistischen Grundes in der Welt. Peirce antizipiert ebenfalls in gewisser Weise Cassirer's Philosophie der symbolischen Formen (Jürgen Habermas, Erkenntnis und Interesse, a.a.O., 125, Anm. 49), wobei Whatley's Bücher "Elements of Logic" (1826) und "Elements of Rhetoric" (1828), Standardtextbücher für mehrere Generationen an englischen und amerikanischen Universitäten, mit hoher Wahrscheinlichkeit (siehe 8.41, ca. 1885; vgl. mit 2.663, 1910) einen wesentlichen Einfluß auf seine Semiotik ausübten.
13. Siehe Martin Heidegger, Sein und Zeit, Gesamtausgabe, Bd. 2, 103.
14. Vgl. hierzu z.B. Peirce's Ausführungen in 5.313 (1868) oder 7.587 (ca. 1866). So spricht Jürgen Habermas (Erkenntnis und Interesse, a.a.O., z.B. 131, 137, 176) im Zusammenhang mit der Peirce'schen Semiotik von Sprachstruktur, sprachlogisch gefaßten Realitätsbegriff, schlicht Sprachtheorie. Der Habermas'sche Ansatz der Theorie der kommunikativen Kompetenz übernimmt jedoch eine völlig anders geartete Aufgabe (in: Jürgen Habermas; Niklas Luhmann, Theorie der Gesellschaft oder Sozialtechnologie, Frankfurt a. M. 1971): Ihr Ziel ist "die Nachkonstruktion des Regelsystems, nach dem wir Situationen möglicher Rede überhaupt hervorbringen oder generieren" (ebd., 102). Dabei unterscheidet er die Ebene der Intersubjektivität (Sprecher-Hörer) und die der Gegenstände, über die sie sich verständigen (ebd., 105). Gemäß diesen dialogkonstituierenden Universalien (ebd., 110) suchen wir die diskursive Verständigung (ebd., 115) in der, parallel zu unterstellenden, idealen Sprechsituation (ebd., 122) zu erreichen. (Vgl. auch mit Jürgen Habermas, Theorie des kommunikativen Handelns, Bd. 1, Frankfurt a. M. 1981, 163). Korrekterweise muß abschließend vermerkt werden, daß Peirce dem Terminus "Universe of Diskurse" - der von De Morgan 1846 eingeführt wurde - lange vor J. Habermas nachstehenden Bedeutungsgehalt eines "Diskursuniversums" zuweist: "In every proposition the circumstances of its enunciation show that it refers to some collection of individuals or of possibilities, which cannot be adequately described, but can only be indicated as something familiar to both speaker and auditor. At one time it may be physical universe, at another it may be the imaginary 'world' of some play or novel, at another a range of possibilities" (2.536; 1901). Vgl. 2.323 (1902), 2.339 (1895) und **PLZ**, 84f.
15. Franz Brentano, Die Lehre vom richtigen Urteil, Bern 1956, 35.
16. Ebd., 26.
17. **SPP**, 54/5.283 (1868).
18. Vgl. z.B. 5.484 (1907) und 2.274 (1902).
19. Die Zeigefunktion des Zeichens z.B. bei M. Heidegger verweist lediglich auf das Zuhandensein einer Zeugganzheit, stellt für Peirce aber eine Einbahn-straße für die Wirkmöglichkeit menschlichen Denkens dar. Siehe hierzu Martin Heidegger, Sein und Zeit, Gesamtausgabe, Bd. 2., 110f.
20. René Descartes, Discours de la Méthode, Dritter Teil, 4.
21. Vorab eine knappe, wiewohl prägnante, Erläuterung der Kategorien "Firstness", "Secondness", "Thirdness" (8.328; 12.10. 1904):
"Firstness is the mode of being of that which is such as it is, positively and without reference to anything else.
Secondness is the mode of being of that which is such as it is, with respect to a second but regardless of any third.
Thirdness is the mode of being of that which is such as it is, in bringing a second and third into relation to each other."
22. Elisabeth Walther, Die Begründung der Zeichentheorie bei Charles Sanders Peirce,

in: Grundlagen aus Kybernetik und Geisteswissenschaft, (1962) 3, 36. Siehe hierzu auch 8.332 (12.10 1904), 8.177-185 (undat.). Zur Unterscheidung des unmittelbaren, dynamischen und endgültigen Interpretanten siehe z.B. 8.315 (01.04. 1909).

23. Vgl. mit PLZ, 64-98 und den alternativen Versionen zu Index, Symbol und Dicizeichen, ebd., 156-161.
24. Siehe 2.254-263 (1903); vgl. mit 8.341 (12.10. 1903). Von den zehn einzelnen Zeichenklassen leitet Peirce zehn Beziehungen hinsichtlich Zeichen-selbst, Objekt und Interpretant ab (siehe 8.344; 12.10. 1903). Zu der dort vorgenommenen Aufteilung des Objekts in unmittelbares und dynamisches siehe 8.343.
25. Elisabeth Walther, Allgemeine Zeichenlehre, a.a.O., 95; die dazugehörigen, näheren Erläuterungen, ebd., 95-103.
26. Siehe den Versuch einer schematisierten Einteilung in 66 Zeichenklassen bei Arthur Burks; Paul Weiss, Peirce's Sixty-Six Signs, in: The Journal of Philosophy, XLII (1945), 388. Eine solche Komplizierung wird ausschließlich durch Ziffern als Platzhalter für "inhaltliche" Aussagefunktionen gewährleistet, was lediglich zu einer analytisch-"mathematischen" Darstellung von Relationen, nicht zu einer semiotischen Sinnklärung führt.
27. Übers. v. mir ≅ 8.343 (12.10. 1903).
28. Siehe 5.488 (1907).
29. Übers. v. mir ≅ 7.526 (undat.).
30. Siehe z.B. 5.314 (1868).
31. Übers. v. mir ≅ 5.6 (1905).
32. Siehe z.B. Johann Gottfried Herder, Abhandlungen über den Ursprung der Sprache, a.a.O., 33.
33. Aus der Sicht der Sprachwissenschaft führt folgerichtig Benjamin Lee Whorf sein "linguistisches Relativitätsprinzip" ein, "das besagt, daß nicht alle Beobachter durch die gleichen physikalischen Sachverhalte zu einem gleichen Weltbild geführt werden, es sei denn, ihre linguistischen Hintergründe sind ähnlich oder können in irgendeiner Weise auf einen gemeinsamen Nenner gebracht werden (be calibrated)" (ders.; Sprache, Denken, Wirklichkeit; Reinbek 1979, 12).
34. Siehe hierzu Alfred J. Ayer, The Origin of Pragmatism, San Francisco/Cal. 1968, 146f. und 2.292 (1902): "All words, sentences, books, and other conventional (Herv. v. mir) signs are Symbols."
35. Siehe Tafel 1., S. 72 dieser Arbeit.
36. Peirce transformierte im voraus Wittgenstein's spätere, berühmte Privatsprachen-Argumentation auf die Metaebene des Erkennens qua Denken in Zeichen. Siehe Ludwig Wittgenstein, Philosophische Untersuchungen, § 243-313.
37. Übers. v. mir ≅ 2.92 (1902).
38. Übers. v. mir ≅ 5.253 (1868).
39. Siehe z.B. 5.254-258 (1868) oder 5.310ff. (1868).
40. Klaus Oehler, Idee und Grundriß der Peirceschen Semiotik, a.a.O., 18.
41. SPP, 32/5.255f. (1868).
42. Geschickterweise siedelt Peirce den vermeintlichen Begriff des "absolut Unerkennbaren" auf der Ebene der Erfahrung an, die seine Semiotik in späteren Jahren gerade transzendieren will: "Andererseits sind alle unsere Begriffe durch Abstraktionen und Kombinationen von Erkenntnissen gewonnen worden, die zuerst in Erfahrungsurteilen vorkamen. Entsprechend kann es keinen Begriff des absolut Unerkennbaren geben, da nichts dieser Art in der Erfahrung vorkommt" (SPP, 32/5.225; 1868).
43. SPP, 75/5.310 (1868).
44. Übers. v. mir ≅ 8.327.

Anmerkungen zu 2.3., S. 77 - 84

1. SPP, 134/8.38 (1871).
2. 5.312 (1868) ≅ 77.
3. Vgl. 5.312 (1868), 1.27 (1909), 1.165 (1897), 4.1 (1906), 4.35 (1893); siehe hierzu auch Thomas A. Goudge, The Thougth of C.S. Peirce, New York 1969, 96.
4. Siehe 8.258 (07.03. 1904), auch 7.339ff. (1873).

5. Übers. v. mir ≙ 1.20.
6. Welche Relevanz hat jedoch für Peirce die Bezeichnung **scholastischer** Realist, die er wiederholt erwähnt (vgl. 5.48, 5.101, 5.312, 5.423, 5.453, 5.503, 5.527) ? Scholastik (schola=Schule) kennzeichnet ja nichts anderes als die philosophisch-theologische Denk- und Lehrweise der christlichen Schulen des Mittelalters, welche sowohl die scholastische Methode (sic et non) in Verbindung mit der Besinnung auf Eigenwert und Eigenleistung des Verstandes - die bei Peirce ansatzweise in den frühen Aufsätzen zu erkennen ist - ausgebildet hat, als auch die Entfachung des Universalienstreits, zu dem er eindeutig pro Realismus Stellung bezieht. Eine derartige Explikation vermag allerdings kaum den Sinn jener Selbstcharakterisierung näher in den Griff zu bekommen. Er selbst schreibt die weitgehendste Erläuterung in den Pragmatismus-Vorlesungen 1903 nieder: "Eine ganze Reihe von Denkern nennen sich selbst Aristoteliker, sogar die Hegelianer, auf Grund besonderer Übereinstimmungen. Keine moderne Philosophie (oder sehr wenige) hat ein wirkliches Recht auf diesen Titel. Ich möchte mich selbst einen Aristoteliker des scholastischen Flügels nennen, dem Scotismus nahe, aber viel weiter in der Richtung des scholastischen Realismus gehend" (**PV**, 99, Anm. f, i ii iii/5.77, Anm. f, i ii iii).
7. Eine Bestimmung ist durch die Kontinuität des Erkenntnisprozesses kraft Eingebettetheit im Zeitkontinuum und die 1877 entwickelte - noch zu behandelnde - "doubt-belief-theory" unmöglich.
8. Siehe 5.353 (1868); vgl. mit 5.342-345 (1868) und dem "Windzug"-Exempel in Abgrenzung gegenüber G.W. Leibniz wie M. du Pervon (**PLZ**, 167f.).
9. Siehe Immanuel Kant, Kr.d.r.V., B XVII.
10. **SPP**, 118/8.15 (1871).
11. 8.12 (1871) ≙ **SPP**, 113. Vgl. auch mit analogen Aussagen in 5.405, 5.430, 5.525, 5.565, 6.327, 6.349, 6.495 und **PLZ**, 60.
12. **SPP**, 76/5.311 (1868). Vgl. mit 5.354f. und 2.654f. (1878). Im selben Artikel "Einige Konsequenzen aus vier Unvermögen" deutet er bereits mit der Bemerkung "Gemeinschaft der Philosophierenden" (5.264) sein Denkresultat der "unendlichen Forschergemeinschaft" an.
13. Siehe 5.356 (1868/69).
14. Übers. v. mir ≙ 8.113 (1890). Diese "theory of reality" entwickelt Peirce in allen nachfolgenden Schriften konsequent weiter. Vgl. 5.316 (1868), 5.354ff. (1869), 8.12 (1871), 5.405ff. (1878). K.-O. Apel führt hierzu aus: "Dabei wird immer deutlicher, daß es sich hier nicht um eine idealistische Theorie, sondern um einen neuen Weg diesseits von Idealismus und - dogmatisch metaphysischem - Realismus handelt, den man m.E. als den Ansatz des sinnkritischen Realismus bezeichnen sollte" (**DCSP**, 57).
15. Der "Natur" der Realität im allgemeinen korrespondiert die Realität des Geistes ("mind") zum Zwecke des Erkenntnisprozesses hinsichtlich Realität. Mittels des Prinzips von Peirce - das absolut Unerkennbare existiert nicht - schließt er, daß der Verstand ("mind"; hier als Funktionsbegriff gebraucht) selbst ein entwicklungsfähiges Zeichen ist. Illustriert gemäß dem korrelativen, qualitativ-anwachsenden, informationstheoretischen Implikationszusammenhang Mensch-Wort, begnügt er sich festzustellen, "daß es kein Element des menschlichen Bewußtseins gibt, dem nicht etwas im Wort entspricht; und der Grund dafür ist augenfällig. Es ist der, daß das Wort oder Zeichen, das der Mensch gebraucht, der Mensch selbst <u>ist</u>. ... So ist meine Sprache die Gesamtsumme meiner selbst, denn der Mensch ist das Denken. ... Nun ist der Organismus bloß ein Instrument des Denkens. Die Identität eines Menschen jedoch besteht in der Konsistenz von dem, was er tut und denkt, und Konsistenz ist der intellektuelle Charakter eines Dings, d.h. das Faktum, daß es etwas ausdrückt. ... Der Mensch als Individuum ist, da seine abgesonderte Existenz sich nur in Unwissenheit und Irrtum manifestiert, soweit er überhaupt etwas ohne seine Mitmenschen ist und von dem gesehen, was er und sie sein sollen, nur eine Negation. Das ist der Mensch

'... der stolze Mensch,
Vergessend, was am mind'sten zu bezweifeln,
Sein gläsern Element.'" (**SPP**, 79f./5.314-316; 1868).

16. **SPP**, 135/8.38 (1871). Aus jenem theoretischen und praktischen Wirkkonnex entsteht bei Gerd Wartenberg (a.a.O., 20f.) die Argumentationsmatrix des "Logischen Sozialismus" für jegliche "moderne" Peirce-Interpretation.
17. Siehe 5.311 (1868).
18. **SPP**, 100/5.352 (1869). Vgl. ebenso die Ausführungen von K.-O. Apel zur Ermöglichung der Sinndefinition der Realität (**DCSP**, 59f., Anm. 90).

19. Siehe 5.502 (1905).
20. Nicht von ungefähr kann Johann Gottlieb Fichte's zentrales Argument gegen die Interpretation der Realität als "Ansich" wie folgt resümiert werden: Das sich produzierende Ich produziert auch das Sein des Gegenstandes, weil jeder Gegenstand nur als produzierter "für" das Ich ist. Ein vollzugsunabhängiger Gegenstand kann nicht gedacht werden, da Denken selbst Vollzug ist. Peirce teilt diese Beweisführung Fichte's unter der Restriktion, daß jene angesprochene Gewichtung des Ich eine zu starke Reduktion auf die Kategorie Drittheit (Interpretant) bedeuten würde.
21. **SPP**, 118/8.16 (1871). Siehe hierzu besonders 5.525 (1905) in der Peirce zum wiederholten Male die kantische Ding-an-sich-Anschauung attackiert und eine neue Variante - pragmatizistischer Prägung - der bekannten Argumentation zur Ablehnung der Existenzmöglichkeit des Ding-an-sich in die Diskussion wirft.
22. 8.12 (1871) ≅ **SPP**, 114.
23. 8.16 (1871) ≅ **SPP**, 119. Zur "Lehre der unmittelbaren Wahrnehmung siehe die erläuternden Bemerkungen von K.-O. Apel (**SPP**, 136f., Anm. 8).
24. Siehe Immanuel Kant, Kr.d.r.V., B 274ff.
25. George Berkeley, Eine Abhandlung über die Prinzipien der menschlichen Erkenntnis, § 3.
26. Siehe ebd., § 29.
27. Immanuel Kant, Kr.d.r.V., B XXXIX, Anm.
28. Ebd., B 275.
29. Martin Heidegger, Sein und Zeit, Gesamtausg., Bd. 2, 272.
30. Übers. v. mir ≅ 6.95 (1903). Vgl. mit 6.108 (1892).
31. Vgl. z.B. 5.245 (1868), 8.30 (1871), 5.487 (1907), 5.493, 5.339 (ca. 1902). Martin Heidegger entwickelt in seinem, im Frühjahr 1927 publizierten, Buch "Sein und Zeit" einen ähnlichen Gedankengang, der freilich auf die Grundverfassung des "Subjekts", des Daseins, als in-der-Welt-sein abzielt (vgl. ebd., 83ff.).
32. **SPP**, 113/8.12 (1871).
33. Siehe hierzu den Kritikansatz von Jürgen Habermas: "Wir werden durch die konkreten sinnlichen Erscheinungen auf das existierende Allgemeine 'gebracht'. Unversehens erläutern ontologische Aussagen über die Verfassung der Realität den Vermittlungsprozeß, durch den wir Realität erkennen, während doch dieser Begriff der Realität zunächst nur als Korrelat eines Forschungsprozesses eingeführt worden war, welcher die kumulative Gewinnung definitv geltender Aussagen verbürgte. Sobald wir uns dieses Ausgangspunktes erinnern, ist der Universalienrealismus Peirce'scher Prägung als die <u>Ontologisierung</u> einer ursprünglich <u>methodologischen Frage</u> zu durchschauen" (ders., Erkenntnis und Interesse, a.a.O., 140).
34. **SPP**, 118/8.14 (1871).
35. Siehe auch 5.299 (1868).
36. Siehe Murray G. Murphey, a.a.O., 132.
37. **SPP**, 118/8.14 (1871).
38. Siehe Max Scheler, Die Wissensformen der Gesellschaft, Gesammelte Werke, Bd. 8, 200-211.
39. Ebd., 222; siehe auch 236.
40. Siehe z.B. 5.453 (1905), 5.470 (ca. 1906), 5.503 (1905).
41. Siehe 8.8 (1871), 8.31 (1871), 8.33, 8.38.

Anmerkungen zu 2.4., S. 85 - 105

1. Ludwig Wittgenstein, Tractatus logico-philosophicus, Satz 4.111 und 4.112.
2. Ich beziehe mich auf die Aussagen in der Logik von 1873 (besonders 7.313-326), welche die maßgeblichen Gedanken des Artikels "The Fixation of Belief" von 1877 (besonders 5.377-387) vorwegnehmen.
3. Diesen Teil nennt Peirce oft "Critical Logic" oder einfach "critic", der sich wiederum in deduktive und synthetische Schlüsse unterteilt.
4. Übers. v. mir ≅ 1.444 (1896).
5. Siehe 2.792-807; Memoranda Concerning the Aristotelian Syllogism, privately printed and "distributed at the Lowell Institute, Nov. 1866".

6. Siehe Immanuel Kant, Kr.d.r.V., B VIIIf. und das "Gesetz der Spezifikation" (ebd., A 656/B 684).
7. Siehe 5.178 (1903); Peirce entwickelt ebenfalls die Relationenlogik mit und stellt fest, daß Dedekind in seiner Broschüre "Was sind und was sollen die Zahlen?" Peirce's eigene Arbeit, veröffentlicht im "American Journal of Mathematics", "neu" gestaltet wiedergibt (siehe 5.178 und **PV**, 305f., Anm. 113).
8. Siehe z.B. 7.326 (1873).
9. Siehe z.B. 5.267 (1868).
10. Siehe 5.546 (1908); gemäß der Semiotik verkörpert der Verstand ein Zeichen, das sich entsprechend den Gesetzen des Schlußfolgerns, denn das folgende Urteil gilt ja als Zeichen für das nachfolgende, weiterentwickelt (5.307 u. 5.313; 1868); vgl. Jürgen Habermas, Erkenntnis und Interesse, a.a.O., 124f.
11. Siehe 5.318 (1869).
12. 5.279 (1868) ≅ Übers. v. mir; vgl. mit 5.265 (Punkt 4.1.); 5.266f.
13. Desgleichen zählt sich Karl Raimund Popper ausdrücklich im Anschluß an Peirce zu den Fallibilisten (ders., Conjectures and Refutations, New York/Evanston, 228).
14. Siehe z.B. 2.654 (1868).
15. Zur Erklärung des Begriffs siehe 2.469, Anm. 2 (1869; mit Hinzufügungen und Korrekturen von 1893).
16. Siehe 2.173f. (1902).
17. Siehe **SPP**, 119/8.16 (1871).
18. Siehe 5.268 (1868).
19. **SPP**, 419/5.212 (1903).
20. Übers. v. mir ≅ 1.141 (1897).
21. Das Fragment findet sich zitiert in Murray G. Murphey, a.a.O., 56.
22. Siehe 2.100 (1902); 2.664 (1910).
23. Siehe 5.278 (1868).
24. Siehe 5.279.
25. Siehe 5.298.
26. Siehe 5.179 (1903).
27. Siehe z.B. 5.176 (1903); 2.623 (1878).
28. Übers. v. mir ≅ 2.442 (1893). Zu dieser Stelle muß die "doubt-belief-theory" auf S. 108 dieser Arbeit.
29. **SPP**, 97/5.348 (1869).
30. Ebd., 232/2.623 (1878); vgl. mit der schematischen Darstellung von Peirce in Gegenüberstellung zu K.R. Popper durch Christiane Chauviré, Pour en finir avec l'Idée d'une Logique de la Découverte, in: Revue Philosophique, (1981) 4, 451. Siehe ebenfalls die herausragende philosophiegeschichtliche Herleitung und Sinnklärung der Termini "Deduktion", "Induktion" und "Abduktion" von Ch.S. Peirce, in: **PLZ**, 89-95. Außerdem ist er sich bewußt, daß er gegen die Aristotelische Logik verstößt. Beachte daher seine Erklärung in der folgenden Anm. 32!
31. **SPP**, 230/2.620 (1878).
32. Infolge der, für Peirce, immensen Abgrenzungsschwierigkeiten von Induktion gegenüber Hypothese schreibt er ca. 1910: "Only in almost everything I printed before the beginning of this century I more or less mixed up Hypothesis and Induction ..." (8.227). Dieses Bekenntnis zieht eine Dreiteilung der Induction in "crude induction" (2.757; 1905), "quantitative induction" (6.526, 1901; das Dechiffrierungs-Beispiel in 5.273 - das 1868 zuerst als Hypothese bezeichnet wird - verdeutlicht die Präzisierung) und "qualitative induction" (2.759, 1905; er spricht auch von ihr als der "abductory induction" - 6.526; 1901 - und deutet hiermit an, daß die "qualitative induction" mit der unter Punkt 3 beschriebenen Hypothese komparabel ist, die er nach 1900 mit den Termini "Abduction" oder "Retroduction" bezeichnen wird) nach sich.
33. **SPP**, 48/5.275 (1868); vgl. mit 2.101 (1902).
34. Siehe 2.726 (1883).
35. Thomas A. Goudge, a.a.O., 171 bietet eine hervorragende Zusammenfassung über die argumentativen Verästelungen im Zusammenhang mit "Wahrscheinlichkeit".
36. "Wenn ich sage, daß ich mit induktivem Schließen ein Verfahren experimenteller Forschung meine, verstehe ich das Experiment nicht in dem engen Sinn einer Operation, mit der man die Bedingungen eines Phänomens fast so, wie es einem gefällt, verändert" (**PV**, 221/5.165; 1903). Ergo besteht Induktion darin, "daß man mit einer Theorie beginnt, daraus Voraussagen der Phänomene ableitet und diese Phänomene dann beobachtet, um zu sehen, wie genau sie mit

der Theorie übereinstimmen" (Ebd., 225/5.170).
37. PV, 223/5.169 (1903).
38. Siehe 2.101 (1902).
39. Siehe z.B. 2.632 (1878).
40. SPP, 48f./5.276 (1868).
41. Die Anm. 5 (SPP, 81-83) belegt in extenso Peirce's hervorragende historische Aufarbeitung des Terminus "Hypothese" von Aristoteles bis F.E. Beneke, die schlaglichtartig als Hinweis vom mir auf dessen akkurate Arbeitsweise dienen soll.
42. SPP, 240/2.636 (1878); vgl. ebd., 245/2.640. Die besagte Differenz ermöglicht eine Klassifikation der Wissenschaften (1.180-283; 1903) ihrer Techniken nach (siehe ebd., 248/2.644).
43. Siehe z.B. 2.625 und 2.642f.
44. Siehe z.B. 5.276 (1868) und 2.643.
45. Siehe z.B. 5.171 (1903) und 5.186.
46. "Presumption, or more precisely, abduction (which the present writer believes to have been what Aristotle's twenty-fifth chapter of the second Prior Analytics imperfectly described under the name of ἀπαγωγή, until Apellicon substituted a single wrong word and thus disturbed the sense of the whole), furnishes the reasoner with the problematic theory which induction verifies" (2.776; um 1900).
47. PV, 253f./5.189 (1903).
48. Vgl. mit 5.171 (1903), 5.590 (1903), 1.68 (1896), 2.755 (1905), 2.775 (um 1900), 2.777, 5.145 (1903).
49. Siehe 2.717 (1883), 2.776 und 2.640.
50. Diese geschieht mittels der dritten Schleifsteinthese, die lautet, "daß abduktives Schließen allmählich, ohne scharfe Trennungslinie, in ein Wahrnehmungsurteil übergeht" (PV, 243/5.181). Die abduktive Vermutung präsentiert sich in dem zitierten Passus als ein blitzartiger, unkontrollierter Akt der Einsicht ("insight"), der den Verdacht einer, 1868 vehement abgelehnten, Intuition, die durchs "Hintertürchen" wieder eingeführt wird, bei mir aufkeimen läßt.
51. Siehe 5.196 (1903).
52. PV, 227/5.171.
53. DCSP, 76.
54. Siehe auch Jürgen Habermas, Erkenntnis und Interesse, a.a.O., 175-178.
55. Siehe 2.693 (1878).
56. SPP, 94/5.343 (1869).
57. Siehe 5.341 (1869).
58. Siehe hierzu das Beispiel in 5.174 (1903).
59. Siehe die Beeinflussung durch Chauncy Wright in der Periode des "Metaphysical Club", S. 37 dieser Arbeit.
60. Walter B. Gallie, The Metaphysics of Ch.S. Peirce, in: Proceedings of the Aristotelian Society, XLVII (1947), 30f. zeigt umfassend die divergierenden Bedeutungen des Peirce'schen Begriffs "Metaphysik" auf. Aus dieser Zusammenstellung könnte der Eindruck erweckt werden, Peirce wollte die Metaphysik als unnützen Teil der Philosophie "über Bord werfen". Ihm geht es jedoch nur darum, die traditionelle zu verbessern, d.h. Metaphysik als bewußten, hypothetisch-"experimentierenden", heuristischen Stil der Spekulation, für eine Erkenntnisgewinnung in der Philosophie unabdingbar, modifiziert zu erhalten.
61. SPP, 288/6.36 (1892). Peirce verweist darauf, daß diese, von ihren Vertretern als durchgängig in der Geschichte bezeichnete, Lehre sehr wohl bereits in der griechischen Philosophie ihre bedeutenden Gegner in Epikur und besonders Aristoteles fand.
62. Siehe das "Schachbrett"-Beispiel in 5.342 (1869).
63. "Ein Mann in China hat eine Kuh gekauft, drei Tage und fünf Minuten nachdem ein Grönländer geniest hatte. Hängt dieser abstrakte Sachverhalt mit irgendeiner beliebigen Regelmäßigkeit zusammen?" (SPP, 92/5.342; 1869). Vgl. diesen und die folgenden Gedankengänge mit Immanuel Kant's "dritter Antinomie" und "der Auflösung der kosmologischen Idee von der Totalität der Ableitung der Weltbegebenheiten aus ihren Ursachen", in: ders., Kr.d.r.V., A 444/B 472ff. und A 532/B 560ff.
64. Siehe 5.345 (1869).
65. Siehe ebd., Anm. 1 u. 2.
66. SPP, 99/5.352 (1869).
67. Ebd., 294/6.41 (1892).

68. Siehe hierzu die kritische Anm. 11 in: **SPP**, 311. Letztlich stellt die Aufstellung eines derartigen Postulats für Peirce nichts anderes als ein A-priori-Argument im Sinne der, im folgenden Kapitel abzuhandelnden, "Fixation of Belief" dar.
69. Siehe S. 19 dieser Arbeit; auch **SPP**, 311, Anm. 15.
70. Vgl. hierzu ebenfalls 6.47 (1892).
71. Karl Britton, Introduction to the Metaphysics and Theology of C.S. Peirce, in: Ethics, XLIX (1938/39), 446-448 weist in sechs Punkten übersichtlich die Spezifikation der Peirce'schen Lehre vom Zufall aus.
72. Siehe 6.54-56 (1892).
73. Siehe den Hinweis in **DCSP**, 217 u. 273, Anm. 94 zur Verbindung mit Marx, Engels, Schelling, Hegel und B. Croce.
74. Siehe 6.11f. (1891). Peirce's Annahme, daß sich die Atome in mehr als drei Dimensionen bewegen. Dies nimmt mögliche Schlüsse aus der späteren Quantentheorie vorweg.
75. Siehe 6.13 (1891). In diesem Zusammenhang bezeichnet K.-O. Apel (**DCSP**, 273) die Peirce'sche Einlassung als eine "These des Indeterminismus". Es darf jedoch im Blick auf die Theorie der Evolution von bereits vorhandener Regelmäßigkeit im Universum - im Zusammenhang mit dem Element des absoluten Zufalls - nicht von Determiniertheit oder von Indeterminiertheit gesprochen werden, da das vermeintlich Indeterminierte bei Peirce immer schon "ein bißchen" regularisiert ist, um erkannt werden zu können, das Determinierte freilich als Zustandsaussage wohl nie erreicht wird, weil dies jede neue Erkenntnis verhindern würde.
76. Siehe S. 35 dieser Arbeit.
77. Herbert Spencer bezeichnet er lediglich als einen Halbevolutionisten resp. Semi-Spencerianer. Siehe 6.14 (1891).
78. Vgl. mit 1.174 (1897).
79. **SPP**, 304/6.58 (1892); ebd.: "Tod und Verderben sind bloß akzidentielle oder sekundäre Probleme." Aus dem heutigen Blickwinkel möglicher Tötbarkeit allen Lebens - qua eigenen Willen - eines winzigen Teils des Kosmos's (siehe hierzu z.B. Günther Anders, Die Antiquiertheit des Menschen, Bd. 1, München 1956, 232-308) ergibt sich zuerst eine makabre Sichtweise von Peirce. Die moralisch-ethische Komponente dieser obigen Aussage wird allerdings partiell, jedoch nicht im Kernpunkt, durch die Verbindung Logik-Ethik eingeholt.
80. Siehe 6.59 (1892).
81. **SPP**, 305/6.60 (1892).
82. Vgl. 6.272-286 (1893) und 4.611 (18.07. 1908).
83. **SPP**, 307/6.61.
84. Siehe z.B. 7.514 (1898).
85. In 6.27 (1891) zeigt Peirce seine drei Verständnismöglichkeiten der Entwicklung des Universums auf, bevor er seine kosmogonische Spekulation dem Leser darlegt. Beachte dazu besonders die kritische Auseinandersetzung mit Peirce's Kosmogonie von Bernard Suits, Doubts about Peirce's Cosmology, in: **TCSP**, XV (1979), bes. 312f. u. 320f.
86. Vgl. 6.215-221 (1898), 6.265 (1892), 6.490 (1908), 6.612f. (1893).
87. Siehe 5.77ff. (1903).
88. **SPP**, 285/6.33 (1891).
89. Siehe 7.58 (1902).
90. Zu diesem Gedankengang siehe S. 42 dieser Arbeit.
91. Siehe 1.611-615 (1903), 2.116 (1900) und 5.433 (1905).
92. Zu der eigentümlichen Verbindung Logik-Ethik siehe Parallelen bei Ludwig Wittgenstein, Tractatus logico-philosophicus, Satz 6.41, 6.42, 6.421:
"Der Sinn der Welt muß außerhalb ihrer liegen. In der Welt ist alles wie es ist und geschieht alles wie es geschieht; es gibt _in_ ihr keinen Wert - und wenn es ihn gäbe, so hätte er keinen Wert.
Wenn es einen Wert gibt, der Wert hat, so muß er außerhalb alles Geschehens und So-Seins liegen. Denn alles Geschehen und So-Sein ist zufällig.
Was es nicht zufällig macht, kann nicht _in_ der Welt liegen; denn sonst wäre dies wieder zufällig.
Es muß außerhalb der Welt liegen.
Darum kann es auch keine Sätze der Ethik geben. Sätze können nichts Höheres ausdrücken.
Es ist klar, daß sich die Ethik nicht aussprechen läßt.
Die Ethik ist transcendental.
(Ethik und Ästhetik sind Eins.)"

Das Verweisen der **Ethik** in eine "transcendentale", "außerhalb" der Welt liegende Sphäre, kollidiert mit der **Logik** - die keine Lehre ist, "sondern ein Spiegelbild der Welt" (ebd., Satz 6.13) - im Gedanken der ebenfalls "transcendental" anzusetzenden Logik (ebd.). Die von Wittgenstein absichtsvoll entfaltete Zweidimensionalität seines "transcendentalen" (im Sinne des lat. transcendere) Gedankens schlägt sich im "Beschreiben"-Können des Gerüsts der Welt mittels logischen Sätzen (ebd., Satz 6.124) und dem Nicht-befähigt-sein zum Aussprechen der Sätze der Logik nieder, da diese außerhalb der Welt liegt und es somit keine Sätze derselben gibt. Infolgedessen ist Wittgenstein imstande, die für ihn bewiesene Nicht-in-Beziehung-Setzbarkeit von Logik und Ethik, obgleich beide "transcendental" sind, zu denken und -schriftlich - "auszusagen", weshalb sie unweigerlich eine, seine, Sichtweise des Zusammenhangs Logik-Ethik, der ja für ihn keiner sein darf, widerspiegelt. Demgegenüber resultiert für die Betrachtung der philosophischen Reflexion von Ch.S. Peirce eine nicht-parallele (inhaltliche) Parallelität hinsichtlich der bei ihm in-Wechselbeziehung-stehenden Logik und Ethik mit L. Wittgenstein, indem beide Philosophen, zwar differente Positionen über die Relation Logik-Ethik vertreten, jedoch überhaupt so etwas wie die Möglichkeit einer "Beziehung" beider - wenn es sich auch im Verlauf als keine entpuppt - in ihren Denkzusammenhang einbringen.

Die Überlegung von Peirce lautet: "Ethik, oder die Wissenschaft vom Richtigen und Falschen, muß die Ästhetik bemühen, um das summum bonum bestimmen zu können. Sie ist die Theorie des selbstkontrollierten oder überlegten Handelns. Logik ist die Theorie des selbstkontrollierten oder überlegten Denkens und muß sich als solche in ihren Prinzipien auf die Ethik stützen" (**PLZ**, 41f.).

Vermittels der Gegenüberstellung von Ch.S. Peirce und L. Wittgenstein soll freilich - zunächst - keine "Entscheidung" im Blick auf die "Thesen" des einen wie anderen gefordert werden, wiewohl sich dennoch u.a. die Fragen stellen: Warum ist Wittgenstein indes fähig, den Begriff "Ethik" in den Grenzen seiner Sprach-Denkwelt zu gebrauchen - abgesehen aufgrund des Transcendentalitätscharakters -, wenn dessen Sinn außerhalb der Welt liegt? Wird hier Ethik nicht zu einem "entleerten" Begriff, - zumal er als "leerer" Begriff - nach Peirce - gar nicht aussprechbar bzw. schreibbar wäre?

93. Siehe 2.653 (1878).
94. Mit jener Äußerung wird Peirce für K.-O. Apel (**DCSP**, 103) ein Anti-Kierkegaard. Zudem darf ich eindringlich darauf verweisen, daß die faktische Erreichbarkeit der "final opinion", gemäß dem Prinzip "Hoffnung", nichts mit deren eventueller Richtigkeit zu tun hat.
95. **SPP**, 103/5.35 (1869). Der Terminus "Erfolg" ("success") ist - belegt mittels der bisherigen Ausführungen in diesem Kapitel - nicht im vulgärpragmatischen Sinne, sondern als quasi-transzendentales Interesse des Einzelnen zu verstehen.
96. Siehe z.B. 5.354f (1869), 2.654 (1878) und Gerd Wartenberg, a.a.O., 22-24.
97. Siehe z.B. 6.610 (1893).
98. Siehe 6.287-317 (1893).
99. Siehe 1.13f. (1897), 1.55 (1896), 1.127 (1905).
100. Siehe 1.576.
101. Übers. v. mir ≙ 1.49 (1896).
102. Siehe 1.636 (1898).
103. **SPP**, 260f/8.44 (1885).
104. Siehe **DCSP**, 102f.
105. Siehe 2.198 (1902); Richard J. Bernstein, a.a.O., 64 und **DCSP**, 163.

Anmerkungen zu 2.5., S. 105 - 119

1. **SPP**, 172/5.387 (1877).
2. Siehe Murray G. Murphey, a.a.O., 164.
3. Übers. v. mir ≙ 1.171 (1897).
4. Siehe 5.265 (1868) sowie René Descartes, Die Prinzipien der Philosophie, I, 1 u. 7.
5. Siehe Augustinus, Fünfzehn Bücher über die Dreieinigkeit, X, 10, 14.
6. Siehe Edward H. Madden, Pragmatism and Ch. Wright, in: Philosophy and Phenomenological Research, XIV (1953), 62-71.
7. Siehe Max H. Fisch, Alexander Bain and the Genealogy of Pragmatism, in: Journal of the History of Ideas, XV (1954), 413-444, besonders hierzu 419, 420, 422, 423.

8. Siehe ebd., 424-433.
9. In **HMOIC**, 49 wird "belief mit "Fürwahrhalten" übersetzt; nicht so in **PV** und **SPP**.
10. 5.394 (1878) ≅ **SPP**, 187.
11. Siehe 5.373, Anm 1 (1878).
12. 5.372 ≅ **SPP**, 156.
13. Siehe Max H. Fisch, Alexander Bain and the Genealogy of Pragmatism, a.a.O., 420.
14. Siehe Peter Skagestad, a.a.O., 32.
15. Richard M. Martin, On Acting on a Belief, in: E.C. Moore;R.S. Robin, a.a.O., 212-225, diskutiert in der oben erwähnten Weise Roderick Chisholms Bemerkungen zum Thema der vier verschiedenen Bedeutungen von "acting upon a belief".
16. **SPP**, 156 ≅ 5.371 (1878).
17. Ebd., 190/5.397 (1878). Im Jahre 1902 (5.538-542) unterteilt er "believes" in praktische und theoretische, wobei erstere "expectacious" - seine Adjektiv-Kreation - sind, die zweiten nicht. 1905 baut Peirce des weiteren den Spannungsbogen "doubt-belief" zum Kernsatz des Pragmatismus aus: **"Dismiss make-believes"** (5.416).
18. Siehe 5.375 (1877). Für den oben erwähnten "doubt-belief-inquiry"-Prozeß gelten zur Bewußtwerdung von Gegenständen zwei Arten von Bewußtseinselementen, unmittelbares und mittelbares Bewußtsein (siehe das Musik-Beispiel, 5.395). Die Basis der "theory of inquiry" faßt Robert Almeder (The Philosophy of Ch.S. Peirce: A critical Introduction, Oxford 1980, 7) als ein biologisches Modell, vergleichbar dem Prinzip der Homöostase, auf.
19. Erst im "Critical Commonsensism" gelingt ihm eine befriedigende Vermittlung dieses Mißverhältnisses. Siehe hierzu besonders 5.440-452 (1905). Alle anderen Spielarten des Pragmatismus opfern das Idealprinzip "letzte Meinung" zugunsten der "kurzfristigen" Lebensfunktion einer Kognition.
20. Der "methodische" Gang des Denkens wird von Ch.S. Peirce auf das Kernstück gebracht: "'γίγνεσθαι γενέσθαι αδύνατν' sagt Sokrates im Theaitetos (155c): 'Kein Ding kann vorkommen, ohne einen Prozeß des Werdens durchlaufen zu haben.' Dies ist keine tiefgründige Philosophie: der Prozeß der Entwicklung ist das summum bonum. Nur darf man nicht vergessen, daß die Entwicklung der Idee ihre Reproduktion einschließt, ja, daß sie undenkbar und bedeutungslos ist, es sei denn im Rahmen einer Schöpfung. Denn Denken ist ein Prozeß, und zwar ein kreativer Prozeß" (**PLZ**, 169).
21. Übers. v. mir ≅ 2.148 (1902).
22. Siehe 5.367 (1877).
23. Übers. v. mir ≅ 7.515 (1898).
24. 6.25 (1891) ≅ **SPP**, 278. In diesem Zusammenhang bezeichnet er sich als einen Schellingianer (6.605; 1893).
25. Siehe 5.377f.
26. **SPP**, 161/5.378 (1877).
27. Siehe 5.380, Anm. 1 (1893); besonders die Reflexion zur "Organisation".
28. Siehe 5.379f.. Siehe auch Peter Skagestad, a.a.O., 34, zu seinen mehr oder minder treffenden Ausführungen zum sowjetischen Dissidentenproblem. Z.B. ist auch Franz Brentano hinsichtlich der "Methode der Beharrlichkeit" und der der "Autorität" von Peirce der gleichen Meinung, ohne freilich die Schrift "The Fixation of Belief" zu kennen. Brentano drückt dies in seinem Artikel "Miklosich über subjektlose Sätze" (1883) wie folgt aus: "Wo ein Vorurteil über Jahrtausende sich fest und fester eingewurzelt hat; wo eine Lehre selbst in die Volksschule eingedrungen ist; wo ein Satz als Fundamentalsatz betrachtet wird, auf dem vieles andere ruht und es sozusagen durch seine Schwere unverrückbar macht: da darf man nicht erwarten, daß die erbrachte Widerlegung sofort den Irrtum werde verschwinden lassen; im Gegenteil ist zu fürchten, daß man der neuen Ansicht zu viel Mißtrauen entgegenbringen werde, um ihre Gründe auch nur einer genaueren Aufmerksamkeit zu würdigen" (Franz Brentano, Psychologie vom empirischen Standpunkt, Bd. 2, Von der Klassifikation der psychischen Phänomene, Hamburg 1971, 189).
29. **SPP**, 163/5.380 (1877).
30. Ebd.
31. Ebd., 163/5.381.
32. Ebd., 164/5.381.
33. Ebd., 164/5.382.
34. Siehe 5.382, Anm. 1 bezüglich der Ausführungen zu Descartes, Kant und Hegel.
35. Siehe 5.381-383 (1877).
36. **SPP**, 166/5.384 (1877).

37. Siehe Manley Thompson, The Pragmatic Philosophy of Ch.S. Peirce, Chicago 1953, 77.
38. **SPP**, 166/5.384. Siehe ebd., 181, Anm. 37. Peter Skagestad, a.a.O., 43, verweist auf den Zusammenhang der wissenschaftlichen Methode mit der heutigen hypothetisch-deduktiven. Außerdem fordert diese eine grundsätzlich "radikale" (von lat. "radix") Haltung gegenüber ihrem Forschungsobjekt, wie sie an amerikanischen Universitäten, nach Peirce, aufgrund konservativer - Methode der Autorität und Beharrlichkeit - Lehr- und Lernstrukturen nicht gegeben ist (siehe ebd., 204).
39. Siehe 5.386 (1877).
40. Siehe 5.387 (1877).
41. Siehe Bertrand Russell, Der Pragmatismus (1909), in: Ulrich Steinvorth (Hg.), Philosophische und politische Aufsätze, Stuttgart 1971, 61-98. Ähnlich, wenn auch mit gänzlich divergierendem Zielpunkt, Harry K. Wells, a.a.O., 13.
42. Siehe 8.33 (1871). Beachte ebenso die partielle Beeinflussung durch Th. Hobbes: "respice finem! Das soll heißen: Bedenke bei all deinen Handlungen immer wieder das, was du haben möchtest, da dies das Ding ist, das alle deine Handlungen auf den Weg lenkt, auf dem es zu erreichen ist" (ders., Leviathan, a.a.O., 20). Im Zuge der Diskussion über die "Privat"-sprachen-Theorie zieht der spätere Ludwig Wittgenstein einen Teilaspekt aus der Peirce'schen Pragmatischen Maxime zur Argumentation - demonstriert anhand des berühmten "Zahnschmerzen"-Beispiels - heran: "Aber zu der privaten Vorführung brauchst du dir gar nicht Schmerzen hervorzurufen, sondern es genügt, wenn du dir sie vorstellst, ..." (ders., Philosophische Untersuchungen, § 311).
43. Siehe auch seine Erläuterungen in 5.3 (1902) anläßlich eines Artikels für J.M. Baldwin's "Dictionary of Philosophy and Psychology". Eine ähnliche Intention wie Peirce verfolgt auch Franz Brentano, wenn er schreibt: "Wir sagten, daß die Namen für die Unterscheidung der Begriffe wichtig werden können, und daraus ergibt sich die Regel, daß man keinen Namen gebrauchen sollte, ohne seine Bedeutung (oder seine Bedeutungen) genau fixiert zu haben; sonst wird die Sprache eine Quelle für Fehlschlüsse" (ders., Lehre vom richtigen Urteil, Bern 1956, 85). Zwar geht es ihm "nur" um die richtige Nominaldefinition zum sprachlich exakten Gebrauch, während Peirce mit seiner Pragmatischen Maxime auf die Erklärung des intellektuellen Bedeutungsgehalts eines Begriffs abzielt. Dennoch ähneln sich die Methoden beider, auch wenn sie eine verschiedene Zielorientierung im Auge haben: Ihr Zweck ist die präzise Bestimmung der Bedeutung eines Begriffs zur weiteren Verwendung im wissenschaftlichen Forschungsprozeß. Peirce will dabei eine Sinnanalyse des Begriffs vornehmen, Brentano aufgrund seiner Theorie der Fiktionen der Sprache eine Sprachanalyse. In der Beurteilung von Peirce irrt sich deswegen die Herausgeberin von Franz Brentano's "Lehre vom richtigen Urteil" z.B. in Anm. 43 (ebd.,312f.).
44. 5.18 (1903).
45. Übers. v. mir.
46. Siehe 5.402, Anm. 2 (1893).
47. Siehe z.B. Richard J. Bernstein, Action, Conduct and Self-Control, in: ders., Perspectives on Peirce, a.a.O., 68.
48. Siehe in 5.403 (1878) das hierfür stellvertretende, bekannte Diamanten-Beispiel. Vgl. auch das Exempel der Transsubstantiation in 5.401 und dessen Abänderungen in 5.541 (1902).
49. Bei einem Festhalten an einer solchen Anwendung wäre Peirce den späteren Anschauungen der Neopositivisten des "Wiener Kreises" sehr nahe gekommen. Siehe hierzu z.B. Peter Skagestad, a.a.O., 91.
50. Siehe 5.411 (1905). Eine absichtlich-hineininterpretierte Verkürzung des Pragmatismus auf etwaige technizistische Machbarkeitsvorstellungen - auf experimentalen Resultaten basierend - , im Sinne eines Abzielens auf ein dadurch erreichtes definites "Ende" des Kant'schen unfaßbaren "Ding-an-sich" (siehe z.B. Friedrich Engels, Ludwig Feuerbach und der Ausgang der klassischen deutschen Philosophie, Leipzig 1946, 15), würde ihre Zielorientierung verfehlen - nicht jedoch deren naturwissenschaftliche "Abfallprodukte".
51. **SPP**, 444/5.429 (1905).
52. Siehe 8.208 (ca. 1905).
53. **SPP**, 468/5.453 (1905).
54. In **PLZ**, 80, Anm., ist die folgenreiche Ausleuchtung des Denkhintergrunds von Ch.S. Peirce bezüglich dem Terminus "konditional" offenkundig nachvollziehbar.
55. Siehe 5.467 (ca. 1907).
56. **SPP**, 579/8.208 (ca. 1905). Siehe hierzu die Bemerkungen zu Martin Heidegger und und Karl Marx in **DCSP**, 138, Anm. 282.

57. Übers. v. mir ≅ 5.375 (1877).
58. Übers. v. mir ≅ 5.375, Anm. 2 (1903).
59. Siehe 5.408 (1878).
60. Übers. v. mir ≅ 7.336 (1873).
61. Siehe z.B. 5.408. Jürgen Habermas, Erkenntnis und Interesse, a.a.O., 159, übergewichtet in seiner Darstellung der drei Bedingungen der Reflexionsform "Forschung" die Anwendung der Peirce'schen Methode bezüglich des Stellenwertes im Funktionskreis "instrumentales Handeln", da weder instrumentales Handeln selbst, noch der Forschungsprozeß, Zielreflexion des Gedankengebäudes von Peirce sind.
62. Siehe z.B. 5.407.
63. Übers. v. mir ≅ 7.319 (1873).
64. Der Erwerb technisch verwertbaren Wissens bildet, entgegen Jürgen Habermas, Erkenntnis und Interesse, a.a.O., 178, bei Peirce eben nicht seinen zentralen Gedankengang.
65. Zum Stichwort "Selbstkontrolle" siehe z.B. Richard J. Bernstein, Praxis und Handeln, a.a.O., 60f.
66. 5.407 (1878) ≅ **SPP**, 205; vgl. 8.12 (1871) und 5.211 (1903); ebenso beachte **SPP**, 214, Anm. 35: "Schicksal meint bloß das, was mit Sicherheit kommt und auf keine Weise vermieden werden kann. Es ist Aberglauben anzunehmen, daß eine gewisse Art von Ereignissen immer schicksalsbedingt sei, und es ist ein anderer anzunehmen, daß das Wort Schicksal niemals von seiner abergläubischen Färbung befreit werden könne. Wir sind alle vom Schicksal dazu bestimmt zu sterben."

Anmerkungen zu 2.6., S. 119 - 136

1. Nicolai Hartmann, Der Aufbau der realen Welt, Meisenheim 1949, 25.
2. Es geht mir nicht um den Einbezug der partikulären Kategorienordnung (siehe 5.43; 1903), sondern alleinig um eine Hinarbeitung auf das Relationsgefüge Phänomen-Kategorien-"reality".
3. Siehe 5.42 (1903).
4. **PV**, 41/5.42.
5. Emil Lask, Die Logik der Philosophie und die Kategorienlehre, in: Gesammelte Schriften, Bd. 2 (hg. v. E. Herrigel), Tübingen 1923, 4.
6. **PV**, 43/5.43 (1903).
7. Aristoteles, Metaphysik, 1028b 35f.
8. Siehe ders., Kategorien, 2a.
9. Vgl. in 1.557 (1867) den adäquaten Spannungsbogen zwischen "What is - It".
10. Michael Schoenenberg, a.a.O., 14.
11. Siehe Immanuel Kant, Kr.d.r.V., B 109.
12. Siehe ebd., B 146ff.
13. G.W.F. Hegel, Enzyklopädie der philosophischen Wissenschaften III, Theorie-Werkausgabe, Bd. 10, § 467.
14. **PV**, 37/5.38 (1903).
15. H.M. Baumgartner u.a., KATEGORIE, in: Historisches Wörterbuch der Philosophie, Bd. 4, Darmstadt 1976, 735.
16. Siehe 5.91 (1903).
17. **PV**, 35/5.37 (1903). Siehe ebenso **PLZ**, 54f.: "Die Phänomenologie ist jener Zweig der Wissenschaften, der in Hegels Phänomenologie des Geistes behandelt wird (einem Werk, das viel zu fehlerhaft ist, als daß man es irgend jemand anderem als einem reifen Gelehrten empfehlen kann, obwohl es vielleicht das tiefgründigste Werk ist, das jemals geschrieben wurde). In jenem Werk versucht der Autor zu klären, was die Elemente oder, wenn man so will, Gattungen der Elemente sind, die unveränderlich in allem gegenwärtig sind, was in irgendeinem Sinne im Geist enthalten ist."
18. Nichtsdestoweniger führt die profunde Untersuchung von Herbert Spiegelberg, Husserl's and Peirce's Phenomenologies: Coincidence or Interaction, in: Philosophy and Phenomenological Research, XVII (1956) 2, 182, acht Differenzpunkte und vier grundlegende Übereinstimmungen auf. Siehe ebenso Peter Krausser, Die drei fundamentalen Strukturkategorien bei Ch.S. Peirce, in: Philosophia Naturalis, VI (1960), 8.

19. Siehe 5.53f. (1903).
20. **SPP**, 548/8.213 (ca. 1905). Siehe ebenso **PLZ**, 51f.: "In der Gesamtheit alles dessen, was sich in unserem Geist befindet - diese Gesamtheit nenne ich das Phaneron und dies ist notwendigerweise und mit Absicht ein vager Terminus -, können wir eine Vielfalt von Bestandteilen erkennen, und wir stellen auch fest, daß sie von ganz unterschiedlicher Natur sind. ... Wenn wir alles im Geist Enthaltene, ob nun Gefühle, Zwänge oder Anstrengungen, Gewohnheiten oder Gewohnheitsveränderungen oder von welcher anderen Art auch immer es sein mag, mit dem Namen Bestandteile des Phaneron bezeichnen, dann können wir ganz offensichtlich festhalten, daß sich beliebige andere Dinge nicht mehr voneinander unterscheiden können als sich Bestandteile des Phanerons voneinander unterscheiden; da wir, was immer wir überhaupt wissen, durch die Bestandteile des Phaneron wissen und da wir nicht irgendwelche Dinge unterscheiden können, wenn wir uns nicht irgendwelche Vorstellungen von ihnen machen."
21. Siehe Michael Schoenenberg, a.a.O., 106, der aber seine Darlegungen einzig auf die Explikation des Terminus "Phänomen" bezieht.
22. Peter Krausser, a.a.O., 8f.
23. Siehe 1.176-179 (1896), 1.180-283 (1903) u. 5.33 (1903). Zu Peirce's Bemerkungen der modifikationsbedürftigen Beziehung zu A. Comte siehe z.B. 3.428 (1896) u. 1.258 (1903).
24. Siehe Abschnitt 1.1. dieser Arbeit.
25. Siehe **PV**, 43/5.43: "Die Aufgabe der Phänomenologie ist es, einen Katalog der Kategorien aufzustellen und zu beweisen, daß er ausreicht und frei von Überflüssigem ist, um die Beschaffenheit jeder Kategorie herauszufinden und die Beziehung jeder einzelnen zu den anderen aufzuzeigen." Zur Ergänzung **PLZ**, 62: "Die Phänomenolgie untersucht die Kategorien in ihren Formen der Erstheit."
26. **PV**, 35/5.37 (1903).
27. Ebd., 37/5.39; vgl. 5.61. In 5.65 versucht Peirce zu illustrieren, daß es ebenfalls in der Physik Phänomene gibt, die nicht mittels der Gesetze der Mechanik begründet werden können. Zur Darlegung der drei Hauptzüge der "prima philosophia" siehe zudem **DCSP**, 206.
28. Siehe **PV**, 295, Anm. 30.
29. Ludwig Wittgenstein, Tractatus logico-philosophicus, Satz 6.522.
30. Ebd., Satz 7.
31. **SPP**, 549/8.264 (08.06. 1903).
32. 5.78 (1903) ≅ Die Prädikamente dürfen nicht vielfach verwendet werden, wenn es nicht notwendig ist; W.v. Ockham: Entia (Die Entitäten) non sunt multiplicanda praeter necessitatem.
33. Siehe 1.301 (ca. 1894). Hermann Wein, Zugang zu philosophischer Kosmologie, München 1954, 97, äußert sich gänzlich im "Einverständnis" von Peirce:
"1. Daß das Kategoriale zeitenthoben und absolut sei;
2. Daß es eine apodiktisch gewisse und vollständig abgeschlossene Erkenntnis von ihm geben könne;
3. Daß die prima philosophia oder Vernunftphilosophie diese Erkenntnis schon habe, also die Kategorien-Tafel besitze;
4. Daß die Prinzipienerkenntnis im Gegensatz zur Forschung und Erfahrung stehe (vérités de raison - vérités de fait)."
34. 5.66 (1903) ≅ **SPP**, 358. Vgl. mit **PLZ**, 55. Weitere Kurzbeschreibungen finden sich u.a. in 1.356 (1890), 8.328 (12.10. 1904). Zur bereits angesprochenen Wendung der Transformation der Kategorien aus der ersten Phase in die zweite, siehe z.B. **DCSP**, 210f. und Michael Schoenenberg, a.a.O., 44ff.
35. Siehe 5.41-44, 5.45-58, 5.59-63 (alle 1903).
36. "Möglichkeit, die Seinsweise der Erstheit, ist der Embryo des Seins" (**PLZ**, 57).
37. Siehe 1.303 (ca. 1894). Vgl. z.B. mit dem Exempel "Ikon" in 5.74 (1903).
38. Siehe Nicolai Hartmann, Zur Grundlegung der Ontologie, Meisenheim/Glan 1984, 100f.
39. Übers. v. mir ≅ 1.527 (1903).
40. Siehe 1.437 (1896), 1.457, 1.322 (1903), 5.96 (1903).
41. Siehe 1.296 (1894).
42. Siehe 1.405 (ca. 1890; vgl. Murray G. Murphey, a.a.O., 309ff., zum Begriff "haecceity".
43. Übers. v. mir ≅ 1.325 (1903).
44. Martin Heidegger, Sein und Zeit, Gesamtausgabe, Bd. 2, 277.
45. Das Verb ek-sistieren wird an diesem Orte im Sinne Martin Heidegger's verwendet:

"Ek-sistenz bedeutet inhaltlich Hin-aus-stehen in die Wahrheit des Seins. Existentia (existence) meint dagegen actualitas, Wirklichkeit im Unterschied zur bloßen Möglichkeit als Idee" (ders., Brief über den "Humanismus", Gesamtausgabe, Bd. 9, 326). Vgl. ebenfalls den Unterschied von "existentia" und Existenz in Abgrenzung hierzu (ders., Sein und Zeit, Gesamtausgabe, Bd. 2, 16f. u. 56f.).
46. Siehe 3.613 (1900).
47. Siehe 1.526 (1896).
48. Vgl. die sechs charakteristischen Punkte zur Zweitheit von Thomas A. Goudge, a.a.O., 88f.
49. Siehe z.B. 5.90 (1903).
50. Siehe insbesondere die gewichtige Differenz zwischen einem Objekt der Reaktion und einem der Repräsentation anhand des "Stein"-Beispiels (5.96).
51. 5.102 (1903) ≅ Übers. v. mir
52. An dieser Stelle soll auf die wichtige begrifflich-inhaltliche Differenz - wie auch anhand des formalen Argumentationsablaufs in diesem Abschnitt bereits ersichtlich - zwischen der "Kategorie das Erste" (Zweite, Dritte), "Erstheit" (Zweitheit, Drittheit) und dem Begriff eines "Ersten" (Zweiten, Dritten) nachdrücklich verwiesen werden: "Der Begriff eines Ersten, das unpassenderweise als Objekt bezeichnet wird, und der eines Zweiten sollte sorgfältig von denen der Erstheit und Zweitheit unterschieden werden, die beide in die Begriffe des Ersten und Zweiten eingehen. Ein Erstes ist etwas, auf das sich (oder genauer: auf einen Stellvertreter von dem sich, wobei in dieser Weise Drittheit eingeführt wird) die Aufmerksamkeit richten kann. Ein Erstes schließt Zweitheit ebenso wie Erstheit ein, während ein Zweites ein Erstes ist, das als (und hier kommt die Drittheit ins Spiel) ein Gegenstand einer Zweitheit betrachtet wird. Ein Objekt ist seinem eigentlichen Sinne nach ein Zweites" (PLZ, 60f.).
53. Siehe Hermann Wein, a.a.O., 162-168.
54. Siehe 5.122-124 (1903).
55. Siehe 5.77ff. (1903).
56. Siehe Theodore Schulz, Panorama der Peirceschen Ästhetik, Stuttgart 1961, 49f.; siehe auch Thomas A. Goudge, a.a.O., 109.
57. SPP, 549/8.263 (23.07. 1905).
58. Siehe auch die Erläuterungen in 6.127-131 (1892) und 6.210f. (1898).
59. Siehe Martin Heidegger, Sein und Zeit, Gesamtausgabe, Bd. 2, 542f.
60. Siehe 5.458ff. (1905). Zudem relativiert das 2. Kapitel, besonders anhand der Kategorienlehre sichtbar, die Kritik an Peirce durch Max Scheler, a.a.O., 214ff., der sich großteils an der "Pragmatischen Maxime" von William James orientiert und von da auf Peirce schließt.
61. Siehe 5.460 (1905).
62. SPP, 473f./5.459 (1905). Beachte das anschließende Beispiel von der "Nova Stella".
63. Ebd., 476/5.461.
64. Siehe 5.459.
65. Siehe 5.462.
66. Siehe ebd.
67. SPP, 415/5.205 (1903).
68. Franz Wiedmann, Die mißverstandene Geschichtlichkeit, München/Freiburg 1972, 56.
69. Augustinus, Bekenntnisse, XI, 15.
70. SPP, 474f./5.459 (1905).
71. Ebd., 476/5.461.
72. Vgl. Augustinus, Bekenntnisse, XI, 18.
73. Aristoteles, Physikalische Vorlesung, 219b 1sq.
74. Augustinus, Bekenntnisse, XI, 20.
75. Ebd., XI, 11.
76. SPP, 477/5.463 (1905).
77. Augustinus, Bekenntnisse, XI, 18.
78. 2.148 (1902).
79. Franz Wiedmann, Die mißverstandene Geschichtlichkeit, a.a.O., 66.

Anmerkungen zu 2.7., S. 136 - 137

1. Siehe 8.104 (1900).
2. Siehe 5.410 (1878).

Anmerkungen zu 3., S. 138 - 139

1. G.W.F. Hegel, Phänomenologie des Geistes, Theorie-Werkausausgabe, Bd. 3, 24 u. 313.
2. Siehe Franz Wiedmann, Das Problem der Gewißheit, München/Salzburg 1966, 63: "Zum ersten ist nichts; zum zweiten könnte, wenn doch etwas wäre, dieses nicht erkannt werden; zum dritten könnte, falls es Erkenntnis von etwas gäbe, diese nicht mittgeteilt werden."
3. Ebd., 64.
4. Th.v. Aquin, Quaestiones Disputate de Veritate, a.1., q.1.
5. 5.407 (1878) ≙ **HMOIC**, 89.
6. Immanuel Kant, Kr.d.r.V., A 58/B 82. Siehe auch 1.578 (1902/3) und 5.553 (1906). Angemerkt sei zudem Peirce's Auseinandersetzung mit R. Descartes, I. Kant und G.W.F. Hegel (5.382n; 1893) und G.W. Leibniz (6.366; 1901).

Anmerkungen zu 3.1., S. 139 - 143

1. Vgl. Hermann Krings, Was ist Wahrheit?, in: Philosophisches Jahrbuch, 90 Jg. (1983) 1, 20-22.
2. Th.v. Aquin, Quaestiones Disputate de Veritate, a.1., q.1.
3. "Falsity" verwendet Peirce im Bezugsrahmen der <u>logischen</u> Unrichtigkeit. Davon abgetrennt steht "falsehood" für "Lüge" (siehe z.B. 3.393, 1885; <u>3.449</u>, 1896; 8.126, 1902) und "falseness" für "Falschheit der Gesinnung" sprich "Verrat".
4. Martin Heidegger, Vom Wesen der Wahrheit, in: Wegmarken, Gesamtausgabe, Bd. 9, 179.
5. Ders., Metaphysische Anfangsgründe der Logik im Ausgang von Leibniz, Gesamtausgabe, Bd. 26, 47.
6. Ders., Vom Wesen der Wahrheit, in: Wegmarken, Gesamtausgabe, Bd. 9., 179f.
7. Franz Wiedmann, Das Problem der Gewißheit, a.a.O., 68.
8. Siehe G.W.F. Hegel, Phänomenologie des Geistes, Theorie-Werkausausgabe, Bd. 3, 40.
9. Siehe bei Winfried Franzen, Die Bedeutung von "wahr" und "Wahrheit", Freiburg/München 1982, 20-22, die Differenz zwischen <u>Wahrheits-</u> und <u>Bedeutungs</u>theorien.
10. Leo B. Puntel, Wahrheitstheorien in der neueren Philosophie, Darmstadt 1978, 2.
11. Ebd.
12. Siehe Aristoteles, Metaphysik, 993b 15f.
13. Ebd., 993a 30 - 993b 5.
14. Siehe Leo B. Puntel, a.a.O., 3ff.
15. Siehe aus dem reichhaltigen "Angebot" z.B.:

a) K o r r e s p o n d e n z t h e o r i e : "(1 a) Das Wort 'Wahrheit' <u>bedeutet</u>: 'Übereinstimmung mit der Wirklichkeit'.

(4 a) Wenn wir Aussagen wahr nennen, so <u>meinen</u> wir damit, daß sie mit den Tatsachen übereinstimmen." (Winfried, Franzen, a.a.O., 38; siehe auch ebd., 35-37). Vgl. hierzu die unterschiedlichen Sichtweisen von Josef Simon, Wahrheit als Freiheit, Berlin/New York 1978, 2 und Otto Muck, Wahrheit und Verifikation, in: Helmut Kohlenberger (Hg.), Die Wahrheit des Ganzen, Freiburg/Wien/Basel 1976, 48.

b) K o n s e n s u s t h e o r i e : Sie ist "dasjenige, im Bezug auf das man innerhalb des aktuellen Gebrauchs einer bestimmten Sprache jeweils untereinander, sozusagen 'innersprachlich' übereinstimmt, so wie man in einer bestimmten Art von Situationen übereinstimmend den gleichen Ausdruck gebraucht und aus ihr heraus auch versteht, <u>wie</u> er gemeint ist" (Josef Simon, a.a.O., 3).

c) R e d u n d a n z t h e o r i e : Sie "behauptet nun, daß Sätze, in denen das Wort 'wahr' vorkommt, redundant sind, d.h. dieses Wort kann ohne Informationsverlust eliminiert werden" (Winfried

Franzen, a.a.O., 84).
d) "Resententiale" Theorie der Wahrheit (siehe dazu die fünf zusammenfassenden "Stationen" von Winfried Franzen, a.a.O., 176).
e) Kohärenztheorie: Sie ist "die Auffassung, daß eine Aussage wahr ist, wenn sie ein notwendiges Glied eines systematischen Ganzen von Aussagen ist" (Otto Muck, a.a.O., 48). Vgl. z.B. Josef Simon, a.a.O., 6.
f) Pragmatische Theorie der Wahrheit: "Als entscheidenden Gehalt ... betrachtet man oft, daß der Sinn der Aussage in den praktischen Konsequenzen faßbar wird und daß eine Aussage wahr ist, wenn sich ihre praktischen Konsequenzen bewähren und die Bedürfnisse des Menschen befriedigen" (Otto Muck, a.a.O., 49).
Die Liste ließe sich noch eine geraume Zeit fortsetzen, bis alle Spielarten der "Theorie der Wahrheit" eingefangen wären.

16. Vgl. z.B. die problematische Subsumption von Ch.S. Peirce unter die "Diskurstheorie" der Wahrheit und die "Pragmatische Theorie" der Wahrheit bei Heinz-Dieter Heckmann, Was ist Wahrheit?, Heidelberg 1981, 12f. u. 147. Siehe ebenfalls die Zuordnung unter eine "Intersubjektivitätstheorie" der Wahrheit (Leo B. Puntel, a.a.O., 142f.) und eine "Konsensustheorie" der Wahrheit (Winfried Franzen, a.a.O., 265, Anm. 11).

17. George H. Mead, Philosophie und Sozialität, Frankfurt a.M. 1969, 44.

18. Die versimplifizierende, bipolare Unterscheidung zwischen "formal" und "substantive truths" [Tibor R. Machan, C.S. Peirce and Absolute Truth, in: **TCSP**, XVI (1980), 156] als Untersuchungsraster für unser Problemfeld greift wegen seiner Pauschalisierung schlichtweg zu kurz.

19. Siehe Th.v. Aquin, Quaestiones Disputate de Veritate, q.1., a.1.

Anmerkungen zu 3.2., S. 143 - 155

1. Th.v. Aquin, Quaestiones Disputate de Veritate, a.1.,q.1.
2. Aristoteles, Metapysik, 1011b 29.
3. Ebd., 1051b 6.
4. Platon, Kratylos, 385b.
5. Beachte daher insbesondere bei Wilhelm Luther die Interpretation des Wahrheitsbebegriffs der klassisch-griechischen Philosophie, der nicht als unter die "adaequatio"-Formel subsumierbar, sondern einzig als deren Anbahnung [ders., Wahrheit, Licht und Erkenntnis in der griechischen Philosophie bis Demokrit, in: Archiv für Begriffsgeschichte, 10 (1966), 172-207] zu verstehen ist.
6. Siehe 8.26 n.9 (1871).
7. Siehe 5.549 (1906).
8. Siehe z.B. Winfried Franzen, a.a.O., 42ff.
9. Siehe z.B. Martin Heidegger, Vom Wesen der Wahrheit, in: Wegmarken, Gesamtausgabe, Bd. 9, 182.
10. Franz Brentano, Wahrheit und Evidenz, Hamburg 1962, 126. Vgl. Hermann Krings, a.a.O., 22. Nicht umsonst setzte sich nach Th.v. Aquin die Form "adaequatio ad rem" resp. "cum re" durch (siehe z.B. Winfried Franzen, a.a.O., 44).
11. Siehe Franz Brentano, Wahrheit und Evidenz, a.a.O., 121 u. 129.
12. Siehe ebd., 122.
13. Siehe 1.145 (1897).
14. Übers. v. mir ≅ 7.321 (1873).
15. Siehe 5.36 (1903) und 5.127 (1903).
16. Siehe 1.247 (1902) und 5.550 (1906). Beachte den nicht unbekannten Zusammenhang: "Schließen kann unmöglich von Logik getrennt werden; weil ein Mensch, wenn er schließt, immer denkt, daß er eine Schlußfolgerung macht, die in jedem analogen Fall gerechtfertigt wäre. Er kann daher nicht wirklich folgern, ohne einen Begriff von einer Klasse möglicher Folgerungen zu haben, die alle logisch gut sind. Diese Untersuchung von gut und schlecht hat er immer im Kopf, wenn er folgert. Eigentliche Logik ist die Kritik der Argumente, die sie für gut oder schlecht erklärt. ... Schließen involviert wesentlich Selbst-Kontrolle; so daß die logica utens eine besondere Art von Moral ist. Logisch Gutes und Schlechtes, das, wie wir finden wer-

den, einfach der Unterschied von Wahrheit und Falschheit im allgemeinen ist, läuft in der letzten Analyse auf nichts anderes hinaus, als auf eine besondere Anwendung der allgemeineren Unterscheidung zwischen moralisch Gutem und Schlechtem oder Rechtschaffenheit und Schlechtigkeit" (**PV**, 139/5.108; 1903).

17. Ludwig Wittgenstein, Philosophische Untersuchungen, § 97.
18. 5.142 (1903) ≅ **PV**, 187.
19. Siehe 2.468 (09.04. 1867).
20. Siehe Immanuel Kant, Kr.d.r.V., A 266/B 322. Siehe ebenfalls 6.353-363 (1902) mit dem Titel "Matter and Form"; in diesen Paragraphen setzt sich Peirce ausführlich mit der Aristotelischen und Kantischen Distinktion zwischen "Materie und Form" sowie deren besonderen Anwendungen bei eben genannten Philosophen auseinander. Vgl. 6.6 (1903).
21. Vgl. Immanuel Kant, Kr.d.r.V., A 59ff./B 84ff.
22. Siehe 7.119 (1903), 7.204 (1901), 7.219, 5.191 (1903), 5.574.589 (1896) und 5.590-605 (1903).
23. Beachte 2.364 (1901): "Syllogistik wird manchmal betrachtet als die Mathematik eines Systems von Quantitäten, die aus nur zwei Werten besteht, Wahrheit und Falschheit."
24. Siehe Martin Heidegger, Sein und Zeit, Gesamtausgabe, Bd. 2, 303f.
25. **PV**, 111-113/5.85 (1903).
26. Ebd.
27. Martin Heidegger, Logik, Gesamtausgabe, Bd. 21, 135. Diese These entwickelt er in enger Anlehnung an die Untersuchung über Wahrheit und ihr Verhältnis zum λόγος (kraft "Satz") bei Aristoteles (siehe ebd., 128-134).
28. Beachte: "Wahrheit und Falschheit sind Eigenschaften, beschränkt auf Sätze. ... Wenn wir von Wahrheit und Falschheit sprechen, beziehen wir uns auf die Möglichkeit des Satzes, widerlegt zu werden" (Übers. v. mir ≅ 5.569; 1901).
29. Übers. v. mir ≅ 2.652 (1878).
30. Übers. v. mir ≅ 5.565 (1901).
31. Ludwig Wittgenstein, Philosophische Untersuchungen, § 136.
32. Ebd., § 437.
33. Ders., Tractatus logico-philosophicus, Satz 2.16 und 2.161.
34. Siehe auch das "Uhr"-Beispiel in **PV**, 129/5.97 (1903).
35. **PV**, 129/5.98.
36. Das ist nichts anderes als die scholastische Lehre vom scholastischen Realismus (siehe **PV**, 133/5.101).
37. Übers. v. mir ≅ 5.570 (1901).
38. Siehe 5.448n (1906).
39. Übers. v. mir ≅ 5.553 (1906). Vgl. 6.350-352 (1902/3).
40. Übers. v. mir ≅ 4.479 (1903).
41. Siehe das "Stein"-Beispiel, das anhand eines allgemeinen Satzes in der Physik einen Teilbereich der logisch-semiotischen Demonstrationsfunktion konkretisiert. Logik verwandelt sich demzufolge mehr und mehr in eine philosophische "Forschungs"-disziplin, die an der "Wahrheit der Zeichen" (8.378; 24.12. 1908) interessiert ist, d.h. in ihrer Relation zu ihren Objekten, und formale Prozesse des Schließens "lediglich" noch zur "Unterstützung" heranziehen muß.
42. Übers. v. mir ≅ 5.554 (1906).
43. Alfred Tarski, Der Wahrheitsbegriff in den formalisierten Sprachen, in: K. Berka; L. Kreisler (Hg.), Logik-Texte, Berlin 1971, 453.
44. Übers. v. mir ≅ 5.569 (1901).
45. Übers. v. mir ≅ 6.350 (1902/3).
46. Alfred Tarski, a.a.O., 460.
47. Ebd., 461.
48. Siehe ebd., Anm. 10.
49. Siehe **PLZ**, 139-155 sowie 4.530-572 (1906); zu den letztgenannten CP-Paragraphen existiert eine nahezu unbeachtete Übersetzung von Friederike Roth, Graphen und Zeichen - Prolegomena zu einer Apologie des Pragmatizismus, Stuttgart 1971.
50. Siehe S. 88 dieser Arbeit.
51. Ludwig Wittgenstein, Philosophische Untersuchungen, § 106.
52. Übers. v. mir ≅ 4.553 n2 (1906). Siehe auch 5.570 (1901): "... komplexe Wahrheit, oder die Wahrheit von Sätzen, ..." (Übers. v. mir). Ebenfalls 5.435 (1906).

53. Übers. v. mir ≅ 4.539 (1906). In 5.570 (1901) bezeichnet er die Wahrheit von Sätzen auch als "complex truth"; siehe ebenfalls 5.435 (1906).
54. Übers. v. mir ≅ 5.506 (1905). Vgl. 4.552n (1906) und 4.553 n2 (1906). Außerdem ist der Satz als Singuläres Teil des Universums, demzufolge sind seine Subjekte Teil des Universums der ganzen Wahrheit (siehe 5.153; 1903). Siehe ebenso die Differenz zwischen universalen und partikulären Sätzen in 5.155-157 (1903).
55. Vgl. Franz Wiedmann, Das Problem der Gewißheit, a.a.O., 64.
56. Siehe z.B. Robert Almeder, a.a.O., 46, der zwar richtigerweise das Nicht-Erreichen-Können einer absoluten Gewißheit betont, dies allerdings bloß auf die Dimension Sprache-Welt bezieht. Siehe ebenfalls die Anm. 12 u. 13 zu 2.2. dieser Arbeit.

Anmerkungen zu 3.3., S. 155 - 166

1. Th.v. Aquin, Quaestiones Disputate de Veritate, q.1., a.1.
2. Ebd.
3. 5.375 n2 (1877) ≅ **SPP**, 175, Anm. 24.
4. **SPP**, 44/ 5.267 (1868); vgl. 5.298 (1868).
5. Übers. v. mir ≅ 6.485 (1908); vgl. z.B. 5.552 (1906).
6. William James, Der Pragmatismus, a.a.O., 126.
7. Ebd., 141.
8. Siehe z.B. S. 7 dieser Arbeit; auch Gerhard Krüger, Grundfragen der Philosophie, Frankfurt a.M. 1958, 236.
9. William James, Der Pragmatismus, a.a.O., 128. Hervorgehoben werden darf die treffende Interpretation Heinrich Maier's (ders., Wahrheit und Wirklichkeit, Tübingen 1926, 56f. u. 229), der bereits beizeiten nicht in das Fahrwasser jener angedeuteten, oberflächlichen Kritiken geriet.
10. Siehe S. 110-112 dieser Arbeit.
11. Siehe dazu die Begründung zur Einteilung der Wissenschaften in 1.182 (1903).
12. Siehe 1.42 (ca. 1892).
13. Übers. v. mir ≅ 1.40f. (ca. 1892). Gerade Ch.S. Peirce, der sich als Student sechs Monate lang mit der Technik der Klassifikation unter der Anleitung des berühmten Biologen Lewis Agassiz beschäftigte, hätte sicherlich für das engl. "race", statt des unzutreffenden Terminus "Rasse" im Deutschen, den Begriff der "Art" gewählt. Das wissenschaftliche Denken ist ja seiner Meinung nach für die Art "Mensch" von lebenswichtiger Bedeutung und nicht für deren spezifische Untergruppen, wobei die schrecklichen "politischen" Konsequenzen des "Rasse"-begriffs in der ersten Hälfte des 20. Jh. an dieser Stelle gar nicht in die Waagschale geworfen werden. Bezüglich dieser Übersetzung geht der Übersetzer Gerd Wartenberg, wie regelmäßig bei dieser Begriff, mit seiner, ansonsten hervorragenden, Übersetzung vermutlich fehl.
14. Ebd.
15. Immanuel Kant, Prolegomena zu einer jeden künftigen Metaphysik, die als Wissenschaft wird auftreten können, Theorie-Werkausgabe, Bd. V, 228.
16. Ders., Kr.d.r.V., A 58/B 82.
17. Gerhard Krüger, a.a.O., 134.
18. Martin Heidegger, Metaphysische Anfangsgründe der Logik im Ausgang von Leibniz, Gesamtausgabe, Bd. 26, 47.
19. Vgl. Heinz-Dieter Heckmann, a.a.O., 12.
20. Siehe 5.416 (1905). Beachte die Anwendung auf einen "allgemeinen Satz" in 5.98 (1903); dazu 5.569 (1901).
21. Vgl. Ludwig Wittgenstein, Philosophische Untersuchungen, S. 359: "'Aber schließt du eben nicht nur vor dem Zweifel die Augen, wenn du sicher bist?' - Sie sind mir geschlossen."
22. Siehe z.B. 8.41 (1885).
23. Siehe z.B. 7.568f. (1892) und bezüglich "Erfahrung": "Erfahrung (besteht), dem Wesen des Wortes selbst nach, in unserer Überzeugung von einem Universum - 'der Wahrheit' -, das unseren Meinungen und Überzeugungen entgegensteht, die wir für fehlbar und unwissend halten" (**SPP**, 560/8.294; 03.10. 1904). Die unabänderliche Tatsache des Fallibilismus greift Martin Heidegger auf und legt u.a. die "Irre", entgegen Peirce, in das anfängliche Wesen der Wahrheit,

nicht des Menschen. Gerade bei dem Prozeß der Entbergung des Verborgenen zeigt sich dadurch das Wesen der Wahrheit von der Seite des Unwesens, der "Irre" (siehe Martin Heidegger, Vom Wesen der Wahrheit, in: Wegmarken, Gesamtausgabe, Bd. 9, 196-200).

24. Beachte die scharfe Unterscheidung zwischen Sinnfrage und Wahrheitsfrage anhand von Ludwig Wittgenstein in **DCSP**, 132f. u. 132, Anm. 270.
25. Vgl. Joseph P. DeMarco, Peirce's Concept of Community, in: **TCSP**, VII (1971), 27.
26. U.a. aus einer solchen Überlegung entstand der Ausdruck des "Schleiers des Nichtwissens" bei John Rawls, Eine Theorie der Gerechtigkeit, Frankfurt a.M. 1979, 29 u. 36; bes. 159f., Anm. 11. Wenn wir nämlich um die Wahrheit wüßten, bräuchten wir sie nicht mehr zu suchen; da dem nicht so ist, müssen wir unaufhörlich den "Schleier unseres Nicht-wissens" zu durchbrechen trachten.
27. **SPP**, 434/5.416 (1905).
28. Siehe z.B. 8.3 (1866); vgl. 5.199 (1903). Vgl. ebenso die Abhandlung der Vorstellung "in the long run" bei Josef Simon, a.a.O., 232f., Anm. 1 und Hermann Krings, a.a.O., 29. Die Anwendung des Ausdrucks "auf lange Sicht" darf hier nicht mit einer naturwissenschaftlich-experimentellen Testserie "in the long run" zum Erhalt externer Tatsachen (siehe z.B. das "Diamanten"-Beispiel in 5.403) verwechselt werden.
29. Karl Jaspers, Von der Wahrheit, München 1947, 560. Vgl. **DCSP**, 321ff.
30. Siehe Martin Heidegger, Logik, Gesamtausgabe, Bd. 21, 131.
31. Siehe 8.143 (1900).
32. Vgl. Alfred J. Ayer, a.a.O., 25 und Peter Skagestad, a.a.O., 40.
33. Vgl. 8.190 (1903).
34. Siehe z.B. 5.330 (1868).
35. 7.323 (1873) ≅ **SPP**, 176, Anm. 24.
36. Siehe z.B. 5.467 (1907).
37. Vgl. Aristoteles, Nikomachische Ethik, 1098a 27-29.
38. Siehe z.B. die folgenschwere Beschränkung der modernen Wissenschaft in Wilhelm Kamlah; Paul Lorenzen, Logische Propädeutik, Mannheim/Wien/Zürich 1973, 125: "Die jeweilige Forschungsmethode soll von jedermann anwendbar sein, der sich die erforderte Sachkunde in u n b e - t e i l i g t e r D i s t a n z (neutraler Distanz) von den Sachen (Gegenständen der Forschung) erworben hat."
39. Hermann Krings, a.a.O., 31.
40. Siehe 5.589 (1898).
41. Beachte z.B. Ludwig Wittgenstein, Philosophische Untersuchungen, S. 370: "Das Bestehen der experimentellen Methode läßt uns glauben, wir hätten das Mittel, die Probleme, die uns beunruhigen, loszuwerden; obgleich Problem und Methode windschief aneinander vorbeilaufen."
42. Siehe z.B. 5.565 (1901), 7.46 (1907), 7.380 (1902), 7.672 (1903).
43. Siehe z.B. 5.265 (1868). Joseph P. DeMarco, a.a.O., 31 u. 35, vertritt die These, daß mit Einführung der Kategorien "Firstness", "Secondness", "Thirdness" die Idee der "Gemeinschaft" zugunsten einer unendlich-evolutionären "science community" verändert wurde.
44. **SPP**, 438/5.421 (1905). Siehe auch 6.351 (1902/3). Vgl. z.B. die vertragstheoretische Position der "Person" bei Th. Hobbes, a.a.O., 123ff. Des weiteren basiert die Konsensustheorie der Wahrheit bei Peirce auf den zwei klassischen Sichtweisen von a) Sir John Herschel, Preliminary Discourse on the Study of Natural Philosophy, Nachdr. d. Ausg. v. 1830, London/ New York 1966 und b) Karl Pearson, The Grammar of Science, London 1900. Die Entwicklungslinien lassen sich z.B. nachvollziehen bis Jürgen Habermas, Wahrheitstheorien, in: Helmut Fahrenbach (Hg.), Wirklichkeit und Reflexion, Pfullingen 1973, 211-263; bes. die Präzisierung des Begriffs "Diskurs" (ebd., 214), die Transformation der Pragmatischen Maxime (ebd., 219), die Festlegung der Diskursebenen (ebd., 254), die ideale Sprechsituation (ebd., 255). Siehe auch Wilhelm Kamlah; Paul Lorenzen, a.a.O., insbesondere die interpersonale Verifikation (ebd., 121), die Sprachgemeinschaft (ebd., 123f.).
45. Siehe Immanuel Kant, Anthropologie, Theorie-Werkausgabe, Bd. XII, 676.
46. Beachte Martin Heidegger, Vom Wesen der Wahrheit, in: Wegmarken, Bd. 9, 189f.
47. Übers. v. mir ≅ 2.198 (1902). Beachte auch den interessanten Unterschied - aus dem Blickwinkel von Peirce gesehen - in den Lern- und Lehrstrukturen amerikanischer und europäischer Universitäten sowie die divergierenden Zielorientierungen ihrer Studenten in 5.583-585 (1898).
48. Immanuel Kant, Kr.d.r.V., A 820/B 848.
49. Siehe Augustinus, Von der wahren Religion, Kap. XXXIX, 72.
50. **SPP**, 497/Anm. 7 (1901). Siehe Robert Almeder, a.a.O., 52f., 59 u. 68, sowie Her-

mann Krings, a.a.O., 29.
51. Siehe z.B. 2.253 (ca. 1903), 5.565 (1901), 6.50 (1892), 8.12 (1871). Im zuletzt genannten CP-Paragraphen hebt Peirce sein Paradoxon der Endlichkeit in der Unendlichkeit noch nicht auf, wie es in späteren Jahren durch die Formulierung des "würde-sein" geschieht.
52. Siehe 5.568 (1901).
53. Siehe 2.150 (1902).
54. Vgl. **DCSP**, 131, Anm. 269 u. 330ff.
55. Siehe 5.566 (1901). Vgl. Hermann Krings, a.a.O., 30.

Anmerkungen zu 3.4., S. 166 - 169

1. Sie findet sich bei Augustinus, Soliloquien, 2. Buch, Kap. V.
2. Th.v. Aquin, Quaestiones Disputate de Veritate, q.1.,a.1.
3. Ebd.
4. **SPP**, 487/5.499 (1906).
5. Siehe z.B. 4.435 (1903).
6. Übers. v. mir ≅ 4.554 n2 (ca. 1906).
7. Siehe z.B. 2.55 (1902), 2.153 (1902), 5.211 (1903), 6.610 (1893). Beachte auch (Übers. v. mir): "So ist die letzte Meinung (ultimate opinion) diejenige, welche Meinungen bestimmt und nicht von ihnen abhängt, und deshalb das reale Objekt der Erkenntnis ist. Dies ist Idealismus, seit man verlangt, daß das Reale von der Natur des Denkens sei" (#393, p. 1; zitiert nach der Numerierung von Richard S. Robin, Annoted Catalogue of the Papers of Ch.S. Peirce, Amherst 1967).
8. **SPP**, 530/5.494 (1907). Zur Bedeutung von "schicksalhaft" vgl. ebd., 214, Anm. 35. Kollidiert hier nicht die Überlegung hinsichtlich des "konditionalen Idealismus" mit der des "objektiven Idealismus" (siehe S. 109 dieser Arbeit) ? Nein, vielmehr erwächst aus beiden Thesen eine wechselseitige Verschränkung. Die Annahme des "konditionalen Idealismus" beflügelt unsere Suche nach der Wahrheit. Bei diesem Vorgang setzt sich der Geist in Materie um - gemäß dem "objektiven Idealismus" - und ermöglicht dergestalt erst eine materielle Basis für alle nachfolgenden Forscher. Die Verzahnung beider Theorien berührt indes nicht den Bereich des ewig-unveränderlichen Seienden im Sein. Allgemein beachte hierzu auch G.W.F. Hegel, Wissenschaft der Logik I, Theorie-Werkausgabe, Bd. 5, 172: "Der Satz, daß das <u>Endliche ideell ist</u>, macht den <u>Idealismus</u> aus. Der Idealismus der Philosophie besteht in nichts anderem als darin, das Endliche nicht als wahrhaft Seiendes anzuerkennen. Jede Philosophie ist wesentlich Idealismus oder hat denselben wenigstens zu ihrem Prinzip, und die Frage ist dann nur, inwiefern dasselbe wirklich durchgeführt ist."
9. 2.135 (1902).
10. 2.139 (1902).
11. Beachte: "Ein Begriff (conception) wird wahr genannt, wenn es solch ein Ding unabhängig von allem Denken gibt. Jedoch kann ein Ding außerhalb allen Denkens keine Ähnlichkeit (likeness) zu einem anderen haben, denn Ähnlichkeit ist das gemeinsame Element, welches zwei Ansichten (notion) hat" (Übers. v. mir ≅ #372 p. 6).
12. **SPP**, 496/5.564 [(1906); als Auseinandersetzung mit William James gedacht].
13. 1.219 (1902). Ebenso 1.348 (1903), 5.431 (1905), 6.10 (1891), 7.593 (evt. 1867), 8.272 (12.06. 1902). Vgl. William James, Der Pragmatismus, a.a.O., 132: "In diesem Reiche geistiger Beziehungen ist nun die Wahrheit wieder nichts anderes als eine Führerin."
14. Augustinus, Bekenntnisse, X, 26.
15. Siehe Robert Almeder, a.a.O., 57. Ebenso greift die Sichtweise Leo B. Puntel's bloß eine Seite des Komplexes "Wahrheit" auf, wenn er schreibt: "<u>Ch. S. Peirce</u> hat in einer pragmatizistischen Perspektive diesen antizipatorischen Charakter der Wahrheit im Sinne eines schon in der gegenwärtigen Situation anvisierbaren eschatologischen Konsenses aller Forscher als ein wesentliches Ingrediens der Wahrheit" (ders., WAHRHEIT, in: Handbuch philosophischer Grundbegriffe, Bd. 3, 1660).

Anmerkungen zu 3.5., S. 169 - 173

1. Siehe Martin Heidegger, Platon's Lehre von der Wahrheit, in: Wegmarken, Gesamtausgabe, Bd. 9, 230.
2. Ebd.
3. Ders., Vom Wesen der Wahrheit, in: Wegmarken, Gesamtausgabe, Bd. 9, 180.
4. Ebd., 186.
5. Ders., Zur Sache des Denkens, Tübingen 1969, 79.
6. Vgl. mit 6.452 (1908): "Also ist eine 'Idee' ('idea') die Substanz eines gegenwärtigen Einheitsgedankens oder einer Phantasie; aber 'Idee' ('Idea'), verwandter Platon's Vorstellung (idea) von ιδέα, bezeichnet etwas, dessen Sein (Being) in seinem reinen Inhalt (capacity) - gänzlich repräsentiert zu werden - besteht, ohne Rücksicht auf Fähigkeit oder Unfähigkeit einer Person sie zu repäsentieren" (Übers. v. mir).
7. Martin Heidegger, Zur Sache des Denkens, a.a.O., 72.
8. Wilhelm Kamlah; Paul Lorenzen, a.a.O., 129. Vgl. mit Martin Heidegger, Zur Sache des Denkens, a.a.O., 56.
9. Siehe Martin Heidegger, Vom Wesen der Wahrheit, in: Wegmarken, Gesamtausgabe, Bd. 9, 191.
10. Ders., Sein und Zeit, Gesamtausgabe, Bd. 2, 296.
11. **SPP**, 205/5.407 (1878). Vgl. 5.506 (1905), 7.659 (1903).
12. Siehe Murray G. Murphey, a.a.O., 13 und Peter Skagestad, a.a.O., 38.

Anmerkungen zu 4., S. 174 - 192

1. **PV**, 153/5.119 (1903).
2. Siehe 4.2 (1898).
3. Übers. v. mir ≅ 2.24 (1902).
4. Siehe 1.362 (1890). Vgl. mit Charles Hartshorne, Charles Peirce's "One Contribution to Philosophy" and his most serious Mistake, in: E.C. Moore; R.S. Robin (Hg.): a.a.O., 456.
5. Siehe 6.494-521 (1906).
6. René Descartes, Meditationes de prima philosophia, I, 9.
7. Augustinus, Vom Gottesstaat, XI, 26.
8. Siehe 6.497 (1906).
9. Siehe 6.436 (1893).
10. René Descartes, Die Prinzipien der Philosophie, I, 45 u. 46.
11. Siehe 2.28 (1902).
12. René Descartes, Meditationes de prima philosophia, Vorwort.
13. Siehe 6.501 (1906) und 5.536 (1905).
14. Siehe z.B. Victor Lowe, Peirce and Whitehead as Metaphysicians, in: E.C. Moore; R.S. Robin (Hg.), a.a.O., 443 und Richard L. Trammel, Religion, Instinct and Reason in the Thought of Charles S. Peirce, in: **TCSP**, VIII (1972), 3.
15. **PV**, 55/5.47n (1903).
16. Siehe 8.262 (23.07. 1905).
17. Siehe 5.588 (1898).
18. Siehe 6.495 (1906). Beachte die besonders hier wichtig werdende Feststellung: "Ich definiere das Reale (real) als das, welches seine Merkmale an solch einem Besitzanspruch festhält, daß es nicht den geringsten Unterschied macht, was irgendein Mensch oder Menschen gedacht haben mögen, oder jemals gedacht haben werden; hier gebrauche ich Denken, um Vorstellen, Meinen und Wollen miteinzubeziehen (so lange wie wirksame Mittel [means] nicht gebraucht werden); aber die realen Kennzeichen des Dings werden absolut unberührt bleiben" (Übers. v. mir ≅ 6.495). Vgl. mit 6.453 (1893), wobei in diesem Paragraphen zudem "actual" als das, was von Vergangenheit, Gegenwart und Zukunft betroffen wird, verworfen wird. Vgl. ebenfalls die knappe Ausführung von Charles Hartshorne ders., Charles Peirce's "One Contribution to Philosophy" and his most serious Mistake, in: E.C. Moore; R.S. Robin (Hg.), a.a.O., 463-465 zur Negation der Existenz Gottes bei Paul Tillich.
19. 6.458 (1908).

20. Ebd.
21. 6.465 (1908).
22. Beachte 6.456 (1908): "Ein 'Argument' ('Argument') ist irgendein Prozeß des Denkens, der leidlich darauf abzielt, eine bestimmte Überzeugung (belief) hervorzubringen. Eine 'Beweisführung' ('Argumentation') ist ein Argument, das von genau formulierten Vordersätzen ausgeht" (Übers. v. mir).
23. Siehe 1.655 (1898) und 6.436 (1893).
24. Übers. v. mir ≅ 6.436 (1893).
25. Vgl. 6.468-485 (1908).
26. Übers. v. mir ≅ 6.489 (1910).
27. In 6.490 gesteht Peirce ein, daß jener positive Effekt in den Rahmen seines 1878 formulierten Pragmatismus paßt, der ja lediglich eine "altbekannte Weise des Denkens" ist und sich möglicherweise von Sokrates ableitet und von B. de Spinoza, G. Berkeley und I. Kant wieder benutzt wurde. Interessant für seine "geistig" wie "wissenschaftlich unkorrumpierbare" Einstellung, zeit seines Lebens, ist nachfolgende Aussage: "Die Leute kümmern sich nicht um Methoden! Sie wollen Ergebnisse. Gib ihnen all die Diamanten, die du machst, und du besitzt vielleicht die Methode, sie für dich zu gewinnen" (Übers. v. mir ≅ 6.490).
28. Siehe 6.452 (1908) und 6.489 (1910).
29. Siehe 6.505 (1906).
30. Siehe 6.507 (1906).
31. Siehe 4.67 (1893) und 6.508 (1906).
32. Vgl. **PV**, 5.62 (1903) und ebd., S. 295/Anm. 32.
33. Übers. v. mir ≅ 6.508.
34. Siehe 4.67.
35. Siehe 6.509 (1906).
36. Siehe 6.510 (1906).
37. Siehe 6.511-514 (1906).
38. Beachte 1.90 (1896), ebenso 2.750 (1883); zum Stichwort "Eingriff in den cursus naturae" siehe 6.10 (1903) und 6.511. Ebenso die Auseinandersetzung mit D. Hume in 5.512 und 5.537 (1905).
39. Siehe 6.446 (1893) und 6.522ff. (1901).
40. Siehe 6.515-518 (1906).
41. Siehe das Beispiel Tyndall's in 6.515.
42. Siehe 6.519-521 (1906).
43. Siehe z.B. 6.162 (1892).
44. Übers. v. mir ≅ 6.493 (1896).
45. Siehe 1.143 (1897).
46. Siehe z.B. 1.364 (1890), 4.583 (1903), 6.455 (1908); sowie Manley H. Thompson, a.a.O., 300, Anm. 37.
47. Siehe 6.500 (1906).
48. 1.660 (1898).
49. Siehe z.B. 1.316 (1903).
50. Siehe 2.769 (1905).
51. **SPP**, 211, Anm. 19 ≅ 5.402n (1903). Beachte ebd., 213, Anm. 20: "Was den letzten Sinn des Denkens angeht, welcher der Sinn von allem sein muß, so liegt er jenseits menschlischen Verstehens. ...Durch die unbegrenzte Anwendung von Selbstkontrolle auf Selbstkontrolle wird der vir gezeugt; und durch Handeln, mittels Denken, erwächst ihm ein ästhetisches Ideal, nicht bloß zum Nutzen seines eigenen armseligen Hirns, sondern als der Anteil, den Gott ihm an seinem Werk der Schöpfung zu nehmen erlaubt. Dieses Ideal modifiziert das Handeln, indem es die Regeln der Selbstkontrolle modifiziert, und damit auch die Erfahrung, sowohl die eigene als auch die von anderen." Zum Gedanken des "vir" siehe E.C. Moore; R.S. Robin (Hg.), a.a.O., 257-265.
52. Siehe 8.211 (ca. 1905).
53. Siehe 5.589 (1898).
54. Siehe Mary Mahowald, Peirce's Concepts of God and Religion, in: **TCSP**, XII (1976), 373.
55. Vgl. Murray G. Murphey, a.a.O., 13.
56. René Descartes, Meditationes de prima philosophia, V, 16.
57. 1.127 (1905).

58. **SPP**, 263/8.44 (1885).
59. **PLZ**, 169.
60. **SPP**, 548/8.262 (23.07. 1905). Beachte 8.138 n4 (14.07. 1908). Vgl. z.B. hierzu George Berkeley, Eine Abhandlung über die Prinzipien der menschlichen Erkenntnis, § 29.
61. Siehe z.B. 6.304 (1898). Allerdings Agapasmus als das aktive Reale begreifen zu wollen, wie dies Karl Britton, a.a.O., 464, interpretiert, bedeutet eine unzulässige Verkürzung des Peirce'schen Gedankenguts.
62. Siehe z.B. 6.441-443 (1893) und 6.466f. (1908).
63. Siehe 6.294 (1893).
64. Beachte 6.287 (1893): "'Gott ist das Licht und in ihm ist keine Dunkelheit.' Wir verstehen also, daß so wie Dunkelheit bloß die Abwesenheit von Licht ist, Haß und Übel lediglich unvollkommene Stadien von ἀγάπη und ἀγαθόν, Liebe und Lieblichkeit (loveliness), sind" (Übers. v. mir).
65. Siehe 6.438 (1893).
66. Siehe Mary Mahowald, a.a.O., 370.
67. Siehe Immanuel Kant, Kr.d.r.V., A 583/B 611 - A 642/B 670.
68. Siehe ders., Grundlegung zur Metaphysik der Sitten, Theorie-Werkausgabe, Bd. VII, 41-51, bes. 43 u. 45.
69. Ludwig Marcuse, a.a.O., 51.

Anmerkungen zu 5., S. 193 - 196

1. Ludwig Wittgenstein, Philosophische Untersuchungen, Vorwort.
2. Paul Feyerabend, Erkenntnis für freie Menschen, Frankfurt a.M. 1979, 261.
3. **PLZ**, 162-170.
4. Siehe Thomas S. Kuhn, Die Struktur wissenschaftlicher Revolutionen, Frankfurt a.M. 1973, 151ff.

8. LITERATURVERZEICHNIS

8.1. PRIMÄRLITERATUR

PEIRCE, Charles Sanders: Collected Papers. Vol. I-VI, hg. v. Charles Hartshorne und Paul Weiss, Cambridge/Mass.: Harvard University Press 1931-1935, ²1960; Vol. VII-VIII, hg. v. Arthur W. Burks, Cambridge/Mass.: Harvard University Press 1958.

PEIRCE, Charles Sanders: Schriften zum Pragmatismus und Pragmatizismus. Hg. v. Karl-Otto Apel und aus dem Engl. übers. v. Gert Wartenberg. Frankfurt a. M.: Suhrkamp ²1976.

PEIRCE, Charles Sanders: How to Make Our Ideas Clear – Über die Klarheit unserer Gedanken. Englisch-Deutsch. Einleitung, Übersetzung und Kommentar von Klaus Oehler. Frankfurt a. M.: Klostermann 1968.

PEIRCE, Charles Sanders: Die Festlegung einer Überzeugung und andere Schriften. Hg., eingel. und übers. v. Elisabeth Walther. Baden-Baden: Agis o.J..

PEIRCE, Charles Sanders: Graphen und Zeichen – Prolegomena zu einer Apologie des Pragmatizismus. Hg. und übers. v. Friederike Roth. Stuttgart: Eigendruck 1971.

PEIRCE, Charles Sanders: Lectures on Pragmatism – Vorlesungen über Pragmatismus. Englisch-Deutsch. Hg. v. Elisabeth Walther und aus dem Engl. übers. v. Elisabeth Walther unter Mitwirkung von Kathinka Huebner. Hamburg: Meiner 1973 (=Phil. Bibl. 281).

PEIRCE, Charles Sanders: Contributions to "The Nation". 3 Bde.. Hg. v. Kenneth L. Ketner u. James E. Cook. Lubbock/Tex.: Texas Tech Press 1975-1979.

PEIRCE, Charles Sanders: Die Festlegung einer Überzeugung, Was heißt Pragmatismus?. In: Texte der Philosophie des Pragmatismus. Hg. v. Ekkehard Martens in der Übers. aus dem Engl. v. Gert Wartenberg. Stuttgart: Reclam 1975, 61-127.

PEIRCE, Charles Sanders: The New Elements of Mathematics. 4 Bde.. Hg. v. Carolyn Eisele. Paris: Mouton 1976.

PEIRCE, Charles Sanders: Complete Published Works Including Selected Secondary Materials. Microfiche Collection. Hg. v. Kenneth L. Ketner u.a.. Greenwich/Conn.: Johnsons Associates, Inc. 1977.

PEIRCE, Charles Sanders: Phänomen und Logik der Zeichen. Hg. und übers. v. Helmut Pape. Frankfurt a. M.: Suhrkamp 1983 (=stw 425).

8.2. ZITIERTE SEKUNDÄRLITERATUR

ALMEDER, Robert: The Philosophy of Charles S. Peirce – A Critical Introduction. Oxford: Blackwell 1980.

ALTSHULER, Bruce: The Nature of Peirce's Pragmatism. In: TCSP. XIV (1978), 147-175.

ANDERS, Günther: Die Antiquiertheit des Menschen. Bd. 1, Über die Seele im Zeitalter der zweiten industriellen Revolution. München: Beck 1956.

APEL, Karl-Otto: Der Denkweg von Charles S. Peirce – Eine Einführung in den amerikanischen Pragmatismus. Frankfurt a. M.: Suhrkamp 1975 (=stw 141).

ARISTOTELES: Metaphysik. Griechisch-Deutsch. Erster Halbband: Bücher I-VI. Hg. v. Horst Seidl und aus dem Griech. übers. v. Hermann Bonitz. Hamburg: Meiner 1978 (=Phil. Bibl. 307).

ARISTOTELES: Metaphysik. Griechisch-Deutsch. Zweiter Halbband: Bücher VII-XIV. Hg. v. Horst Seidl und aus dem Griech. übers. v. Hermann Bonitz. Hamburg: Meiner 1980 (=Phil. Bibl. 308).

ARISTOTELES: Die Nikomachische Ethik. Hg. v. und aus dem Griech. übers. v. Olof Gigon. München: DTV ³1978 (=dtv 6011).

ARISTOTELES: Die Lehrschriften. Bd. 4,1., Physikalische Vorlesung. Hg., übertr. und in ihrer Entstehung erl. v. Paul Gohlke. Paderborn: Schöningh 1956.

ARISTOTELES: Kategorien – Lehre vom Satz. Aus dem Griech. übers. v. Eugen Rolfes. Hamburg: Meiner 1968 (=Phil. Bibl. 8/9).

ARROYABE, Estanislao: Peirce – Eine Einführung in sein Denken. Königstein/Ts.: Athenäum, Hain, Scriptor, Hanstein 1982 (=Monographien zur Philosophischen Forschung 212).

AUGUSTINUS: Bekenntnisse. Augustinus' Werke Bd. 1. Eingel. und übertr. v. Wilhelm Thimme. Stuttgart/Zürich: Artemis 1950.

AUGUSTINUS: Vom Gottesstaat. Augustinus' Werke Bd. 3 u. 4. Eingel. und übertr. v. Wilhelm Thimme. Stuttgart/Zürich: Artemis 1955.

AUGUSTINUS: Alleingespräche. Aus dem Griech. übers. v. Carl Johann Perl. Paderborn: Schöningh 1954.

AUGUSTINUS: Die wahre Religion. Aus dem Griech. übers. v. Carl Johann Perl. Paderborn: Schöningh 1957.

AUGUSTINUS: Fünfzehn Bücher über die Dreieinigkeit. 2 Bde.. Aus dem Lat. übers. und mit einer Einl. vers. v. Michael Schmaus. München: Kösel/Pustet 1935-36 (=Bibliothek der Kirchenväter, Zweite Reihe Band XIII u. XIV).

AYER, Alfred J.: The Origins of Pragmatism – Studies in the Philosophy of Charles Sanders Peirce and William James. San Francisco: Freeman, Cooper & Company 1968.

BAUMGARTEN, Eduard: Der Pragmatismus – R.W. Emerson, W. James, J. Dewey. Frankfurt a. M.: Klostermann 1938.

BERKELEY, George: Eine Abhandlung über die Prinzipien der menschlichen Erkenntnis. Aus dem Engl. übers. v. F. Überweg. Hamburg: Meiner 1957 (=Phil Bibl.20).

BERNSTEIN, Richard J.: Praxis und Handeln. Aus dem Engl. übers. v. R. u. R. Wiggershaus. Frankfurt a. M.: Suhrkamp 1975.

BLAU, Joseph L.: Philosophie und Philosophen Amerikas. Aus dem Engl. übers. v. H.W. Kimmel. Meisenheim/Glan: Hain 1957.

BRENTANO, Franz: Psychologie vom empirischen Standpunkt. Bd. 1. Hg. v. Oskar Kraus. Hamburg: Meiner 1973 (=Phil. Bibl. 192). Unveränd. Nachdr. v. 1924.

BRENTANO, Franz: Psychologie vom empirischen Standpunkt. Bd. 2, Von der Klassifikation der psychischen Phänomene. Hg. v. Oskar Kraus. Hamburg: Meiner 1971 (=Phil. Bibl. 193). Unveränd. Nachdr. v. 1925.

BRENTANO, Franz: Die Lehre vom richtigen Urteil. Hg. v. Franziska Mayer-Hillebrand. Bern: Francke 1956.

BRENTANO, Franz: Wahrheit und Evidenz. Hg. v. Oskar Kraus. Hamburg: Meiner 1962 (=Phil. Bibl. 201). Unveränd. Nachdr. v. 1930.

BRENTANO, Franz: Philosophische Untersuchungen zu Raum, Zeit und Kontinuum. Hg. v. Stephan Körner u. Roderick M. Chisholm. Hamburg: Meiner 1976 (=Phil. Bibl. 293).

BRITTON, Karl: Introduction to the Metaphysics and Theology of C.S. Peirce. In: Ethics. XLIX (1938-39), 435-465.

BUCHLER, Justus: Charles Peirce's Empiricism. New York: Harcourt, Brace & Company 1939.

BURKS, Arthur W.; WEISS, Paul: Peirce's Sixty-Six Signs. In: The Journal of Philosophy. XLII (1945), 383-388.

CHAUVIRE, Christiane: Pour en finir avec l'Idée d'une Logique de la Découverte. In: Revue Philosophique. (1981) 4, 441-459.

CHISHOLM, Roderick M.: Die Lehre Peirce's vom Pragmatismus und "Commonsensismus". In: Unser Weg. (1961) 16, 129-139.

COSERIU, Eugenio: Die Geschichte der Sprachphilosophie von der Antike bis zur Gegenwart - Eine Übersicht. Teil I: Von der Antike bis Leibniz. Tübingen: N.N. 1970 (=Tübinger Beiträge zur Linguistik 11).

COSERIU, Eugenio: Die Geschichte der Sprachphilosophie von der Antike bis zur Gegenwart - Eine Übersicht. Teil II: Von Leibniz bis Rousseau. Tübingen: N.N. 1972 (=Tübinger Beiträge zur Linguistik 28).

DESCARTES, René: Discours de la Méthode. Französisch-Deutsch. Hg. v. und aus dem Französischen übers. v. Lüder Gäbe. Hamburg: Meiner 1964 (=Phil. Bibl. 261).

DESCARTES, René: Meditationes de prima philosophia. Lateinisch-Deutsch. Auf Grund d. Ausgaben v. Artur Buchenau neu hg. v. Lüder Gäbe. Hamburg: Meiner 1959 (=Phil. Bibl. 250a).

DESCARTES, René: Die Prinzipien der Philosophie. Übers. u. erl. v. Artur Buchenau. Hamburg: Meiner [7]1965 (=Phil. Bibl. 28).

DEWEY, John: Philosophy and Civilisation. New York: Minton, Balch & Company 1931.

DEWEY, John: Logic: The Theory of Inquiry. New York: Henry Holt & Company 1938.

DEWEY, John: Reconstruction in Philosophy. New York: The New American Library of World Literature [2]1950.

ENGELS, Friedrich: Ludwig Feuerbach und der Ausgang der klassischen deutschen Philosophie. Hg. v. Hans Hajek. Leipzig: Meiner 1946 (=Phil. Bibl. 230).

FEIBLEMAN, James K.: An Introduction to the Philosophy of Charles S. Peirce - Interpreted as a System. Cambridge, Mass./London, Engl.: The M.I.T. Press 1970.

FEYERABEND, Paul: Erkenntnis für freie Menschen. Frankfurt a. M.: Suhrkamp 1979.

FISCH, Max H.: Alexander Bain and the Genealogy of Pragmatism. In: Journal of History of Ideas. XV (1954), 413-444.

FISCH, Max H.: Was there a Metaphysical Club in Cambridge?. In: Moore, Edward C.; Robin, Richard S. (Hg.): Studies in the Philosophy of Charles Sanders Peirce - Second Series. Amherst: The University of Massachusetts Press 1964, 3-32.

FISCH, Max H.: Peirce's Place in American Thought. In: Ars Semeiotica. 1 (1977) 1, 21-37.

FISCH, Max H.: Was there a Metaphysical Club in Cambridge? - A Postscript. In: TCSP, XVIII (1981), 128-130.

FRANZEN, Winfried: Die Bedeutung von 'wahr' und 'Wahrheit' - Analysen zum Wahrheitsbegriff und zu einigen neueren Wahrheitstheorien. Freiburg/München: Alber 1982.

GALLIE, Walter B.: The Metaphysics of C.S. Peirce. In: Proceedings of the Aristotelian Society. XLVII (1946-47), 27-61.

GALLIE, Walter B.: Peirce and Pragmatism. New York: Dover Publications 1966.

GOUDGE, Thomas A.: The Thought of C.S. Peirce. New York: Dover Publications 1969.

GUTBERLET, Constantin: Der Pragmatismus. In: Philosophisches Jahrbuch. XXI (1908), 435-458.

HABERMAS, Jürgen: Wahrheitstheorien. In: Fahrenbach, Helmut (Hg.): Wirklichkeit und Reflexion. Pfullingen: Neske 1973, 211-263.

HABERMAS, Jürgen: Erkenntnis und Interesse. Frankfurt a. M.: Suhrkamp ^{6}1981 (=stw 1).

HABERMAS, Jürgen: Theorie des kommunikativen Handelns. 2 Bde.. Frankfurt a. M.: Suhrkamp 1981.

HABERMAS, Jürgen; LUHMANN, Niklas: Theorie der Gesellschaft oder Sozialtechnologie. Frankfurt a. M.: Suhrkamp 1971.

HARTMANN, Nicolai: Zum Problem der Realitätsgegebenheit. Berlin: Pan-Verlagsgesellschaft M.B.H. 1931 (=Philosophische Vorträge 32).

HARTMANN, Nicolai: Zur Grundlegung der Ontologie. Meisenheim/Glan: Hain ^{3}1948.

HARTMANN, Nicolai: Der Aufbau der realen Welt - Grundriß der allgemeinen Kategorienlehre. Meisenheim/Glan: Hain ^{2}1949.

HECKMANN, Heinz-Dieter: Was ist Wahrheit?: eine systematisch-kritische Untersuchung philosophischer Wahrheitsmodelle. Heidelberg: Winter 1981.

HEGEL, G.W.F.: Theorie-Werkausgabe in zwanzig Bänden. Frankfurt a. M.: Suhrkamp
- Phänomenologie des Geistes. Bd. 3, 1970.
- Wissenschaft der Logik I. Bd. 5, 1969.
- Enzyklopädie der philosophischen Wissenschaften I. Bd. 8, 1970.
- Enzyklopädie der philosophischen Wissenschaften III. Bd. 10, 1970.

HEIDEGGER, Martin: Gesamtausgabe. Frankfurt a. M.: Klostermann
- Sein und Zeit. Hg. v. F.-W. v. Herrmann. Bd. 2, 1977.
- Vom Wesen der Wahrheit (1930). In: Wegmarken. Hg. v. F.-W. v. Herrmann. Bd. 9, 1976, 177-202.
- Platons Lehre von der Wahrheit. In: Wegmarken. Bd. 9, 1976, 203-238.
- Brief über den Humanismus (1946). In: Wegmarken. Bd. 9, 1976, 313-364.
- Logik - Die Frage nach der Wahrheit. Hg. v. W. Biemel. Bd. 21, 1976.
- Metaphysische Anfangsgründe der Logik im Ausgang von Leibniz. Hg. v. K. Held. Bd. 26, 1978.

HEIDEGGER, Martin: Zur Sache des Denkens. Tübingen: Niemeyer 1969.

HERDER, Johann Gottfried: Abhandlung über den Ursprung der Sprache. Hg. v. Hans-Dietrich Irmscher. Stuttgart: Reclam 1979.

HERSCHEL, John F.W.: A Preliminary Discourse on the Study of Natural Philosophy. A Facsimile of the 1830 Edition with a new Introduction by Michael Partridge. New York/London: Johnson Reprint Corporation 1966 (=The Sources of Science 17).

HOBBES, Thomas: Leviathan oder Stoff, Form und Gewalt eines bürgerlichen und kirchlichen Staates. Hg. u. eingel. v. Iring Fetscher. Aus dem Engl. übers. v. Walter Euchner. Neuwied/Berlin: Luchterhand 1966 (=Politica 22).

HORN, Joachim-Christian: Freuds 'Grundsprache' und Schellings Philosophie. In: Gadamer, Hans-Georg (Hg.): Das Problem der Sprache. Achter Deutscher Kongreß für Philosophie - Heidelberg 1966. München: Fink 1967, 237-248.

JACOBY, Günther: Der Pragmatismus - Neue Bahnen in der Wissenschaftslehre des Auslands. Leipzig: Verlag der Dürrschen Buchhandlung 1909.

JAMES, William: Der Pragmatismus - Ein neuer Name für alte Denkmethoden. Mit einer Einl. hg. v. Klaus Oehler u. aus dem Engl. übers. v. Wilhelm Jerusalem. Hamburg: Meiner 1977 (=Phil. Bibl. 297).

JAMES, William: Der Wille zum Glauben (1897). In: Martens, Ekkehard (Hg.): Texte der Philosophie des Pragmatismus. Stuttgart: Reclam 1975, 128-160.

JAMES, William: Das pluralistische Universum. Aus dem Engl. übers. v. Julius Goldstein. Leipzig: Kröner 1914.

JASPERS, Karl: Von der Wahrheit. München: Piper 1947.

KAMLAH, Wilhelm; LORENZEN, Paul: Logische Propädeutik - Vorschule des vernünftigen Redens. Mannheim/Wien/Zürich: B.I.-Wissenschaftsverlag ²1973 (=B.I.-Hochschultaschenbücher 227).

KANT, Immanuel: Theorie-Werkausgabe in zwölf Bänden. Hg. v. Wilhelm Weischedel. Frankfurt a. M.: Suhrkamp
- Kritik der reinen Vernunft 1. Bd. III, 1968.
- Kritik der reinen Vernunft 2. Bd. IV, 1968.
- Prolegomena zu einer jeden künftigen Metaphysik die als Wissenschaft wird auftreten können. In: Schriften zur Metaphysik und Logik 1. Bd. V, 1968, 113-264.
- Logik. In: Schriften zur Metaphysik und Logik 2. Bd. VI, 1968, 423-582.
- Grundlegung zur Metaphysik der Sitten. In: Schriften zur Ethik und Religionsphilosophie 1. Bd. VII, 1968, 11-102.
- Erste Fassung der Einleitung in die Kritik der Urteilskraft. In: Kritik der Urteilskraft und Schriften zur Naturphilosophie 1. Bd. IX, 1968, 173-232.
- Kritik der Urteilskraft. In: Kritik der Urteilskraft und Schriften zur Naturphilosophie 1 u. 2. Bd. IX u. X, 1968, 237-620.
- Von den verschiedenen Rassen der Menschen. In: Schriften zur Anthropologie, Geschichtsphilosophie, Politik und Pädagogik 1. Bd. XI, 1968, 11-30.
- Anthropologie in pragmatischer Hinsicht. In: Schriften zur Anthropologie, Geschichtsphilosophie, Politik und Pädagogik 2. Bd. XII, 1968, 399-690.

KEMPSKI, Jürgen v.: Der Pragmatismus. In: Deutsches Adelsblatt. 1937, 1502-1504.

KÖRNER, Stephan: Grundfragen der Philosophie. Aus dem Engl. übers. v. Gisela Shaw. München: List 1970.

KRAUSSER, Peter: Die drei fundamentalen Strukturkategorien bei Charles S. Peirce. In: Philosophia Naturalis. VI (1960), 3-31.

KRINGS, Hermann (Hg.) u.a.: Handbuch philosophischer Grundbegriffe. Bd. 2. München: Kösel 1973.

KRINGS, Hermann: Was ist Wahrheit? - Zum Pluralismus des Wahrheitsbegriffs. In: Philosophisches Jahrbuch. 90 (1983) 1, 20-31.

KRÜGER, Gerhard: Grundfragen der Philosophie - Geschichte, Wahrheit, Wissenschaft. Frankfurt a. M.: Klostermann 1958.

KUHN, Thomas S.: Die Struktur wissenschaftlicher Revolutionen. Aus dem Engl. übers. v. Kurt Simon. Frankfurt a. M.: Suhrkamp 1973 (=stw 25).

LASK, Emil: Gesammelte Schriften. Hg. v. Eugen Herrigel. Bd. II, Die Logik der Philosophie und die Kategorienlehre. Tübingen: Mohr 1923.

LIPPS, Hans: Pragmatismus und Existenzphilosophie (1937). In: Ders.: Die Wirklichkeit des Menschen. Frankfurt a. M.: Klostermann 1954, 38-54.

LÜBBE, Hermann: Philosophie nach der Aufklärung. Düsseldorf: Econ 1980.

LUTHER, Wilhelm: Wahrheit, Licht und Erkenntnis in der griechischen Philosophie bis Demokrit. Ein Beitrag zur Erforschung des Zusammenhangs von Sprache und philosophischen Denkens. In: Archiv für Begriffsgeschichte. 10 (1966), 1-240.

MACHAN, Tibor R.: C.S. Peirce and Absolute Truth. In: **TCSP**. XVI (1980), 153-161.

MADDEN, Edward H.: Pragmatism, Positivism and Ch. Wright. In: Philosophy and Phenomenological Research. XIV (1953), 62-71.

MADDEN, Edward H.: Chauncey Whright and the Foundations of Pragmatism. Seattle: University of Washington Press 1963.

MAHOWALD, Mary: Peirce's Concepts of God and Religion. In: **TCSP**. XII (1976), 367-377.

MAIER, Heinrich: Philosophie der Wirklichkeit. Erster Teil, Wahrheit und Wirklichkeit. Tübingen: Mohr 1926.

MARCK, Siegfried: Der amerikanische Pragmatismus in seinen Beziehungen zum kritischen Idealismus und zur Existenzphilosophie. In: Schriftenreihe d. Nordwestdeutschen Universitätsgesellschaft. (1951) 11, 3-13.

deMARCO, Joseph P.: Peirce's Concept of Community: Its Development & Change. In: **TCSP**. VII (1971), 24-36.

MARCUSE, Ludwig: Amerikanisches Philosophieren - Pragmatisten, Polytheisten, Tragiker. Hamburg: Rowohlt 1959.

MARTENS, Ekkehard: Amerikanische Pragmatisten. In: Höffe, Otfried (Hg.): Die siker der Philosophie. Bd. II, Von Immanuel Kant bis Jean-Paul Sartre. München: Beck 1981, 225-250.

MEAD, George H.: Philosophie der Sozialität - Aufsätze zur Erkenntnisanthropologie. Aus dem Engl. übers. v. Henning Lübbe. Frankfurt a. M.: Suhrkamp 1969.

MOORE, Edward C.; **ROBIN**, Richard S. (Hg.): Studies in the Philosophy of Charles Sanders Peirce - Second Series. Amherst: The University of Massachusetts Press 1964.

MUCK, Otto: Wahrheit und Verifikation. In: Kohlenberger, Helmut (Hg.): Die Wahrheit des Ganzen. Wien/Freiburg/Basel: Herder 1976, 35-64.

MÜLLER, Gustav: Charles Peirce (1840-1914). In: Archiv für Geschichte der Philosophie. XL (1931) 2, 227-238.

MURPHEY, Murray G.: The Development of Peirce's Philosophy. Cambridge/Mass.: Harvard University Press 1961.

NEWTON, Isaac: Mathematische Prinzipien der Naturlehre. Darmstadt: Wissenschaftl. Buchgesellschaft 1963.

OEHLER, Klaus: Idee und Grundriß der Peirceschen Semiotik. In: Zeitschrift für Semiotik. 1 (1979), 9-22.

PEARSON, Karl: The Grammar of Science. London: Adam & Charles Black ^{2}1900.

PERRY, Ralph B.: The Thought and Character of W. James. 2 Bde.. Westport/Conn.: Greenwood Press 1974.

PLATON: Sämtliche Werke in drei Bänden. Hg. v. Erich Loewenthal. Köln/Olten: Hegner
- Kratylos. Aus dem Griech. übers. v. Julius Deuschle. In: Bd. I, 543-616.
- Timaios. Aus dem Griech. übers. v. Franz Susemihl. In: Bd. III, 93-191.

POPPER, Karl R.: Conjectures and Refutations - The Growth of Scientific Knowledge. New York/Evanston: Harper & Row 1968.

POTTER, Vincent G.; SHIELDS, Paul B.: Peirce's Definitions of Continuity. In: TCSP. XIII (1977), 20-34.

PUNTEL, Bruno L.: Wahrheitstheorien in der neueren Philosophie - Eine kritisch-systematische Darstellung. Darmstadt: Wissenschaftl. Buchgesellschaft 1978 (=Erträge der Forschung 83).

RAWLS, John: Eine Theorie der Gerechtigkeit. Aus dem Engl. übers. v. Hermann Vetter. Frankfurt a. M.: Suhrkamp 1979 (=stw 271).

RITTER, Joachim (Hg.): Historisches Wörterbuch der Philosophie - Völlig neubearbeitete Ausg. d. "Wörterbuchs der Philosophischen Begriffe" von R. Eisler. Bd. 4. Darmstadt: Wissenschaftl. Buchgesellschaft 1976.

ROBIN, Richard S.: Annotated Catalogue of the Papers of Ch.S. Peirce. Amherst: University of Massachusetts Press 1967.

ROBIN, Richard S.: The Peirce Papers: A Supplementary Catalogue. In: TCSP. VII (1971) 1, 37-57.

RUSSELL, Bertrand: Der Pragmatismus (1909). In: Steinvorth, Ulrich (Hg.): Philosophische und politische Aufsätze. Stuttgart: Reclam 1971, 61-98.

SCHELER, Max: Gesammelte Werke. Bd. 8, Die Wissensformen und die Gesellschaft. Mit Zusätzen hg. v. Maria Scheler. Bern/München: Francke ²1960.

SCHNEIDER, Herbert W.: Geschichte der amerikanischen Philosophie. Aus dem Engl. übers. v. Peter Krausser. Hamburg: Meiner 1957.

SCHOENENBERG, Michael: Die Entwicklung der Fundamental-Kategorien von Charles S. Peirce - Eine historisch-systematische Darstellung. Stuttgart: Phil. Diss. v. 04.10. 1978, ersch. 1980.

SCHULZ, Theodore A.: Panorama der Ästhetik von Charles Sanders Peirce. Stuttgart: Phil. Diss. v. 24.11. 1961, ersch. 1961.

SEBEOK, Thomas A.; UMIKER-SEBEOK, Jean: "Du kennst meine Methode" - Ch.S. Peirce und Sherlock Holmes. Aus dem Engl. übers. v. Achim Eschbach. Frankfurt a. M.: Suhrkamp 1982 (=Neue Folge 121).

SEBEOK, Thomas A.: Theorie und Geschichte der Semiotik. Aus dem Engl. übers. v. Achim Eschbach. Hamburg: Rowohlt 1979.

SEEBASS, Gottfried: Das Problem von Sprache und Denken. Frankfurt a. M.: Suhrkamp 1981 (=stw 279).

SEEBERGER, Wilhelm: Wahrheit in der Politik? - Pragmatismus in Theorie und Praxis. Stuttgart: Fink 1965.

SIMON, Josef: Wahrheit als Freiheit - Zur Entwicklung der Wahrheitsfrage in der neueren Philosophie. Berlin/New York: de Gruyter 1978.

SKAGESTAD, Peter: The Road of Inquiry - Charles Peirce's Pragmatic Realism. New York: Columbia University Press 1981.

SPIEGELBERG, Herbert: Husserl's and Peirce's Phenomenologies: Coincidence or Interaction. In: Philosophy and Phenomenological Research. XVII (1956) 2, 164-185.

SUITS, Bernard: Doubts about Peirce's Cosmology. In: **TCSP**. XV (1979), 311-321.

TARSKI, Alfred: Der Wahrheitsbegriff in den formalisierten Sprachen. In: Berka, Karel; Kreiser, Lothar: Logik-Texte - Kommentierte Auswahl zur Geschichte der modernen Logik. Berlin: Akademie-Verlag 1971, 447-559.

THOMAS v. AQUIN: Summa contra Gentes. Aus dem Lat. übers. v. Helmut Fahsel. Zürich: Fraumünster 1945.

THOMAS v. AQUIN: Quaestiones Disputatae de Veritate. Aus dem Lat. übers. v. Edith Stein. Louvain/Freiburg: Herder/Nauwelaerts 1952.

THOMPSON, Manley H.: The Pragmatic Philosophy of C.S. Peirce. Chicago: The University of Chicago Press 1953.

TRAMMELL, Richard L.: Religion, Instinct and Reason in the Thought of Charles S. Peirce. In: **TCSP**. VIII (1972), 3-25.

WALTHER, Elisabeth: Die Begründung der Zeichentheorie bei Charles Sanders Peirce. In: Grundlagen aus Kybernetik und Geisteswissenschaften. 3 (1962), 33-44.

WALTHER, Elisabeth: Allgemeine Zeichenlehre - Einführung in die Grundlagen der Semiotik. Stuttgart: Deutsche Verlags-Anstalt 1974.

WARTENBERG, Gerd: Logischer Sozialismus - Die Transformation der Kantschen Transzendentalphilosophie durch Ch.S. Peirce. Frankfurt a. M.: Suhrkamp 1971.

WELLS, Harry K.: Der Pragmatismus - Eine Philosophie des Imperialismus. Aus dem Engl. übers. v. Horst Höhne. Berlin: Dietz 1957.

WEIN, Hermann: Zugang zu philosophischer Kosmologie - Überlegungen zum philosophischen Thema der Ordnung in nach-kantischer Sicht. München: Oldenbourg 1954.

WEISS, Paul: Biography of Charles S. Peirce. In: Bernstein, Richard J. (Hg.): Perspectives on Peirce - Critical Essays on Charles Sanders Peirce. New Haven/London: Yale University Press 1965, 1-12.

WHITEHEAD, Alfred N.: Prozeß und Realität - Entwurf einer Kosmologie. Aus dem Engl. übers. und mit einem Nachw. vers. v. Hans-Günter Holl. Frankfurt a. M.: Suhrkamp 1979.

WHORF, Benjamin L.: Sprache, Denken, Wirklichkeit - Beiträge zur Metalinguistik und Sprachphilosophie. Hg. v. und aus dem Engl. übers. v. Peter Krausser. Hamburg: Rowohlt 1979.

WIEDMANN, Franz: Das Problem der Gewißheit - Eine erkenntnismetaphysische Studie. München/Salzburg: Pustet 1966 (=Epimeleia 4).

WIEDMANN, Franz: Die mißverstandene Geschichtlichkeit - Ein Beitrag zur Neutralisierung ideologischer Positionen. München/Freiburg: Wewel 1972.

WIEDMANN, Franz: Baruch de Spinoza - Eine Hinführung. Würzburg: Königshausen & Neumann 1982.

WIENER, Philip P.: Evolution and the Founders of Pragmatism. Cambridge: Harvard University Press 1949.

WITTGENSTEIN, Ludwig: Tractatus logico-philosophicus. Frankfurt a. M.: Suhrkamp 1983 (=edition suhrkamp 12).

WITTGENSTEIN, Ludwig: Philosophische Untersuchungen. Frankfurt a. M.: Suhrkamp ^{3}1982 (=stw 203).

8.3. WEITERE BENUTZTE SEKUNDÄRLITERATUR

ALMEDER, Robert: The Epistemological Realism of Charles Peirce. In: TCSP. XI (1975), 3-17.

ALMEDER, Robert: Scientific Progress and Peircean Utopian Realism. In: Erkenntnis, 20 (1983) 3, 253-280.

ALTSHULER, Bruce: Peirce's Theory of Truth and his Early Idealism. In: TCSP. XVI (1980), 118-140.

APEL, Karl-Otto: Die erkenntnisanthropologische Funktion der Kommunikationsgemeinschaft und die Grundlagen der Hermeneutik. In: Moser, Simon (Hg.): Information und Kommunikation. München/Wien: Oldenbourg 1968, 163-171.

APEL, Karl-Otto: Die Kommunikationsgemeinschaft als transzendentale Voraussetzung der Sozialwissenschaften. In: Neue Hefte f. Philosophie. (1972) 2/3, 1-40.

APEL, Karl-Otto: Transformation der Philosophie. Bd. 1. Sprachanalytik, Semiotik, Hermeneutik. Frankfurt a. M.: Suhrkamp 1976 (=stw 164).

APEL, Karl-Otto: Transformation der Philosophie. Bd. 2. Das Apriori der Kommunikationsgemeinschaft. Frankfurt a. M.: Suhrkamp 1976 (=stw 165).

BERTILSSON, Margareta: Towards a social reconstruction of science theory. Peirce's theory of inquiry, and beyond. Lund: Univ. 1978.

BLACHOWICZ, James A.: Realism and Idealism in Peirce's Categories. In: TCSP. VIII (1972), 199-213.

BOLER, John F.: Charles Peirce and Scholastic Realism. A Study of Peirce's Relation to John Duns Scotus. Seattle: University of Washington Press 1963.

BUCHLER, Justus: The Accidents of Peirce's System. In: The Journal of Philosophy. XXXVII (1940), 264-269.

BÜHLER, Karl: Sprachtheorie. Die Darstellungsfunktion der Sprache. Mit einem Geleitwort v. Friedrich Kainz. Frankfurt a. M./Berlin/Wien: Ullstein 1978.

BURKS, Arthur W.: Peirce's Conception of Logic as a Normative Science. In: The Philosophical Review. 52 (1943), 187-193.

CHENG, Chung-ying: Peirce's and Lewis's theories of induction. The Hague: Nijhoff 1969.

DAVIS, William H.: Peirce's epistemology. The Hague: Nijhoff 1972.

DELEDALLE, Gérard: Théorie et pratique du signe. Indrod. à la sémiotique de Charles S. Peirce. Paris: Payot 1979.

FANN, K.T.: Peirce's theory of abduction. The Hague: Nijhoff 1970.

FEIBLEMAN, James K.: Peirce's Use of Kant. In: The Journal of Philosophy. XLII (1945), 365-377.

FISCH, Max H.: Classic American Philosophers. New York: Appleton-Century-Crafts 1951.

FITZGERALD, John J.: Peirce's "How to Make Our Ideas Clear". In: The New Scholasticism. XXXIX (1965), 53-68.

FITZGERALD, John J.: Peirce's Theory of Signs as Foundations for Pragmatism. The Hague: Mouton & Co. 1966 (=Studies in Philosophy XI).

EISELE, Carolyn: Studies in the Scientific and Mathematical Philosophy of Ch.S. Peirce. The Hague/Paris/New-York: Mouton & Co. 1979.

GALLIE, Walter B.: The Metaphysics of Peirce. In: Proceedings of Aristotelian Society. XLVII (1946-47), 27-62.

GREENLEE, Douglas: Peirce's concept of sign. The Hague/Paris: Mouton & Co. 1973.

HAAS, William P.: The conception of law and the unity of Peirce's philosophy. Freiburg (CH): Univ. Press 1964.

HAMBLIN, Frances M.: A Comment on Peirce's Tychism. In: The Journal of Philosophy. XLII (1945), 365-388.

HARTSHORNE, Charles: Ch. S. Peirce's Metaphysics of Evolution. In: New England Quarterly. XIV (1941), 46-63.

HAUSMANN, Carl R.: Value and Peircean Categories. In: **TCSP**. XV (1979), 203-223.

KEMP-PRITCHARD, Ilona: Peirce on philosophical Hope and logical Sentiment. In: Philosophy and Phenomenological Research. XLII (1981) 1, 75-90.

KEMPSKI, Jürgen v.: Charles Sanders Peirce und der Pragmatismus. Stuttgart/Köln: Kohlhammer 1952.

KERNAN, Fergus; **ROYCE**, Josiah: Charles S. Peirce. In: The Journal of Philosophy, Psychology and Scientific Methods. XIII (1916), 701-709.

KNIGHT, Thomas S.: Charles S. Peirce (The Great American Thinkers Series). New York: Washington Square Press 1965.

KOLENDA, Konstantin: Truth and Fallibilism. In: **TCSP**. XV (1979), 251-258.

KUKLICK, Bruce: Charles Sanders Peirce. In: Ders., The Rise of American Philosophy. New Haven/London: Yale University Press 1977, 104-126.

LEWIS, Clarence I.: A Survey of Symbolic Logic. New York: Dover Publications 1960.

LOVEJOY, Arthur O.: The thirteen Pragmatisms and other Essays. Baltimore: The John Hopkins Press 1963.

MACKIE, John L.: Truth, Probability and Paradox. Oxford: Oxford University Press 1973.

MARTIN, Richard M.: Logic, Language and Metaphysics. New York/London: New York University Press/University of London Press LTD 1971.

MARTIN, Richard M.: Peirce's Logic of Relation and other Studies. Dordrecht/Cinnaminson, N.J.: Foris Publications 1980.

MICHAEL, Emily: Peirce on Individuals. In: **TCSP**. XII (1976), 321-329.

MILLER, Willard M.: C.S. Peirce on the Philosophy of History. Ann Arbor: o. Vlg. 1970 (Phil. Diss. Univ. of Illinois 1969).

MOORE, Edward C.: American Pragmatism: Peirce, James and Dewey. New York: Columbia University Press 1961.

McNEILL, John W.: Peirce on the Possibility of a Chance World. In: **TCSP**. XVI (1980), 49-58.

POTTER, Vincent G.: Charles S. Peirce on Norms and Ideals. Amherst: The University of Massachusetts Press 1967.

RANSDELL, Joseph: Another Interpretation of Peirce's Semiotic. In: **TCSP**. XII (1976), 97-110.

REILLY, Francis E.: Charles Peirce's Theory of Scientific Method. New York: Fordham University Press 1970.

RESCHER, Nicholas: Peirce's Philosophy of Science. Critical Studies in his Theory of Induction and Scientific Method. Notre Dame/London: University of Notre Dame Press 1978.

RILEY, Gresham: Peirce's Theory of Individuals. In. **TCSP**. X (1974), 135-165.

RIVERSO, Emmanuele: Metafisica e Scientismo. Con un' Appendice sulla Logica di C.S. Peirce. Napoli: Istituto Editoriale del Mezzogiorno 1957, 126-146.

ROBERTS, Don D.: The existential Graphs of Charles S. Peirce. The Hague: Mouton 1973.

RORTY, Amelie (Ed.): Pragmatic Philosophy: An Anthology. New York: Anchor Books 1966.

ROSENSOHN, William L.: The Phenomenology of Charles S. Peirce: From the Doctrine of Categories to Phaneroscopy. Amsterdam: B.R. Grüner B.V. 1974.

SCHEFFLER, Israel: Four Pragmatists. A crit. Introd. to Charles S. Peirce, James, Mead and Dewey. New York: Humanities Press 1974.

SINI, Carlo: La Semiotica di Peirce. L'Aquila: o. Vlg. 1974/75.

SINI, Carlo: L'Ethica e il Problema delle Scienze Normative in Peirce. L'Aquila: o. Vlg. 1975.

SINI, Carlo: Semiotica e Filosofia: Segno e Linguaggio in Peirce, Nietzsche, Heidegger e Foucault. Bologna: Il Mulino 1978.

THAYER, Horace St.: Meaning and Action. A Study of American Pragmatism. Indianapolis: Bobbs-Merril ²1981.

TURLEY, Peter T.: Peirce's cosmology. New York: Philosophical Libr. 1977.

WALTHER, Elisabeth: Die Haupteinteilungen der Zeichen von C.S. Peirce. In: Semiosis. (1976b) 3, 32-41.

WALTHER, Elisabeth: Erste Überlegungen zur Semiotik von C.S. Peirce in den Jahren 1860-1866. In: Semiosis. (1976a) 1, 35-41.

WARNACH, Victor (Hg.): Das Wirklichkeitsverständnis der Gegenwart. München/Salzburg: Pustet 1970 (=Forschungsgespräche des Internationalen Forschungszentrums für Grundfragen der Wissenschaften Salzburg, 6. Forschungsgespräch).

WEISCHEDEL, Wilhelm: Wirklichkeit und Wirklichkeiten. Aufsätze und Vorträge. Berlin: de Gruyter & Co. 1960.

WEISS, Paul: The Essence of Peirce's System. In: The Journal of Philosophy. XXXVII (1940), 253-264.

WENNERBERG, Hjalmar: The Pragmatism of C.S. Peirce. Lund/Copenhagen: Gleerup 1962 (=Library of theoria 9).

9. BILDQUELLENNACHWEIS

Das Bild von Charles Sanders Peirce zu Beginn dieser Abhandlung wurde reproduziert aus:

MOORE, Edward C.; ROBIN, Richard S. (Hg.): Studies in the Philosophy of Charles Sanders Peirce - Second Series. Amherst: The University of Massachusetts Press 1964, I.